金融支持乡村振兴的战略和政策

国务院发展研究中心金融研究所
中国建设银行研修中心(研究院)　联合课题组　著

中国发展出版社
CHINA DEVELOPMENT PRESS

图书在版编目（CIP）数据

金融支持乡村振兴的战略和政策 / 国务院发展研究
中心金融研究所，中国建设银行研修中心（研究院）联合
课题组著. — 北京：中国发展出版社，2024.8

ISBN 978-7-5177-1399-9

Ⅰ.①金… Ⅱ.①国…②中… Ⅲ.①农村—社会主
义建设—金融支持—研究—中国 Ⅳ.①F320.3

中国国家版本馆CIP数据核字（2024）第015343号

书　　　名：金融支持乡村振兴的战略和政策
著作责任者：国务院发展研究中心金融研究所、中国建设银行研修中心（研究院）联合课题组
责 任 编 辑：沈海霞
出 版 发 行：中国发展出版社
联 系 地 址：北京经济技术开发区荣华中路22号亦城财富中心1号楼8层（100176）
标 准 书 号：ISBN 978-7-5177-1399-9
经 销 者：各地新华书店
印 刷 者：北京博海升彩色印刷有限公司
开　　　本：787mm×1092mm　1/16
印　　　张：18.5
字　　　数：275千字
版　　　次：2024年8月第1版
印　　　次：2024年8月第1次印刷
定　　　价：79.80元

联 系 电 话：（010）68990535　68360970
购 书 热 线：（010）68990682　68990686
网 络 订 购：http://zgfzcbs.tmall.com
网 购 电 话：（010）88333349　68990639
本 社 网 址：http://www.develpress.com
电 子 邮 件：841954296@qq.com

目　录

总报告　金融支持乡村振兴的战略和政策

实施乡村振兴战略是党的十九大作出的重大决策部署。2021 年中央一号文件提出，要把全面推进乡村振兴作为实现中华民族伟大复兴的重大任务，举全党全社会之力加快农业农村现代化。金融是支持乡村振兴的重要力量，相比于脱贫攻坚，乡村振兴更注重发展，对金融资源的需求将显著增加，金融支持乡村振兴的形势和重点也随之变化。当前，在政策形势、任务目标、监管规则、发展基础等方面，金融支持乡村振兴均面临新的有利条件。各地区各行业积极探索金融支持乡村振兴的有效做法，借鉴国内外典型实践模式，初步积累了有益经验。应加快破解农业经营规模小且风险高、农村财产制度不健全、市场主体分散以及信息不对称等障碍，引导金融资源合理流入农业农村，按照增强基础、突出重点、盘活资产、科技支撑、积极适度、长期可持续的思路，推动金融更好地支持乡村振兴。

一、乡村振兴金融需求的规模和特点

乡村振兴是新时代我国"三农"工作的总抓手，要实现乡村产业、乡村人才、乡村文化、乡村生态和乡村组织五大方面的全面振兴。根据中共中央、国务院印发的《乡村振兴战略规划（2018—2022 年）》，乡村振兴的总要求是产业兴旺、生态宜居、乡风文明、治理有效和生活富裕。由此可见，与脱贫攻坚主要着眼于低收入群体增收的托底目标明显不同，乡村振兴是涉及经济发展、生态保护、基础设施和公共服务、居民增收等多方面的综合性战略。要实现上述目标，金融支持乡村振兴也面临更大挑战。总体来看，近年来我国农村地区金融供给总量保持增长态势，但供需缺口仍然较大，乡村振兴目标下的金融需求呈现出多方面新特点。

（一）乡村金融供给总量保持增长态势

金融是支持乡村发展的重要力量，其规模大于财政支农资金。乡村振兴的外源性资金来源既有财政资金，也有金融资金。2011 年以来，金融资金规模在大部分年份都高于财政资金。在财政和金融资金支持"三农"的总盘子中，金融资金占比大致在 50% ~ 75% 这一区间（见表 Z-1）。2020 年，财政与金融合计新增支持农村金额约为 6.16 万亿元。[①] 其中，财政支持农村 2.39 万亿元，中央公共财政支持 503 亿元，主要起引导作用；地方公共财政支持 2.34 万亿元。金融支持（新增涉农贷款）3.76 万亿元。在脱贫攻坚和乡村振兴阶段，财政和金融对乡村的支持力度呈增大趋势。2011—2020 年，财政和金融支持乡村总金额从 3.83 万亿元增加至 6.16 万亿元。从财政资金的组成上来看，地方财政支持"三农"的资金规模远高于起引导作用的中央财政。2011—2020 年，地方财政支持农村金额占农村全部资金的比重由 24.88% 上升至 38.07%。

表 Z-1　　　　　　　　　　　　农村资金来源　　　　　　　　　　（单位：亿元）

年份	财政资金				金融资金		合计金额	金融占比
	中央公共财政支出	地方公共财政支出	财政支出总和	地方财政支出占全部支农财政资金比重	涉农贷款余额	新增涉农贷款		
2011	417	9521	9938	95.80%	146016	28337	38275	74.04%
2012	502	11471	11973	95.81%	176310	30294	42268	71.67%
2013	527	12823	13350	96.05%	208893	32583	45933	70.94%
2014	540	13634	14174	96.19%	236002	27109	41283	65.67%

---

① 本书中部分数据由于四舍五入的原因，存在总计与分项不等的情况，以下不再一一注明。

续表

年份	财政资金				金融资金		合计金额	金融占比
	中央公共财政支出	地方公共财政支出	财政支出总和	地方财政支出占全部支农财政资金比重	涉农贷款余额	新增涉农贷款		
2015	739	16642	17381	95.75%	263522	27520	44901	61.29%
2016	779	17808	18587	95.81%	282336	18814	37401	50.30%
2017	709	18380	19089	96.29%	309547	27211	46300	58.77%
2018	592	20493	21085	97.19%	326806	17259	38344	45.01%
2019	532	22330	22862	97.67%	351850	25044	47906	52.28%
2020	503	23445	23948	97.90%	389493	37643	61591	61.12%

注：中央公共财政、地方公共财政数据口径均为"农林水事务"相关。

数据来源：国家统计局。

　　金融支持乡村的各个渠道中，间接融资占主体地位。涉农贷款是支农资金的主体，占全部金融支农资金的90%以上，股权和债券等直接融资是补充性的。2013—2020年，涉农贷款余额由20.9万亿元增长至38.9万亿元，年均增长2.57万亿元，平均增速为9.28%。在我国信贷规模总体持续扩张的背景下，近年来主要金融机构涉农贷款余额占金融机构各项贷款总额的比重整体保持在20%以上，但存在下降趋势，从2013年的32.6%降至2020年的23%左右（见图Z-1）。

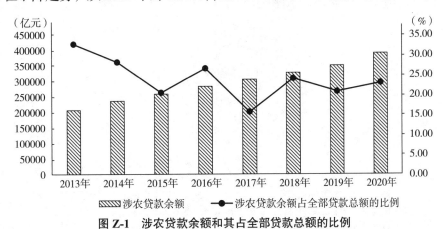

图 Z-1　涉农贷款余额和其占全部贷款总额的比例

资料来源：中国人民银行。

　　农村金融中的直接融资绝对规模不大，但增长较快。以直接融资方式支持乡村振兴，有债权融资和股权融资两种形式，且以债权融资为主。2013—

2018 年，涉农企业在银行间市场共发行债券 3436 只，总金额为 3.28 万亿元。2019—2020 年，人民银行统计口径有一定调整，涉农企业累计发行债务融资工具 1.58 万亿元。债权融资成为除涉农贷款外，金融支持乡村振兴的重要途径。股权融资发展迅速，2013—2020 年，首发上市涉农企业共 23 家，总融资金额从 2013—2014 年的 17.3 亿元增长至 2019—2020 年的 174.82 亿元。平均融资额呈上升态势，表明涉农上市企业规模逐渐增大、实力逐渐增强、市场认可度逐渐提高。

从结构看，金融支持乡村发展的资金用途主要有八大类，总体结构呈现"四增四减"的格局。其中，占比较大的三类是农林牧渔业贷款、农用物资和农副产品流通贷款、农村基础设施建设贷款，三项之和占全部涉农贷款比例超过 35%。此外，难以明确归类的涉农贷款按"其他"口径统计，"其他"类贷款占比超过 50%，2014—2020 年，其他贷款占全部涉农贷款比例从 54.32% 逐渐增加至 59.25%（见图 Z-2）。占比降低的四项贷款是农产品加工贷款、农业生产资料制造贷款、农田基本建设贷款、农业科技贷款，合计占全部涉农贷款的比例从 2014 年的 10.11% 下降至 2020 年的 5.03%。

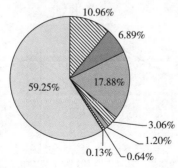

图例：
- ▨（一）农林牧渔业贷款
- ▨（二）农用物资和农副产品流通贷款
- ▨（三）农村基础设施建设贷款
- ▨（四）农产品加工贷款
- ▨（五）农业生产资料制造贷款
- ▨（六）农田基本建设贷款
- ■（七）农业科技贷款
- □（八）其他

图 Z-2　2020 年涉农贷款按照用途分类各子类的占比

资料来源：中国人民银行。

（二）乡村金融需求满足缺口仍然较大

乡村振兴战略背景下，农村金融年度供需缺口估计在 2 万亿元至 4 万亿元。课题组按照生产函数法构造了农村生产函数，要素投入为劳动力和资本，产出为农村产值。以当年全国平均劳动参与率与农村人口的乘积作为农村劳动力的代理变量，以金融机构提供的涉农贷款余额作为农村资本的代理变量，构造了 2009—2020 年的省级面板数据。据此用普通最小二乘法估算了我国农村资本、劳动力对产出的边际贡献。根据估算，基准状态下，农村金融资金缺口约为 1.97 万亿元；若要求农村产值以更高速度增长，并考虑农村劳动力近年来减少的现状，则农村金融资金缺口将进一步扩大至 3.92 万亿元。

按照农村产出增速高低、农村劳动力供给变化两大维度，农村金融供需缺口可以分为四种情形。（1）产出低增长、劳动力供给不变情形：假定未来农村劳动力供给不变，如果农村产出仍保持 2009—2020 年的平均增速，则每年的农村金融供需缺口为 1.97 万亿元。（2）产出高增长、劳动力供给不变情形：假定未来农村劳动力供给不变，如果农村产出增速提高为 2009—2020 年平均增速的 1.1 倍，则每年的农村金融供需缺口为 2.6 万亿元。（3）产出低增长、劳动力供给减少情形：近年来农村存在老龄化和人口外流压力，2012—2020 年，农村劳动力年均增长率为 –0.82%，假设未来农村劳动力保持 –0.82% 的增速，如果农村产出仍保持 2009—2020 年的平均增速，则每年的农村金融供需缺口为 3.25 万亿元。（4）产出高增长、劳动力供给减少情形：假设未来农村劳动力保持 –0.82% 的增速，如果农村产出增速提高为 2009—2020 年平均增速的 1.1 倍，则每年的农村金融供需缺口为 3.83 万亿元。

农村金融资金缺口在不同省份、不同产业之间存在结构性差异。根据分省份估计结果，农村金融供需缺口排名前五的省份为福建、海南、甘肃、安徽、云南，缺口排名前十的省份的供需缺口合计占全国总缺口的 76%。湖北、辽宁、青海、山东、陕西、天津、重庆等省份的农村金融资金缺口相对较小。分产业看，在"产出低增长、劳动力供给不变情形"和"产出高增长、劳动力供给不变情形"下，第一产业对应的资本缺口分别为 0.30 万亿元和 0.33 万亿元，第二、三产业对应的资本缺口分别为 2.67 万亿元和 2.94 万亿元，基础设施资本缺口分别为 0.92 万亿元和 1.01 万亿元。

（三）乡村振兴战略下金融需求的新特点

金融资源是推进乡村振兴的重要保障。乡村振兴战略下，农村金融需求特点发生多方面变化，在基础设施、就业创业、公共服务、产业发展等方面均存在新的融资需求。基础设施建设是乡村振兴的重要支撑，党的十九届五中全会提出要实施乡村建设行动，把公共基础设施建设的重点放在农村，推进城乡基本公共服务均等化。如何动员金融资源支持乡村基础设施建设，是亟待破解的重要问题。由于乡村产业升级和劳动力流动，面对返乡创业人员增加、新型农业经营主体规模扩大、新一代农民工工作生活方式变化等新趋势，农村金融需求的特点和内涵也在发生变化。

从农村第一产业的金融需求看，农林牧渔四大领域的金融需求较强，金融满足程度仍有提升空间。农村各产业存在较大差异，金融支持农村产业发展需要适应农村各产业相对分散、业态众多的特点，因地制宜，根据不同领域的金融需求提供适宜的金融产品和服务。第一，以种植业为主的农业信贷需求呈现多样化特征，特别是随着新型农业经营主体越来越多，在生产上走向集约化、规模化，其对贷款的品种需求也不断增加。农业保险在为农民提供农业生产保障、为产业扶贫项目提供农业贷款保证保险产品等方面扮演着越来越重要的角色，逐渐成为重大农业灾害中农民恢复生产和新兴农业产业持续发展的重要资金来源。第二，随着集体林权制度改革推进，林权抵押贷款需求旺盛，但林业金融服务供给明显不足。目前，林权抵押贷款虽已达到一定规模，但作为林业生产主体的大部分林农却仍未享受到林权抵押贷款带来的融资便利，商业银行和政策性银行的贷款主要面向林业企业和大户林农。第三，牧业金融需求的季节性特征明显。牲畜多在春季繁殖、秋季出栏，畜牧业金融具有明显的季节性特征。牧区居民居住分散，自然灾害与瘟疫疾病等带来的资产损失风险大。第四，渔业对研发和硬件设施更新资金需求大。渔业养殖企业的硬件设施需要经常更新换代，对人员进行技术培训和养殖关键技术研发费用高，失败率很高，存在高投入、高风险的特征。

从农村第二产业的金融需求看，农产品加工等农村工业的金融需求具有资金需求额度大、季节性波动强的特点。第一，企业资金需求额度普遍较大。农产品加工企业位于产业链的中间环节，其上游以零散的农户为主，收购原材料的成本相对高，需要大量的预付资金。农副产品加工的原材料往往是一些时令性强、鲜活的农产品，储藏、运输费用高，需要大量的资金支撑企业运转。第二，资金需求的季节性波动特征明显。农产品收购季节集中，如果收购期内原材料单位成本稍有上涨，就会加大企业对资金的需求。一旦因资金不到位而错过收购期，将会给企业带来严重损失。第三，行业规模化发展和集中度提升带来新的融资需求。近年来农产品加工行业准入门槛显著提高，具有一定规模和品牌特色的企业加快扩张，行业集中度提升，产业链整合力度加大，对原料种养基地建设、冷链物流的投资需求增加。

从农村第三产业的金融需求看，农村服务业近年来快速发展，乡村旅游、农村电子商务、农业生产性服务业发展势头强劲，对金融的需求较大。第一，乡村旅游发展推动民宿旅游市场快速扩张，民宿项目涉及房屋建造、装修和设施设备投入等固定资产成本以及日常运营成本，投资需求大。第二，农村电子商务具有资金周转快、流通范围广的特点，需要根据电商企业的实际情况推行相应的融资模式。农村电子商务企业可抵押资产有限，银行对其提供信贷支持的力度仍然不足。第三，农村生产性服务业包括交通运输和仓储、邮政和信息传输、批发零售、租赁业等多种业态，金融需求呈现日益多样化的特征。目前农村金融服务产品相对单一，以储蓄、抵押类贷款及农村小额信贷为主，担保、承兑、咨询服务等业务较少，很难满足为农服务组织多样化、多层次的金融需求。

二、当前金融支持乡村振兴面临多方面有利条件

当前金融支持乡村振兴的有利条件不断增加。精准脱贫攻坚战完成后，"三农"政策重心转向乡村振兴，相关政策密集出台。乡村振兴的任务更加聚焦，目标更为明确，乡村产业发展面临新机遇。适应乡村振兴的宏观调控和金融监管体系不断健全，支农再贷款、再贴现等货币政策工具改善了"三农"金融资源供给。监管部门对县域和农村金融机构服务本地、聚焦"三农"也提出了更高要求。金融科技快速发展，为优化农村金融供给、发展普惠金融提供了新的手段。

（一）精准扶贫完成后，乡村发展成为主要目标

在精准扶贫时期，金融对支持农业农村发展发挥了重要作用。2020年，全国334个深度贫困县各项贷款增速高于全国贷款平均增速3.73个百分点，832个国家扶贫开发重点县农村基础金融服务覆盖率达99.6%，全国扶贫小额信贷累计发放4735.4亿元，惠及全部建档立卡贫困户的1/3以上，金融扶贫取得显著成效，乡村发展的基础更加牢固。2021年2月，国家乡村振兴局正式挂牌，标志着打赢脱贫攻坚战后，乡村振兴进入了全面实施阶段。共同富裕目标提出后，乡村是实现共同富裕的短板，乡村振兴迫切性进一步增强。与精准扶贫的着眼点是兜底不同，乡村振兴的着眼点是发展，这与金融体系市场化经营的目标具有更高的一致性。

金融在支持农村企业、个人和其他组织发展中发挥了重要作用。企业涉

农贷款占全部涉农贷款约 70%，个人涉农贷款占全部涉农贷款的 30% 左右。2014—2020 年，企业涉农贷款由 16.99 万亿元增长至 26.30 万亿元。企业涉农贷款基数大、增速稳健，是金融支持农村的重要渠道。从地域来看，企业涉农贷款按照受贷主体的不同可进一步分为农村（县及县以下）企业涉农贷款和城市企业涉农贷款。2014—2020 年，农村（县及县以下）企业涉农贷款余额由 13.37 万亿元增长至 19.99 万亿元，年均增长率 6.09%；城市企业涉农贷款由 3.61 万亿元增长至 6.31 万亿元，年均增长率 9.80%。城市企业涉农贷款的较快增长反映了城市支持农业农村的力度逐步增大。

支持乡村振兴相关政策密集出台，各级政府重视程度上升为金融支持乡村振兴提供了有利条件。2018 年以来，支持乡村振兴的政策密集出台，如 2018 年中央一号文件《中共中央　国务院关于实施乡村振兴战略的意见》以及《国家乡村振兴战略规划（2018—2022 年）》，2019 年"一行两会"等发布的《关于金融服务乡村振兴的指导意见》，2021 年中央一号文件《中共中央　国务院关于全面推进乡村振兴 加快农业农村现代化的意见》等。农村承包地"三权分置"制度、股份合作制改革等政策不断完善，推动乡村振兴战略的制度体系不断完善。为补齐农村基础设施短板，《数字农业农村发展规划（2019—2025 年）》对新时期推进数字农业农村建设的总体思路、发展目标、重点任务作出明确部署。农村基础设施完善和信息化水平提高，有助于加快推动农业发展方式转变，也有利于农村金融的发展。

（二）乡村产业基础更扎实，金融发展环境改善

乡村自身发展是吸引金融资源下乡的重要动力。构建现代乡村产业体系是全面推进乡村振兴、加快农业农村现代化的重要举措。依托乡村优势，打造农业产业链，把产业链主体留在县城，对于促进农民增收和实现乡村振兴战略具有重要意义。当前，农村产业在农林牧渔等第一产业的基础上，进一步向二、三产业延伸，初步形成全产业链发展格局。2020 年，我国农村第一产业增加值

为 7.8 万亿元，占比为 47%；第二产业增加值为 4.8 万亿元，占比 29%；第三产业增加值为 4 万亿元，占比 24%，略低于第二产业。二、三产业合计占农村产业比重已过半，乡村工业和服务业成为乡村振兴产业发展的重要主体。

金融支持农村第一产业主要体现在农林牧渔业贷款方面，包括支持农林牧渔业所属活动的所有贷款。近年来，农林牧渔业贷款余额在除 2019 年外的年份均保持增长，其中 2020 年大幅增长 3294.8 亿元。但随着农村二、三产业的发展，农林牧渔业贷款占全部涉农贷款的比例在下降：2014—2020 年，从 14.15% 逐步下降至 10.96%。农林牧渔业贷款比重的逐渐下降，与涉农贷款投放重点由农林牧渔业逐步转向农民消费生活及农林牧渔业生产主体实力增强、自有资金逐渐充裕有关。

农村第二、三产业业态日趋丰富，是实现乡村振兴的有力支撑。农村第二产业以工业为主，主要包括三个细分行业：一是食用农林牧渔产品加工与制造，二是非食用农林牧渔产品加工与制造，三是农林牧渔业生产资料制造和农田水利设施建设。其中，食用农林牧渔产品加工与制造的增加值最高，占农村第二产业比重达到 72%，非食用农林牧渔产品加工与制造增加值占比为 20%。农村第三产业是服务农业再生产和农村经济社会发展的产业，主要包含三大领域。一是农村生产性服务业，主要包括农村交通运输和仓储、邮政和信息传输、批发零售、金融、租赁业等；二是农村消费性服务业，主要包括乡村旅游和住宿、餐饮和文化娱乐业等；三是农村公共服务业，主要包括科技服务、基础教育、医疗卫生以及政府提供的行政服务等。

金融支持农村二、三产业发展仍存在较大潜力。农村第二产业重点领域是农产品加工和农业生产资料制造，主要包括农副食品加工、纺织加工、木材加工、中医药加工等。从农产品加工贷款余额占全部涉农贷款比例来看，2014—2020 年，由 5.67% 逐步下降至 3.06%。农业生产资料制造贷款是用于化学肥料、农药、农膜、农林牧渔专用机械制造等的贷款，从 2014 年的 7188 亿元降至 2020 年的 4684 亿元。金融支持农村第三产业的重点领域是农用物资和农副产品流通。农用物资和农副产品流通贷款在全部涉农贷款中所占比例逐渐下降，从 2015 年的 10.40% 降至 2020 年的 6.89%。

新型农业经营主体快速发展，成为金融需求新的重要主体。根据农业农村部数据，2019 年，全国依法登记的农民专业合作社达 193.5 万家，县级以上示范社 15.7 万家，国家示范社约 8000 家。合作社带动能力增强，辐射全国近一半的农户，其中普通农户约占农民合作社成员的 95.35%。专业合作社的经营领域分布广泛，涵盖粮棉油、肉蛋奶、果蔬茶等主要产品生产，并由种养业向农产品加工、休闲观光旅游农业、民间工艺制作和服务业延伸。从农民专业合作社数量看，种植业及相关占据主导地位，其次是畜牧养殖业及相关，最后是服务业、林业及相关、渔业及相关合作社（见图 Z-3）。专业合作社可为成员提供农资供应、农机作业、技术、信息等统一服务，8.7 万家农民合作社拥有注册商标，4.6 万家农民合作社通过了"三品一标"农产品质量认证。农民专业合作社催生了新的农村金融需求，一些地方在专业合作的基础上，开展农民合作社信用合作、互助保险、土地股份等合作，由单一要素联合向资金、技术、土地、闲置农房等多要素合作转变。

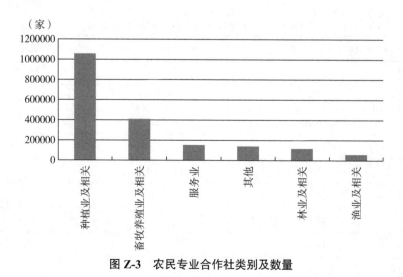

图 Z-3　农民专业合作社类别及数量

资料来源：作者根据公开资料整理。

家庭农场是新型农业经营主体的另一重要组成部分。2018 年底，我国进入名录的家庭农场数量达到 60 万家，是 2013 年的 4 倍多。平均每个家庭农场的劳动力达 6.6 人，其中雇工 1.9 人。家庭农场主要通过流转土地方式租赁耕地，实现规模化经营。登记名录中的家庭农场，经营土地总面积 1.6 亿亩，其中 71.7% 的耕地来自租赁，大约 40% 的家庭农场从事粮食生产。2018 年底，全国家庭农场年销售农产品总值 1946 亿元，平均每个家庭农场约 30 万元。家庭农场在土地流转、规模化经营、粮食产供销等各环节，都存在较多金融需求。

金融支持新型农业经营主体仍存在较大潜力。2010—2018 年，农村企业及各类组织贷款占我国金融机构各项贷款比重从 14.1% 降至 12.8%，总体上呈下降的趋势。细分来看，农村企业获得的金融资源远多于各类组织（主要是新型农业经营主体）。2010—2013 年，农村企业贷款占金融机构各项贷款比重从 12.9% 增至 15.9%，而农村各类组织贷款占金融机构各项贷款比重从 1.3% 降至 0.8%（见表 Z-2）。2014 年后，统计数据没有披露细分数据，但新型农业经营主体贷款占比不高的格局应该变化不大。

表 Z-2　　　　　　　2010—2018 年农村企业及各类组织贷款占比　　　　　（单位：%）

年份	农村企业及各类组织贷款占比	农村企业贷款占比	农村各类组织贷款占比
2010	14.10	12.90	1.30
2011	15.50	14.60	0.90
2012	16.20	15.40	0.80
2013	16.70	15.90	0.80
2014	16.80	—	—
2015	16.30	—	—
2016	14.94	—	—
2017	13.99	—	—
2018	12.80	—	—

资料来源：作者根据公开资料整理。

（三）大城市群周围乡村地区产业和要素价值凸显

受益于大城市及城市群的外溢效应，其周围乡村地区的发展明显加快，城乡融合的趋势持续增强。乡村振兴要实现城乡融合发展，需建立农业转移人口市民化、乡村振兴人才支撑、乡村振兴用地保障、多元投入保障机制和金融支持等政策支柱。加大金融支持的目标是健全符合农业农村特点的农村金融体系，增加对农村经济社会发展重点领域和薄弱环节的金融资源配置，更好满足乡村振兴多样化金融需求。大城市周围专业化小镇通勤等基础设施健全后，城市中心到周边乡村的通勤条件得以改善，城市居民去周边乡村康养、旅游的需求快速增加。2020年，农村休闲观光与农业农村管理服务增加值达到6213亿元，占农村第三产业的比重为17%，流通服务增加值达到2.2万亿元，占农村第三产业的比重为60%。

发达省市和大城市群周围乡村地区产业和要素价值凸显。本报告整理了全国各县域的产值、农村收入、工业发展情况等指标，并把全部县域分为四组。第一组为距离大城市群中心城小于100千米的县域，主要是长三角、珠三角、京津冀区域的县域。第二至四组按到省会城市距离划分，分别为距离本省省会城市小于100千米、100~200千米、200千米以上的县城。第二、三、四组的并集为全样本，但第一组与第二、三、四组有重叠。本报告研究了四组县域的发展状况，考察了其地区生产总值，一、二、三产业增加值，农民收入、规上企业数量、消费、投资、贷款等指标。大部分指标遵循第一至第四组递减的顺序。这说明，在大城市群中心城市周围的乡村地区综合发展水平高于其他乡村地区，随着与大城市的距离逐渐增加，乡村发展水平逐渐降低。但是农林牧渔业产值、畜牧业产值、农林牧渔服务业和规模以上工业企业利润等少数指标，没有完全遵循随着到大城市的距离增加而递减的规律，主要是因为大城市周围通常不适宜林业、畜牧业以及大规模工业企业发展。新增固定资产投资在距离大城市100~200千米的区域较多，因为距大城市较近区域的固定资产和基础设施已较完备。

（四）金融监管规则调整，政策和制度保障更加健全

金融监管规则优化，金融支持乡村振兴的制度保障持续强化。金融监管部门对农村金融进行差异化监管，将普惠金融服务情况纳入监管评价体系（见表 Z-3）。2017 年，银监会等印发《大中型商业银行设立普惠金融事业部实施方案》，提出对大中型商业银行的普惠金融进行差异化监管和考核，2018 年提出普惠金融服务的"三个不低于""两增两控"等考核目标，要求在涉农贷款余额持续增长的基础上，力争实现普惠型农户经营性贷款增速不低于各项贷款平均增速，扶贫小额信贷和精准产业扶贫贷款增速总体高于各项贷款平均增速，对符合贷款条件的建档立卡贫困户的小额贷款需求能贷尽贷；要求各银行业金融机构单列涉农和普惠型涉农信贷计划。银保监会、人民银行发布的《2019 年中国普惠金融发展报告》提出，适度提高小微企业、"三农"、扶贫不良贷款容忍度。将小微企业贷款享受风险资本 75% 优惠权重的单户贷款额度上限由 500 万元提高至 1000 万元。2021 年人民银行、银保监会发布的《金融机构服务乡村振兴考核评估办法》不仅覆盖了农信社、农商银行等农村金融主力军，也将其他金融机构纳入，壮大了服务乡村振兴的金融力量。

表 Z-3 　　　　　　　　　　　原银保监会乡村振兴制度及政策

时间	文件	主要制度与政策
2019.1	《关于推进农村商业银行坚守定位强化治理提升金融服务能力的意见》	要求农村金融机构准确把握自身在银行体系的差异化定位，专注服务本地、县域、社区，专注服务"三农"，并形成量化考核评估体系
2021.3	《关于 2021 年银行业保险业高质量服务乡村振兴的通知》	要求 21 家会管银行给予普惠型涉农贷款不低于 75BP（基点）的内部转移定价（FTP）优惠。鼓励设立"三农"金融事业部的商业银行将分支机构乡村振兴相关指标考核权重设置为不低于 10% 要求各级监管部门制定资金适配性较差县域的存贷比提升计划。鼓励在县域设有分支机构的银行业金融机构明确县域存贷比内部考核要求

续表

时间	文件	主要制度与政策
2022.4	《关于 2022 年银行业保险业服务全面推进乡村振兴重点工作的通知》	进一步细化差异化考核，要求农业发展银行、大中型商业银行力争实现普惠型涉农贷款增速高于本行各项贷款平均增速的目标 要求所有银行业金融机构单列涉农和普惠型涉农信贷计划，在保持同口径涉农贷款和普惠型涉农贷款余额持续增长基础上，完成差异化的普惠涉农贷款增速考核目标

资料来源：作者根据公开资料整理。

货币政策加强对金融支持乡村振兴的引导。人民银行运用差别准备金率、再贷款、再贴现等货币政策工具，持续引导金融机构加大对"三农"的支持力度。实施"三档两优"的差别存款准备金率政策，对服务县域的农村金融机构执行最优惠的存款准备金政策，多次对农村金融机构实施定向降准。新增存款中的一定比例用于当地贷款考核达标的机构，还可以再享受 1 个百分点的存款准备金率优惠。人民银行对在"三农"、扶贫等普惠金融领域贷款投放达到一定标准的商业银行，执行 0.5 个百分点或 1.5 个百分点的存款准备金率优惠政策。人民银行优化支农支小再贷款、再贴现的地区结构，下调利率水平，明确支农支小再贷款全部采取"先贷后借"模式发放（见表 Z-4）。

表 Z-4　　　　　　　　　　　人民银行乡村振兴制度及政策

文件或要点	主要制度与政策
适度下调支农再贷款利率	乡村振兴战略提出以来，人民银行 3 次下调支农再贷款利率、2 次下调支小再贷款利率，目前支农支小再贷款利率均为 2%
完善支农支小再贷款管理	明确全部采取"先贷后借"模式发放，加强台账管理，确保精准滴灌
提高再贷款政策普惠性	要求金融机构合理确定每亿元再贷款支持的经营主体户数，优先对涉农票据、小微企业和民营企业票据贴现
差别存款准备金率政策	对服务县域的农村金融机构执行最优惠的存款准备金政策。2019 年 5 月和 2020 年 4 月，人民银行两次对农村金融机构定向降准。
普惠金融定向降准	对包括"三农"在内的普惠金融领域投放达到一定标准的商业银行，执行 0.5 个百分点到 1.5 个百分点的存款准备金率优惠 对农业银行涉农贷款投放较多的县级"三农"事业部执行比农业银行低 2 个百分点的优惠存款准备金率

续表

文件或要点	主要制度与政策
《关于金融服务乡村振兴的指导意见》	明确短期和中长期农村金融体系发展目标，对各类银行业金融机构服务乡村振兴提出差异化监管要求。增加农村金融供给；加强金融基础设施建设
《金融机构服务乡村振兴考核评估办法》	对银行业金融机构服务乡村振兴工作成效进行综合评估，并依据评估结果对金融机构实行激励约束的制度安排
《关于金融支持巩固拓展脱贫攻坚成果 全面推进乡村振兴的意见》	要求金融机构围绕巩固拓展脱贫攻坚成果等8个重点领域，加大信贷投放，并将涉农贷款风险容忍度从不高于贷款平均不良率2个百分点提高到3个百分点

资料来源：作者根据公开资料整理。

（五）金融科技为增强金融服务能力提供新手段

金融科技的发展有助于破解金融支持乡村振兴面临的多方面难题。风险控制是金融服务"三农"长期面临的挑战，依靠传统单一的金融信息收集渠道难以获取客户的准确信息，尤其是各县、乡、村金融网点数量较少，分布不均，不利于开展客户信息收集工作。金融科技的应用，可以有效解决传统征信模式下信息主体的风险信息甄别盲区问题，为金融机构进行风险甄别提供了数据信息支撑。通过金融科技手段，可以增强信息透明度，创新乡村振兴业务风控模式。金融科技工具可利用客户大数据，充分挖掘乡村潜在客户，在规模效应作用下，使乡村场景金融服务成为金融领域的"新蓝海"。针对县乡一级市场，金融机构可以更多地关注生产场景，如农户购买农资、农业产业链上的小微企业物流、信息流和资金流等，通过场景金融，将这些生产信息转化为量身定制的信贷产品，从而满足其融资需求。

高成本是制约金融服务"三农"的重要因素。在传统金融模式下，县乡一级金融业务发展需要依靠金融机构设置物理网点、综合金融服务点等方式。但是受人口密度、地理位置等因素的影响，金融机构在县域提供金融服务的成本高、收益低。与传统金融模式不同，基于新兴技术的金融科技应用能够大幅降低金融服务成本，赋能乡村振兴数字化生态圈。基于传统模式，即使银行为农业企业和新型农业主体提供了资金，后续的生产管理和销售可能还需要其他市场主体参与，且很难对接。在数字技术的赋能下，银行机构可以利用数字化平台，与保险、农业主体上下游企业形成利益共享、协同运作的乡村振兴开放数字化生态圈。

三、金融支持乡村振兴的典型做法

当前，金融体系支持"三农"的主力军是"一大一小"，大型商业银行和小型银行提供的涉农贷款占全部涉农贷款比重都超过 1/3，分别为 36.26% 和 35.78%。中型商业银行涉农贷款占比为 23.57%；农信社（不含农商行）发放的涉农贷款比重为 4.39%，是补充性的。从长期趋势看，虽然大型银行仍是发放涉农贷款的主力，但其份额呈下降趋势，下降的份额主要由农商行等小型银行以及中型银行弥补。总结各类金融机构支持乡村振兴的典型做法，对于未来推动金融更好服务乡村振兴具有重要意义。

（一）大型商业银行完善服务乡村振兴的体制保障

工农中建交邮（中国工商银行、中国农业银行、中国银行、中国建设银行、交通银行、中国邮政储蓄银行）六家国有控股大型商业银行在我国银行体系中居于主导地位。《国家乡村振兴战略规划（2018—2022 年）》对大型银行的总体要求是"立足普惠金融事业部等专营机制建设，完善专业化的'三农'金融服务供给机制"。其中，农业银行的战略定位是服务"三农"的国家队和主力军。邮储银行网点总量全国第一，乡村地区覆盖面广，信贷投放空间大，资金优势明显，且拥有邮银合作网络优势。2019 年，人民银行等五部门发布《关于金融服务乡村振兴的指导意见》，要求农业银行强化面向"三农"的战略定位，确保县域贷款增速高于全行平均水平，实施互联网金融服务"三农"工程，提高农村金融服务覆盖面和信贷渗透率；要求邮储银行发挥好网点、资金优势和小额贷款专营经验，立足大型零售银行战略定位，以小额贷款、零售金融为抓手，重点服务好乡村振兴领域农户、新型经营主体、中小企业、建档立卡贫困户等普惠小微金融客户群体，逐步提高县域存贷比并保持在合理范围。原银保监会 2021 年要求大型银行在乡村振兴服务对象、服务领域、网点布局、产品设计等方面提升差异化竞争能力，并给予普惠涉农贷款不低于 75BP（基点）的内部转移定价优惠，力争实现普惠型涉农贷款增速高于本行各项贷款平均增速的目标。

大型商业银行普遍注重强化服务乡村振兴的体制保障。2019 年底，建设银行在国内大型银行中率先设立乡村振兴金融部，各一级分行基本都已成立乡村振兴金融专门机构，其他条线积极配合，考核评估机制不断健全。工商银行成立"金融服务乡村振兴领导小组""金融服务乡村振兴工作推进委员会"，根据自身科技发展水平、综合服务能力等优势，制定城乡联动发展战略，按照以城带乡、城乡互补的思路，推动产业链、供应链、资金链从城市向乡村全面延伸。农业银行持续完善"三农"金融事业部运行机制，做实单独的信贷管理、单独的资本管理、单独的会计核算、单独的风险拨备与核销、单独的资源配置、单独的考评激励约束，形成了"六单管理"运行机制。邮储银行加大绩效考核力度，实施内部资金转移定价优惠，给予信贷额度和经济资本配置倾斜，出台涉农和扶贫贷款尽职免责实施细则，成立乡村振兴审查团队，营造信贷人员"敢贷、愿贷、能贷"的良好环境，通过一揽子政策支持体系完善普惠金融服务模式，释放服务"三农"的内生动力。

（二）农村金融机构聚焦服务县域，增强支农功能

农村商业银行和村镇银行等农村金融机构是小型银行的主要组成部分，长

期以来聚焦服务"三农",是金融支持乡村振兴的重要力量。与其他银行机构相比,农村金融机构的优势主要有四方面。一是网点众多,下沉乡镇,总体上优于农业银行和邮储银行。二是负债成本低,息差空间大。三是该类金融机构属于一级法人,决策链条短,对市场变化反应迅速。四是具备与乡镇政府和农户熟知的人缘、地缘、业缘优势。当前"三农"政策对农村金融机构的定位较高,2019 年发布的《关于金融服务乡村振兴的指导意见》明确要求"强化农村中小金融机构支农主力军作用"。《国家乡村振兴战略规划(2018—2022 年)》要求"推动农村信用社省联社改革,保持农村信用社县域法人地位和数量总体稳定,完善村镇银行准入条件"。农村商业银行坚持服务县域、支农支小的市场定位。农村中小金融机构的管理机构,即各地省联社,积极探索改革路径,淡化行政管理职能,突出专业化服务功能。村镇银行强化支农支小定位,从县域进一步下沉,向乡镇延伸服务触角。强化县域机构业务导向,明确资金投放使用应以涉农业务为主,针对涉农贷款较高的不良率,把防控涉农贷款风险放在更加重要的位置,提高风险管控能力。

小型银行在增强服务"三农"方面主要有以下做法。

第一,法人机构推进产权制度改革。全国已有 12 个省份完成农信社改制农商行工作,包括北京、上海、天津、重庆 4 个直辖市及安徽、湖北、江苏、山东、江西、湖南、广东、青海 8 个省份。截至 2021 年末,全国已组建农村商业银行 1596 家,通过改革募集股本超过 1 万亿元,农村金融机构资产规模达到 42.63 万亿元,机构资本和经营实力得到增强。省联社按照"一省一策"要求,建立现代金融企业制度,例如,浙江省农信联社采取由下而上的持股方式,改制为浙江农村商业联合银行;有的省份采用省联社、县级联社双层结构;有的省正在分别组建几个农商行板块。

第二,完善公司治理。一是加强党的领导,建立完善"双向进入、交叉任职"的领导机制。绝大部分全国农村中小银行实现了党委书记兼任董事长、党委副书记兼任行长（总经理），绝大多数党委委员进入董事会、监事会。二是优化"三会一层"治理架构，厘清职责边界，提升股东行为的合规性、董事会履职有效性和高管层职责定位、监事会监督效果。三是强化激励约束机制，改变"当期效益当期兑现"的固有模式，探索建立以经营效益、资产质量为核心，兼顾管理水平和风险防控能力的长期激励约束机制。

第三，加强股权管理。农村商业银行加大了对股权管理"五性"的关注力度。一是合规性，重点解决无规可依和违规成本过低的问题。二是穿透性，重点解决信息不对称和可能产生的内外勾连问题。三是有效性，重点解决管理者缺位的问题，完善大股东信息，做到真实、准确、及时、完整。四是包容性，重点解决大股东身份认同问题，引进优质股东，避免内部人控制。五是实践性，重点解决管理效率问题，坚持有大额授信的重点关注，无授信或授信小的普通把握。

（三）开发性政策性金融注重早期介入、综合设计

政策性金融处于政府和市场之间，主要开展批发性中长期信贷业务。在乡村振兴战略背景下，开发性政策性金融能够较好平衡政策性和市场化的关系，在项目设计早期阶段就介入，优化融资方案，坚持保本微利宗旨，为商业金融后续介入创造良好条件。政策性金融可以提供大额低息长期资金，在农村基础设施建设和产业发展初期具有难以取代的支持效应。《国家乡村振兴战略规划（2018—2022年）》提出，明确国家开发银行（简称国开行）、中国农业发展银行（简称农发行）在乡村振兴中的职责定位，加大对乡村振兴信贷支持。2019年《关于金融服务乡村振兴的指导意见》明确了业务支持侧重点，鼓励开发性、政策性金融机构在业务范围内为乡村振兴提供中长期信贷支持。国开行侧重培育农村经济增长动力，农发行聚焦粮食安全、脱贫攻坚等重点领域和关键薄弱环节发挥主力和骨干作用，中国进出口银行主要聚焦支持农业"走出去"。

在具体实践方面，国开行注重综合设计，构建结构化还款来源，推动项目总体在长周期内商业可持续。在不新增政府债务的前提下，国开行通过归集项目经营收益、涉农补贴资金、土地增值收益、融资主体公司现金流等，实现项目的全域平衡。例如，湖北某地"虾稻共作"项目要建设虾稻田等农业基础设施、厂房冷库等产业配套设施、饮水幼托养老等公共服务设施，项目收益难以覆盖还款。国开行归集种养销售收益、冷库等资产出租收益、检测和技术指导等服务收益，以及盘活经营性土地获取的增值收益、公司其他经营性收益、政策性涉农资金对融资主体增资的部分等，最终保证项目还款来源稳定。为克服分支机构少、管理半径小的劣势，国开行以转贷款模式批量支持农业中小企业和新型经营主体，向商业银行发放贷款并指定用途，再由合作商业银行将贷款转贷给企业或农户。例如，国开行浙江分行推出台州转贷款合作模式；甘肃分行筛选合作中小银行，向农业企业、农民专业合作社、农业大户 400 余户提供贷款。有的国开行分支机构还协助编制政府规划方案、推动建设涉农龙头企业、筛选地方特色产业、培育全产业链，关注特色农业经营主体和园区建设。

农发行立足唯一农业政策性银行定位，按照"组织领导不减弱、扶持政策不减少、工作要求不减轻、考核标准不降低"的"四个不减"要求，推动服务乡村振兴。农发行推出粮食收购贷款信用保证基金模式，由政府适当出资，引导符合条件的粮食企业共同出资设立，按照信用贷款方式支持企业收购玉米、小麦、稻谷、大豆等主粮品种，贷款期限不超过 1 年，可周转使用，执行贷款市场报价（LPR）利率。农发行围绕土地资源指标进行贷款模式创新，以"山水林田路村"农村全区域全要素为主要支持内容，以补充耕地指标、城乡建设用地增减挂钩节余指标、集体经营性建设用地改革入市等农村土地资源资产流转交易收益作为主要还本付息来源，有效改善服务乡村振兴战略的模式。农发行探索田园综合体支持模式，支持集现代农业、休闲旅游、田园社区于一体的特色小镇和乡村综合发展。农发行设立种业股权投资基金，助力现代农业。截至2020年底，累计投资 32 个项目，累计投资金额 18.34 亿元，所投资企业服务全国 35% 的小麦种植、30% 的水稻种植、20% 的玉米种植，并积极与海南省政府沟通谋划设立南繁育种产业投资基金。

（四）中型银行重点服务农业龙头企业和优势产业

股份制银行、城市商业银行等中型银行虽然业务重心在城市，但立足自身特点，对乡村振兴的金融支持力度也在持续增加。中型银行服务乡村振兴的主要短板是网点资源集中在城市，个别能够覆盖县域，乡镇以下几乎为空白。中型银行普遍规模较小，负债成本高于大型银行和农村金融机构。为破解上述劣势，股份制银行等积极应用金融科技，立足细分市场，发挥比较优势。《国家乡村振兴战略规划（2018—2022 年）》提出支持中小型银行优化网点渠道建设，下沉服务重心，创新服务模式，通过互联网和移动终端提供普惠金融服务。中型银行根据自身业务优势，突出重点支持领域，提升差异化竞争能力，积极创新金融产品和服务方式。

股份制银行积极创新金融产品，服务农业龙头企业。某股份制银行运用金融科技改造涉农服务全流程，重点服务涉农企业数字化转型，围绕企业生产经营的五大场景整合推出了"企账通""企服通""捷算通""易融通"和"跨境通"的"五通"综合服务方案，实现了对涉农企业生产经营的全方位全场景服务。以个人为借款主体的农业小微企业，可通过 App 平台快速获得融资。该银行推出"云闪贴"和"云闪承"业务，支持客户线上询价、资金快速到账。某股份制银行运用 5G、物联网等技术赋能智慧农业，定制金融业首颗物联网卫星，并以此为基础积极打造"天地一体化"的物联网解决方案，探索"物联网＋金融"新道路，挖掘数字资产价值，利用数据真实反映企业的经营状态，评估经营风险，进而为客户提供多样化的金融服务。某股份制银行通过传感器等物联网终端，一场景一模型，有效解决农业企业抵押物不足的痛点难点。该银行基于金融服务云平台推出的"泉茶贷""茶农贷"，解决了茶企的资金需求难题；依托"银银平台"，推进支付结算服务、金融云等技术输出，帮助村镇银行等农村金融机构加强金融基础设施建设、拓宽资金来源、加快资产流转。截至2021年底，该银行核心系统累计在260余家中小银行上线运营，其中村镇银行186家。

（五）农业保险推动产品创新，对冲农业经营风险

自然和市场风险是加剧农业生产波动的重要原因，农业保险是克服风险的重要工具。围绕农户风险管理，保险、期货各具特色，需加强互补。例如，围绕农产品价格波动风险，保险公司可以发挥服务网络的全面覆盖优势，整合农户需求；期货公司可以利用期货市场的期货期权产品对冲价格风险；在此基础上，银行可以发放信贷，降低对农村抵押担保物的依赖，从而理顺农村融资渠道。在这一过程中，各级政府部门要发挥重要支持和激励作用，如提供信息整合、汇集、共享平台，缓解信息不对称问题；发挥组织、资源优势，提供财政补贴，促进相关金融机构跨行业合作等。

保险机构积极探索服务乡村振兴的有效途径。我国自2015年开始探索"保险＋期货"的农产品价格保险，已形成可推广模式。"保险＋期货"多数由交易所组织保险公司与基层政府商谈，补贴主要来自交易所和地方政府。交易所通过减免交易手续费方式进行补贴，政府向保险公司提供保费补贴。保险公司一般向农户提供期权，如果农产品的到期价格低于约定值，则按约定算法向农户补偿。这种合作机制的关键在于保险公司整合了农户需求，实现了规模化；期货公司利用市场化渠道对冲价格风险，帮助保险公司转移风险，两者形成功能互补，为农户提供了管理价格风险的市场化可及渠道。2018年，我国开始开展稻谷、小麦、玉米三大主粮作物完全成本保险或收入保险试点。在试点基础上，

"保险＋期货"的价格避险机制已涵盖玉米、大豆、豆油、豆粕、苹果、天然橡胶等品种。例如，大连商品交易所（简称大商所）与中国人民财产保险股份有限公司（简称人保财险）合作，在内蒙古通辽市为玉米种植收入保险提供附加价格保险；郑州商品交易所试点推出了棉花、白糖、苹果等产品的"保险＋期货"业务。

金融机构积极探索"银行＋保险"服务乡村振兴的做法。农业农村部与中国建设银行于2022年联合推出"农业保险＋信贷"产品。建设银行与保险机构通过农业保险信息平台获取农户的农业经营数据，对农户进行信用评级和授信。农户通过电子渠道自助完成贷款流程，实现快速申贷、随借随还、按日计息。该产品重点面向适度规模经营、参加农业保险的农业经营主体，如家庭农场、农民合作社、国有农场及农业职工等，重点支持参加农业保险的粮棉油肉糖胶林及地方优势特色农产品生产，包括水稻、小麦、玉米、大豆、奶牛、肉牛、肉羊等种植养殖领域。其特点是用保单数据构建信贷模型，依据农业保险保额测算授信额度，形成纯信用、全线上信贷模式。

（六）金融监管等部门推动数据共享，增强服务保障

市场主体分散、组织流程低效、信用信息不健全，是制约金融服务农业农村的重要障碍。金融监管等政府部门积极推动数据共享，完善金融服务的基础设施。北京市原银保监局借助卫星遥感、互联网、大数据等信息科技推进农业保险全流程信息化，提升服务效率，破解传统模式下的财政资金监督难、保险服务成本高、农户服务体验差等问题。一是依托大数据监测，通过农险信息"e采集"，强化财政资金使用监督。使用技术手段采集农业保险承保理赔数据，上传到北京市农村金融与风险管理信息平台，对每一笔农业保险业务进行监测、校准，杜绝重复投保和虚假理赔风险。采用卫星遥感、GPS定位、电子围栏及电子耳标等智能识别技术，采集地块位置、面积及标的损失情况，确保承

保和理赔信息真实、准确、可追溯，防止用虚假标的理赔，骗取财政资金。二是全流程线上办理。结合行业规范、技术合作、电子保单和远程查勘等措施，形成在线投保、在线理赔、在线公示、在线增值服务的全流程信息化闭环。农户通过电话、手机 App、微信小程序等多种渠道进行线上投保信息采集、标的查验、保单签发、出险报案及赔款支付。三是借助科技手段优化服务流程。在承保环节，农户仅需提供一次手机验证码，即可完成全部投保流程，从缴费成功到收到电子保单最短耗时不超过 2 分钟。在理赔环节，养殖险农户可选择进行线上全流程自助理赔，无需等待查勘员进入养殖场舍内部，并可实时查看理赔进度，平均理赔时长较传统服务模式缩短近 50%。2021 年，北京农业保险综合费用率为 12.7%，低于全国平均水平 6.4 个百分点，而综合赔付率高于全国平均水平 10 个百分点以上。

农业农村、卫生检疫等政府部门积极为金融服务乡村振兴创造有利条件。中国人寿财产保险股份有限公司运用生物特征 AI 识别技术，建立了与养殖企业、保险公司、动物卫生监督机构联动的"智能化、数字化、去中心化线上共享运营平台"，形成了"养殖户 + 保险公司 + 畜牧防疫部门"的综合监管体系。安徽省宿州市将生物特征智能识别技术引入养殖保险业务，精准承保，精准理赔。其开发的牛脸识别技术分多个模块，脸部识别模块是扫描牛的面部特征，完成多角度数据采集，用于鉴别唯一性。实时监管模块是安装摄像头，对圈舍内的肉牛进行 360 度监控，管理牛只动态、人员行为、车辆活动、外来生物活动等。精准点数模块是通过摄像头清点牛只，查看存栏情况。

四、改革开放以来金融支持"三农"的历史经验

在不同历史时期，党和政府根据形势和条件确定"三农"工作的思路和重点。改革开放以来，我国农业农村领域经历了家庭联产承包责任制改革、乡镇

企业发展、社会主义新农村建设、脱贫攻坚等不同阶段，金融在各阶段"三农"工作中均发挥着重要作用。回顾金融支持"三农"的历程，总结经验教训，对于更好发挥金融支持乡村振兴的作用具有重要意义。

（一）农村金融要主动适应农业经营和农村人口变化趋势

近年来，我国积极推动农业经营适度规模化，经营规模扩大的趋势增强，农村金融面临的需求对象随之变化。在小农经营的基本国情下，农业经营的主体更加多元，种粮大户、家庭农场、专业合作社成为重要的新型经营主体，农业经营主体结构正在变化。第一，种粮大户一般是土地经营规模相当于当地户均承包地面积 10 至 15 倍，务农收入相当于当地二、三产业务工收入的农户。土地流转、扩大耕作需要更多资金，财政补贴和金融支持是两大资金来源。例如，重庆市规定种粮面积为 50~100 亩可以算种粮大户，每亩政府补贴 160 元；面积在 100 亩以上的，每亩政府补贴 230 元。第二，家庭农场是以家庭成员为主要劳动力，从事农业规模化、集约化、商品化生产经营，并以农业收入为家庭主要收入来源的农业经营主体。其认定标准更明确，需要集中成片承包耕地或租种耕地 50 亩以上且租赁期 5 年以上，规模养殖大牲畜 100 头以上，猪、羊200 头（只）以上，禽类每茬 5000 只以上。经认定的家庭农场，可以在农业管理部门登记注册。我国家庭农场数量从 2015 年的 34.3 万家增加至 2020 年的300 万家，平均经营规模超过 200 亩，是农户平均经营耕地面积的近 30 倍，平均年经营收入约 20 万元。第三，专业合作社是农民自愿联合进行合作生产、合作经营的合作组织形式。2020 年，我国依法登记注册的农民合作社总数达到225.1 万家，是 10 年前的 5.9 倍，已连续 4 年稳定在 220 万家以上，覆盖全国近一半农户。其中，县级以上示范社达 16 万家，占农民合作社总数的 7%，农民合作社为其成员提供经营服务总值 9600 多亿元。县级以上示范社在农民增收中发挥了重要作用，其入社成员年均收入比非成员农户高近 1/3。

农村人口和劳动力结构的变化，对农村金融体系提出了新要求。我国有近3亿农村进城务工人员，是我国工业化和服务业发展的重要支撑。大量农民从农村到城市务工经商，金融可及性、对金融服务的应用能力和使用行为也在持续变化。返乡创业和就地城镇化成为近年来城乡融合发展的重要趋势。在中小城市加快发展的背景下，已进城务工人员返乡创业数量增加，农村年轻人口留在本地工作或创业的趋势增强。返乡创业者大多属于个体户和小微企业，主要依托当地农业优势发展特色养殖种植业，依托生态环境优势发展乡村旅游业，依托农副产品优势创办加工企业等。特别是近年来，随着电子商务向县域和乡村下沉，返乡创业者积极对接电商平台，销售半径明显扩大，市场规模不断扩大，形成乡村产业发展的新特色。金融体系可以为返乡创业者提供金额较小、带有产业特色、期限灵活的信贷服务，满足创业启动和流动资金需求，针对特色农产品推出价格保险、收入保险等。

农村金融主动适应农业经营主体变化趋势，组织体系不断健全，覆盖面持续扩大。截至2020年末，全国共有农村商业性金融机构（中国农业银行、中国邮政储蓄银行）网点31380个，农村政策性金融机构（中国农业发展银行）网点2206个，合作性金融机构（农村信用社、农村合作银行、农村商业银行）网点2228个，银行业机构的乡镇覆盖率为97.13%。各类新型农村金融机构快速发展，起到了积极补充作用，包括农村资金互助社、村镇银行、小贷公司，以及助农融资担保公司、扶贫资金互助社或贫困农户发展生产互助协会、保险公司等非银行金融机构。健全的农村金融组织体系为服务新型农业经营主体提供了更有力保障，符合条件的专业合作社可以开展信用合作；获得政府部门登记认证的家庭农场可以获得一系列财政金融支持，包括信贷支持、抵押担保、农业保险等。这些举措扩大了金融覆盖面，使农村金融服务"三农"水平更高，为促进农业发展、农民增收发挥了重要的支持作用。

（二）"三农"市场化改革促进农村金融供给多元化

改革开放以来，我国"三农"改革总体上坚持市场化导向。农村金融机构发展总体上也遵循这一导向，在改制中加强市场约束。以农村信用合作社（简称农信社）改革为例，改革开放前的 20 多年中，农信社几次大起大落，定位不清，资产质量不高，风险大量暴露。随着家庭生产功能的重塑，农户作为经营主体的生产性金融需求逐步扩张。因此，满足农户承包土地、采购生产资料、发展多种经营的生产性资金需求，成为农信社的主要业务目标。在此背景下，农信社改革采取了"放收"结合的思路。在"放"的方面，1983 年，以恢复农信社"三性"（组织上的群众性、管理上的民主性、经营业务上的灵活性）为主要内容的改革试点展开。在"收"的方面，1986 年，各地组建农村信用合作社县级联社，对农信社行使管理、监察、协调等职能，增强农村信用合作社经营管理的独立性和灵活性。农信社网点进一步普及，业务经营的自主权逐步扩大。

20 世纪 90 年代中期以来，农村金融体系继续推动市场化导向改革。1996 年 7 月，全国农村金融体制改革工作会议决定建立和完善以合作金融为基础，商业性金融、政策性金融等各种金融机构分工协作的服务体系；农业银行不再领导、管理农村信用合作社，农村信用合作社改由县联社负责，对农村信用合作社的金融监管工作由中国人民银行承担。人民银行推动规范农信社体系，明确了农信社及联社的定位，使农信社运作趋于规范。由于农信社脱离农业银行时承接了大量历史包袱，经营压力大，各地政府纷纷开始设立市联社、省联社，以实现对农村金融机构的统一管理，并主导农村金融机构的风险处置。2001 年 9 月，江苏组建了全国第一家省联社，并试办农商银行，常熟农商银行、张家港农商银行、江阴农商银行相继成立。2002 年，人民银行在温州选择部分农信社开展利率改革试点，第二年开始向全国推广，进一步推动了农信社的市场化运作。2003 年 6 月，银监会从人民银行分设后，制定了一系列监管文件来规范农信社产权制度和管理体制。此后，农信社、农商银行和农村合作银行要接受"一行一会"的监管和省联社的管理。

完善农村信用体系对支撑各类金融机构服务乡村具有重要意义。农村信用建设是普惠金融发展的关键部分。为补齐信用信息缺失的短板，人民银行推动建设县（市）级层面金融信用信息基础数据库，大力推进"信用户""信用村""信用乡（镇）"的评定与创建工作，推动"信用户""信用村""信用乡（镇）"在授信额度、贷款利率和手续、扶贫再贷款等金融服务方面获得政策倾斜。截至 2020 年末，农村信用信息体系建设日趋完善，全国建档评级农户数达 15810 万户，约占农户总数的 59%；全国授信农户数 9192 万户，约占农户总数的 34%，人均持卡 2.8 张，基本实现了人人有卡、家家有账户、补贴能到户。

金融机构加大产品和服务创新力度。村级电子商务服务点、助农取款服务点互相依托建设，ATM、POS 机具网络扩大，网上银行、手机银行、电话银行服务推动了普惠金融发展。2020 年末，全国共设立银行卡助农取款服务点（一般称为"助农金融服务站"）89.33 万个，同比增加 2.27%，行政村覆盖率达 99.31%，基本实现了行政村全覆盖，构建起支农、惠农、便农的"支付绿色通道"。农村金融基础设施持续完善，为金融服务乡村提供了积极支撑。

（三）体制改革有力推动农村金融组织系统性改善

党的十一届三中全会后，我国农村改革起步于家庭联产承包责任制的实施。1992 年党的十四大后，农业和农村市场化改革速度加快，农村金融发展环境发生积极变化。农村金融改革迈入转型阶段，促进发展和防范风险齐头并进。在此期间，金融体制改革也开始推进，其中，恢复农村金融组织体系是重点工作，目的是形成农村金融组织的多元化和适度竞争状态，更好服务农村生产目标。除改革原有的农信社体系外，主要措施还包括恢复农业银行和邮政储蓄业务、组建农发行等。我国农村金融体系形成了政策金融、商业金融和合作金融并存的格局。

第一，中国农业银行于 1979 年 2 月恢复，并接管了人民银行的农村金融业务。农业银行的任务明确为大力支持农村商品经济发展，提高资金使用效益，改变了以往定位。农业银行服务对象由以集体经济组织为主，调整为以农户为主。农业银行按照企业化经营方向，以自我发展、自我改造为目标，在计划、资金、财务和人事等方面对管理体制进行改革。

第二，恢复邮政储蓄业务。邮政网点众多且布局下沉，具有服务乡村的天然优势。1981 年，我国恢复邮政储蓄业务，利用邮政网点布局优势，收储民间零星资金，为国家建设筹集资金开辟新渠道，将吸收的储蓄存款交给人民银行使用。1986 年 1 月，邮电部与中国人民银行发出《关于开办邮政储蓄业务的联合通知》，决定于当年春节前在北京、上海、天津、郑州、沈阳、石家庄、成都、西安、南京、广州、福州、长沙等 12 个城市开办邮政储蓄业务。人民银行根据邮政交存的储蓄款按月累积日平均余额的 2.2‰ 付给邮政机构手续费。1986 年 3 月，邮电部与中国人民银行联合发出《关于印发开办邮政储蓄协议的联合通知》，自 1986 年 4 月 1 日起全面开办邮政储蓄业务。

第三，组建农发行，宣告农信社与农业银行脱钩，推动政策性金融业务和商业性金融业务分离。1992 年后，我国经济进入新一轮快速增长期，为控制信贷规模，启动了国有银行改革。1993 年，国务院发布《关于金融体制改革的决定》，要求建立政策性金融业务与商业性金融业务分离，以国有商业银行为主体、多种金融机构并存的金融组织体系。工、农、中、建四大国有专业银行向商业银行转型。1994 年，组建农业发展银行，将涉农政策性金融业务从农业银行分离出来。

此外，在农村金融组织体系持续完善的基础上，我国积极提升农村金融服务的覆盖面和质量。积极扩大金融网点的乡村覆盖范围，基本实现乡乡有机构、村村有服务，乡镇一级基本实现银行物理网点和保险服务全覆盖，推动行政村一级实现更多基础金融服务全覆盖，避免出现新的金融机构空白乡镇和金融服务空白行政村。增强农民金融服务可得性，加强对县域金融服务区域和种类的监管，引导涉农金融机构立足县域、回归本源，服务乡村振兴。加大对新业态、新模式、新主体的金融支持。提高农户贷款覆盖率，提高小微企业信用保险和贷款保证保险覆盖率，力争使农业保险参保农户覆盖率提升至95%以上。提升农村金融服务质量，提高小微企业和农户申贷获得率和贷款满意度，提高小微企业、农户信用档案建档率。

（四）平衡金融服务"三农"的商业性和政策性

农村金融发展是各国普遍面临的难题，其根源在于金融服务"三农"的收益和成本、风险不匹配，收益无法抵补成本与风险，抑制了有效金融供给。解决矛盾的关键在于有效控制成本与风险，这既需要金融机构增强自身风险和成本控制能力，也需要政府发挥政策引导作用，促进普惠金融发展。如果完全按照商业原则，由金融机构采取高利率覆盖成本和风险，对于农户来说是难以承受的。如果完全依靠财政补贴和担保增信弥补商业金融机构收益，将不具有可持续性，金融风险也会转移到财政上。需要立足内生于农村的合作金融天然特征，通过发挥信息优势、抵押品价值实现优势、自我管理优势，实现商业性、政策性、合作性农村金融的协调发展。

政策支持是农村金融体系得到显著改善、效率提升的重要推动力。我国不断健全"三农"财政保障体系，致力于改善农村金融发展环境。财政资金提供农业信贷担保（以下称农担）撬动信贷资金，引导社会资本投向农业农村，农担机构网络自2015年开启建设，至2019年底已基本形成。全国农担体系由国家农业信贷担保联盟有限责任公司、省级农担公司和下设县分公司、办事处组成，形成上下联动、紧密可控、运行高效的"国家—省—市（县）"三级服务体系。截至2023年1月，全国农担在保余额3785亿元，政策性职能逐步发挥。财政对农业保险的保费补贴取得积极成效，全国农业保险承保的农作物品种超过 270 类，覆盖了农林牧渔各个生产领域。建成基层农业保险服务网点 40 万个，基层服务人员近 50 万人，基本覆盖所有县级行政区域、95% 以上的乡镇和 50% 的行政村。"十三五"期间，农业保险累计为农业产业提供风险保障 12.2 万亿元，服务农户 8.02 亿户次。2007—2021 年，我国农业保险为 1.8 亿户次农户提供风险保障超 4.7 万亿元，保险服务乡镇覆盖率达 100%。

完善农村金融体系监管考核机制。2013 年的中央一号文件要求，从加大商业性金融支农力度、创新金融产品和服务、强化农发行政策性银行职能定位、健全政策性农业保险制度等角度，改善农村金融服务。此后，原银监会对农村金融机构，特别是农商行进行分类监管。随着农信社系统"省联社—县级法人主体"二元管理模式的弊端日益突出，近年来，我国有序推进省联社改革试点。在监管方面，加强金融服务乡村振兴的监督和考核评估，不定期对农村基础金融服务情况开展评估检查，重点加强对银行网点"先建后撤"、金融服务"有名无实"、重复建设等现象的监管。2021 年发布的《金融机构服务乡村振兴考核评估办法》不仅覆盖了农信社、农商银行等农村金融主力军，也将其他金融机构纳入，壮大了服务乡村振兴的金融力量。

（五）以完善治理机制和利用金融科技破解农村金融风险控制难题

风险控制难、资产质量差一直是制约农村金融发展的重要问题。从历史演变来看，我国"三农"改革总体路径是改革商品流通体制、改革资源要素配置机制、改革城乡二元分割体制、建立城乡统筹发展机制。这实际是发挥市场机制的作用，打破城乡分割的壁垒。农村金融深受传统计划经济的影响，导致预算软约束和缺乏竞争，致使农村金融体系资产质量差、运行效率低。20 世纪 90 年代以来，农村金融面临的问题增加，如农村信用社运行风险仍然较大、农业银行业务对"三农"关注度减弱等。在此背景下，为推动金融更好支持"三农"，农村金融体系改革和治理机制完善进入深化阶段。

推进农信社系统改革重组，增强实力。2003 年，新一轮改革之前，农信社在我国农村金融供给体系中发挥着重要作用，但由于治理机制和管理体制不完善、农村金融环境不佳等原因，农信社面临严重的资产质量问题。2002 年末，农信社的农业贷款占同期全国金融机构农业贷款的比例高达 81%，但不良贷款比例达 37%，资本充足率为 -9%，资不抵债额超过 3400 亿元，绝大部分农信社濒临破产。2003 年以来的农信社改革重点是明确农信社产权关系、完善法人治理结构，确保改革使农信社、农商行经营得到系统性改善。

2003 年后，我国启动新一轮农信社改革，通过增资入股改制为农商行，推动完善农信社公司治理机制，提升运营效率。2010 年，银监会发布《关于高风险农村信用社并购重组的指导意见》，要求对监管评级为六级的农信社以及监管评级为 B 级且主要监管指标呈下行恶化趋势的农信社进行并购。一些地区在推动辖区内农村金融机构改革时，通过重组合并提升了辖区内农村金融机构的实力，如将规模较小、资质较弱、风险较高的县级农商行进行整合，以成立竞争力更强的市级（省级）农商行。2011 年，银监会宣布不再组建新的农信社和农合行，全面取消资格股，逐步将有条件的农信社改组为农商行，农合行要全部改组为农商行。

推动农业银行改制，剥离不良资产，强化支农目标。2004 年，我国启动国有大型银行股份制改革。农业银行由于政策性职责仍然相对较多，涉农贷款存在着资产质量相对较差、可持续性不高、覆盖面窄等问题，改制进程相对较慢。2007 年，全国金融工作会议明确了农业银行的改革方向——面向"三农"、整体改制、商业运作、择机上市。随后，农业银行转向"一级法人、双线经营、分别核算、统筹发展"的"一行两制"经营模式。2009 年，"三农"金融事业部试点在全国范围内实行，此后推广至全部县域支行。2009 年 1 月，中国农业银行股份有限公司成立，标志着农业银行股份制改革的完成。

加强风险防范，规范农村非正式金融部门。随着经济体制放活，各类非正规金融逐步增加，由此产生的金融风险不容小觑。20世纪80年代以来，农村非正式金融部门发展较快，在农村金融领域以农村合作基金会为代表。20世纪80年代，原农业部建设服务农民的金融中介体系，推动建立农村合作基金会网络，为农村经济提供信贷服务，增强了农村金融体系活力，但也存在金融风险。1993年，原农业部认定农村合作基金会是社区性资金互助合作组织，但人民银行仅认定其为社区内的资金互助组织，而非金融机构。农村合作基金会此后有了较快发展，但1996年前后逐步失序，风险暴露，出现发放高利贷、风险条款不充足和"风险软约束"问题，金融风险较大。1996年，我国开始规范非正式金融部门，国务院出台《关于农村金融体制改革的决定》，清理整顿农村合作基金会，重点是处置不良资产。1999年，我国正式取缔农村合作基金会。

此外，近年来，金融科技的快速发展为增强金融支农能力提供了新途径。金融机构积极利用金融科技，克服农村金融服务的制约因素。我国制定《数字农业农村发展规划（2019—2025年）》，加快金融科技在乡村应用，普及乡村地区数字基础设施，推动乡村4G深化普及、5G创新应用，缩小城乡"数字鸿沟"。加强对互联网、大数据等工具的应用，降低农村金融服务成本，发挥数字信息技术在农村的普惠效应和溢出效应，提升农民群体的数字化素养。推动新型金融服务手段更多在乡村地区应用，改善网络支付、移动支付环境，为农业经营主体提供小额存贷款、支付结算和保险等金融服务。

五、金融支持乡村振兴的主要障碍

乡村振兴对金融存在更大需求，金融支持"三农"也面临不同于以往的有利条件。但要看到，当前金融支持乡村振兴仍面临诸多挑战和困难，可以归纳为两大方面。一是在农业农村方面，农业生产效率低，且面临自然和市场双重风险，农村市场主体分散，缺乏集聚效应，农村集体产权制度仍有待健全，农村要素市场和基础设施不完善，导致金融支持"三农"的意愿低于支持工业和城市。二是在金融体系方面，金融机构的信用识别和风控能力不足，较多依赖抵押物，县域金融机构将较多资金用于异地经营和同业市场拆借，支农支小、聚焦本地不足，农村金融机构科技研发力量薄弱，难以利用金融科技，限制了金融机构服务乡村振兴的能力。上述障碍互相交织，导致金融和"三农"之间的"两张皮"问题长期存在。破除上述障碍，需要农业农村和金融两方面发力，既要提升农业农村生产效率，以自身发展吸引金融资源流入，也要通过监管引导和利用金融科技，增强金融支农能力，形成内生循环，提升金融支持乡村振兴的可持续性。

（一）农业方面的原因

1.农业生产率低，总体属于弱势产业

相比工商业，农业效率较低，属于弱势产业。这是金融支持农业意愿相对不足的根本性原因。城市化提升效率的核心在于集聚效应带来的交易成本下降，工业化提升效率的核心在于大规模标准化生产，而目前我国农业农村既难以实现集聚，也难以实现规模化标准化生产，使农业生产效率低，农业经营者自身长期处于"保本微利"状态，难以吸引金融资源的积极支持。农业效率偏低的产业特征，导致农业投资回报率低、回报周期长。同样规模的信贷资金，与其支持农业农村，不如支持大型工业项目，因为后者回报率更高，成本回收周期更短。农户的耕地面积小，而且碎片化程度较高，导致农业生产无法进行大规模投入，难以有效利用农业科技，阻碍了土地资源的有效配置，抬高了农产品成本，降低了农业市场竞争力。

农业效率低集中表现在劳动生产率上。与发达国家相比，我国农业存在总产值高、人均产值高，但增加值率低、劳动生产率低的特点。产值高意味着我国粮食安全保障度高，而劳动生产率低则意味着我国的粮食安全是通过投入大

量农业劳动力实现的。我国农业就业人员占比在 30% 左右，日本、韩国都在 5% 左右。根据世界银行测算，中国农业劳动生产率与其他国家相比存在明显劣势，大幅低于美国，也低于同样人多地少的日本、韩国等国家。以 2010 年不变价美元计算，2019 年，我国农业增加值是美国的近 4 倍，但农业劳动生产率低于美国的 5%。我国农业劳动生产率约 4200 美元，而美国农业劳动生产率为 94000 美元。人力成本在我国农业生产成本中占比较高，特别是种植业劳动成本占总成本比重远高于其他国家。从具体农作物来看，玉米、大豆、小麦、棉花、稻谷的劳动成本在总成本中的占比分别约为 43%、32%、36%、58%、41%，发达国家种植业农作物生产成本中劳动成本的占比一般小于 8%。随着我国居民收入水平的提高，未来劳动力成本上涨对农业效率的制约作用将更加凸显。

2. 农业产出瓶颈凸显，面临自然和市场双重风险

农业生产的产业特性与二、三产业存在明显差异，农业产出增长存在明显的"天花板效应"。长期来看，工业和服务业的产出能够保持增长，而农业不同，农业产出的实物量增长存在瓶颈。1978—2021 年，我国粮食产量从 6095 亿斤增至 1.37 万亿斤，增长了 1 倍，而同期我国粗钢产量从 0.3 亿吨增至 10.3 亿吨，增长了 33 倍，煤炭产量从 6.2 亿吨增至 39 亿吨，增长了 5.3 倍，农业产出增速远低于工业。与服务业对比，农业的增长潜力也相对有限，电信、互联网、交通运输、教育、医疗等现代服务业的产出或增加值规模也远高于农业。农业产出增长面临的"天花板效应"使农业产业自身的增长前景相对有限，不利于吸引投资。因此，与支持城市化和制造业相比，金融支持农业的意愿相对较弱。

从生产角度看，农业面临自然和市场双重风险。自然风险主要体现在农业对自然条件依赖度高，受气候、温度、病虫害、自然灾害等不可控因素影响大等方面。自然条件变化对农产品产出存在显著影响，尤其在小农经营状态下，农业产出规模波动往往较大。市场风险是指农户作为农产品的价格接受者，难

以预测和克服市场变化的风险。农业小规模生产和农产品作为大宗商品的基本矛盾，使农户在农产品市场中处于不利地位。家庭联产承包责任制实施后，农业经营由集体经营转向农户经营，农户可以根据家庭需要、国家政策和市场行情在一定范围内自主经营，市场机制在农业生产经营中对资源配置的作用持续增强。但农户难以及时准确地掌握农产品市场行情，往往凭借经验进行生产决策，结果经常跟不上市场形势变化，面临较高的经营风险，容易造成生产能力的大起大落。农户分散、组织程度低，无法对农产品供应产生影响，难以引导市场价格变动。小农经营具有较大的盲目性，农户在农业生产中处于弱势地位，缺乏讨价还价和自我保护的能力。

（二）农村方面的原因

1. 农村经营主体分散，金融支持成本高

我国人多地少的基本国情使农村经营主体高度分散。小农经营模式下，既存在金融需求不足的问题，也存在信贷支持农村的成本高的问题。我国农村土地主要按人口分配，具有较强的平均取向。20 世纪 80 年代中期，我国平均每个农户承包土地仅 8.35 亩，后来逐步降为 6~7 亩，户均经营规模不足半公顷，且南方多数农户户均耕地面积不到全国平均规模的一半。这种单体规模小、总量大的小农经营方式是我国农业生产的主要形态，导致农户分散小规模经营，每个农户都在小块土地上耕种，产出的农产品数量有限。我国约有传统农户 2.2 亿户，占农业经营主体比重超过 99%，经营耕地约 1.1 亿公顷。农业经营主体规模是农业效益的重要决定因素。对比来看，发达国家农业经营主体规模大，其经营面积一般都在数十到数百公顷。德国家庭农场的经营面积一般在 100 公顷左右，美国、加拿大约为 300 公顷。

我国积极发展多种形式的适度规模经营，但规模和数量仍相对有限。在坚持家庭经营基础性地位的前提下，我国积极发展农业产业化经营、家庭农场、

专业大户、专业合作、股份合作等多种新形式相结合的农业经营体系，新型农业经营主体快速发展。截至 2022 年，全国家庭农场超过 380 万个，平均经营规模 134.3 亩，总经营规模已超过 5 亿亩，占全国耕地面积的近三成。全国依法登记的农民合作社 223 万家。市级以上农业产业化龙头企业共吸纳近 1400 万农民就业，农业专业服务公司等各类农业社会化服务组织已超过 95 万个，服务小农户 7800 万户。新型农业经营主体与传统的农业经营主体相比，具有明显的紧密化、集约化、组织化、市场化的特征，农户与新型经营主体逐步形成利益联结机制，融合程度逐步加深。

2. 农村土地制度和集体产权制度仍在调整完善过程中

土地是农村的主要资产，土地制度的完善对于释放农业生产力有关键作用。近年来，我国推动农村土地实施两个"三权分置"，以适应农业农村发展新形势。在农村人员大量进城务工、农地流转规模持续扩大背景下，2013 年召开党的十八届三中全会提出要在农村承包经营制度中建立土地所有权、承包权、经营权分置制度。这就从原来的"两权"（所有权、承包权）扩展到"三权"，多了"经营权"。2014 年 11 月，中共中央办公厅、国务院办公厅发布的《关于引导农村土地经营权有序流转发展农业适度规模经营的意见》提出，要规范农村土地流转程序和行为，实现所有权、承包权、经营权"三权分置"。具体来说，"三权分置"就是"农村的土地集体所有权、农户的承包权、土地的经营权分置并行"。2017 年，我国又提出宅基地所有权、资格权和使用权"三权分置"，与承包地的"三权分置"不同，宅基地"三权分置"是为了活用农村宅基地，让闲置宅基地变成农民的财产性收入。

两个"三权分置"的制度设计，目的是通过明确农村土地产权性质，提升农业生产效率，盘活存量资产，这有助于吸引更多金融资源支持农村。实行农村承包经营制度"三权分置"之前，集体所有权和经营权的内容、界限与法律形式不明确，保护所有权主体和经营权主体正当权益的法律体系不健全，农村基层行政组织对土地的调整存在随意性，在土地转让、继承与种植等方面存在多方面限制，使农户土地经营权缺乏有效保障，农民经营行为短期化，土地资源未能得到有效利用。由于宅基地是农民集体所有，且其使用权是集体经济组织无偿分配的，不允许城镇居民购买，不利于宅基地价值的提升。农村土地资产交易少、交易不活跃、缺乏稳定价格，限制了其撬动金融资源的能力。宅基地"三权分置"适度放活宅基地使用权后，农村闲置房屋的转让、出租与抵押就都可以实现，有助于增加农民财产性收入。

除土地外，集体资产是农村重要的存量资产。2016 年以来，我国积极推动农村集体产权制度改革，核心内容是确权到户和实施股份合作制。截至 2020 年底，全国共清查农村集体账面资产 7.7 万亿元，其中经营性资产 3.5 万亿元，集体土地等资源面积 65.5 亿亩，确认集体成员约 9 亿人，闲置资产被盘活，有助于乡村发展和农民增收。截至 2022 年，农村经营性资产股份合作制改革已在全国范围内开展 5 批试点，31 个省份已基本完成整省试点，取得积极成效。

3. 农村基础设施建设相对滞后

农村地区数字和交通基础设施建设明显滞后于城市。农村地区互联网普及率不足 60%，远低于城市水平。5G 网络覆盖率低，尚未实现重点乡镇和重点行政村全覆盖。以数字技术提升农业生产效率和改善农村生产生活环境、利用电子商务加快农村商品流通仍有潜力，交通和物流基础设施覆盖面和质量有较大提升空间。

乡村金融基础设施建设较为缓慢，对促进金融支农的作用有待提升。农村信用体系数据质量和运营效率不高，数据库更新滞后。虽然有的地区开展了"整村授信"项目，但农民就业稳定性低、流动范围大、大数据画像不充分，农户信息缺失较多，数据收集与整合进程较慢，信用数据对金融机构信贷决策的支持力度有待增强。支付结算体系方面，金融基础设施前期投入与后续运维成本高，在农村地区布放的POS机、ATM机等离行支付机具分散度大、使用率低，信贷资源配置的规模效益难以实现。当前，银行业务电子替代率快速提高，农村地区个人支付交易更多使用手机银行，物理营业网点、金融服务站点的支付业务将面临更加激烈的竞争。因此需加快乡村助农金融服务站点的选址建设、功能升级和运管水平提升，增强其与乡村各类生产和生活场景的整合能力。

（三）金融机构方面的原因

1. 农村金融机构和涉农金融服务有待完善

农村金融机构非农化、农村资金外流、金融主要支持大中型经营主体等问题依然存在。部分涉农金融机构的资金过多用于大城市和非农产业，个别村镇银行和农村商业银行的服务范围过大，偏离了"聚焦本地"的要求，同时存在资金流向非农领域的情况。涉农信贷结构偏向大中型企业等市场主体，支农支小比重偏低。截至2021年末，我国涉农贷款余额已达43.21万亿元，但其中普惠型涉农贷款所占比重仅约20%，涉农贷款的普惠性仍有提升空间。农村资金外流问题仍然严峻，农村存款用于支持农村的比重低，大中型商业银行的县域存贷比更低。个别农村金融机构将营业网点布局在富裕地区，服务对象集中于贷款金额较大的小企业主及出口企业，发展"高成本、低收益"的小额"三农"业务意愿不高。

农业保险和农业担保体系发展水平不高，无法充分满足农业农产品定价、风险管理、资本化经营的多元需求。农产品市场缺乏可用于管理风险的金融服务；部分保险条款与农户的理解和愿望值有差距，保险机构的服务能力和管控能力需要进一步提升。互助型农业保险等创新模式有助于解决逆向选择和道德风险问题，虽然也面临着农民自身合作意识弱、组织能力差、难以分散风险、缺乏再保险机制等问题，但具有较高的可行性。在担保体系方面，由于涉农项目涉及面广、农融产品价格变化频繁以及各种禽畜疫病可能突发，农户抵押贷款的需求日益增大。但当前的法律制度、社会保障制度和市场条件存在制约信贷支农的短板。农村各类产权的确认、登记、评估、抵押、交易、流转机制等尚未完全建立，产权入市不畅，法律程序尚待清晰和完善。担保机构资本金受高准入条件约束，导致农民实际拥有的可抵押财产对银行发放信贷的激励有限，以小农土地经营权作为抵押来撬动农村需求仍面临实践困境。

2. 农村金融机构金融科技应用不足

农村金融机构科技研发能力不强，数字化转型相对较慢。当前，农村金融机构面临大型商业银行和互联网平台的双重挤压。大型商业银行技术研发能力强，网点布局进一步下沉，挤压了传统农村金融机构的市场。金融科技公司积极利用互联网技术，通过网络途径服务农村市场，依托线上平台实现金融服务。在大中型银行业务下沉和与金融科技公司竞争的压力下，农村金融机构无论在研发资金规模还是在研发强度上，投入都明显不足。2019 年，大型国有商业银行金融科技投入占营业收入比重平均超过 2%，其中建行金融科技投入占比高达 2.5%，而农信社省联社普遍在 2% 以下。为解决农村中小金融机构研发能力不足问题，部分省联社进行金融科技平台集中统一研发，供下辖农商行和农信社共同使用，形成"小银行 + 大平台"模式，但省联社在资金投入、人才布局、数据集中、基础设施建设等方面面临较多制约，特别是下辖农信社数量多、需求差异大，难以满足其多样化需求。省联社进行技术研发需要下属农商行分担一部分成本，增加了其预算和维护费用，在中小金融机构普遍不良贷款增加、利润增幅下降的情况下，研发投资支出难度增大，这也制约了省联社推动数字化转型的能力。

金融科技在农村地区的普及应用，也受到要素环境欠缺、数字基础设施建设滞后等多方面掣肘。总体来看，农村居民金融知识较为匮乏，网络技术应用能力不强，获取数字化金融服务能力不高，对互联网和金融科技工具的熟悉程度较低，对于以手机支付、购物、生活缴费等为代表的功能应用能力不强。对于理财、保险、期货等新型金融产品的认知不足，对惠农的金融产品认可度低。此外，农村居民交易分散，交易数据碎片化，整合程度不高，金融机构对数据的开发利用不足。这些因素阻碍了利用金融科技提升农村金融服务水平的进程，金融科技助力农村金融仍存在覆盖范围小、服务能力弱、应用层次浅的问题。农信社、农商行等对作为本地法人机构的优势利用不足，没有充分对接和使用政府相关公共数据，特别是土地、房产、交通、税收、司法等数据。如果能进一步发挥大数据技术在信用识别、风险控制方面的潜力，农村金融机构利用金融科技的能力有望进一步提升。

（四）农村金融监管方面的原因

农村金融激励和监管政策仍有待完善。监管指标不能充分、准确反映支农需求，2007年起，人民银行、银监会明确涉农贷款统计口径，主要由农户贷款、农村法人贷款和城市法人涉农贷款三部分组成。涉农贷款指标发挥了积极导向作用，但一些统计口径已不能全面反映农村发展趋势的变化。一是统计口径偏宽，县域以下的金融服务基本都在统计范围内。二是普惠程度不足，普惠型涉农贷款是目前小额层面的统计口径，但这一小额口径的标准仍是单户授信500万元以下的农户经营性贷款，以及单户授信1000万元以下的小微企业贷款，远高于一般农户的信贷需求，难以充分反映普通农户等最广大农业经营主体的金融需求。三是随着城乡融合发展程度提高，很多信贷业务难以区分城乡和产业用途，导致涉农贷款的边界和结构不清晰，产业归类不准确。涉农贷款的子项中，"其他类"占比超过50%，其实际用途并不明确。四是随着人口流动规模扩大，农民因进城导致户籍发生变化后，其原有尚未到期的贷款就不再算作涉农贷款，不符合金融支持"三农"、推进城乡融合发展的初衷。五是监管激励政策主要考核贷款规模，但对定价水平、风险防控能力的考虑相对较少。

（五）客观认识金融支持"三农"问题复杂性的深层逻辑

新中国成立以来，我国农村制度经历了曲折探索，既有经验也有教训，这是党中央要求对"三农"工作保持"历史耐心"的重要原因。"三农"问题在我国具有很强的特殊性，新中国成立以来，农村土地和农业经营制度的历次重大调整都影响深远，总体可以分为三个阶段。

一是新中国成立初期，我国实施土地改革，农民个人拥有了土地，有效调动了农民生产积极性，为农村经济的恢复奠定了基础。但是，这种农业经营方式仍然是分散、低效的，土地总体上平均分配，被分割成零碎地块，单户经营面积不足 1 公顷，没有改变数千年来的小农经营方式。农业经营分散，农业机械化程度低，生产工具不配套，资金短缺，阻碍了农业发展。

二是社会主义改造完成后，为改变小农经营的低效状态，我国开始推动建立农业合作社，实行合作经营。在初级合作社时期，农民拥有土地的所有权，但经营权归合作社所有，将个体分散经营转变为合作经营。在高级农业生产合作社时期，土地由农民个人所有变为集体所有，形成土地公有、集中经营的模式。"大跃进"时期，在合并农业合作社的基础上形成了人民公社，主要特点是经营规模大、公有化程度高，农民不仅交出了土地所有权，也交出了使用权和经营权，但这一时期的农业合作化探索总体来说未能达到预期效果。

三是改革开放以来，农村开始实行家庭承包经营，在集体拥有所有权的基础上赋予农民土地的承包经营权，有效激励了农民生产积极性。近年来，我国农业农村发展形势发生新的变化，外出务工农民数量增加，为减少农地闲置、增加土地流转规模，各类新型农业经营主体快速发展，农业规模化经营的条件更加成熟。为适应这些新变化，促进农业增产和农民增收，我国在农村土地制度总体框架稳定的前提下，积极完善农地制度，进行"三权分置"等制度设计，为农村土地流转、宅基地使用创造更适宜的政策环境。

当前，我国"三农"政策体系是多重考虑下的优化选择，虽然在农村土地制度、农业经营方式、农业补贴等方面存在不同看法，但当前政策和制度对保障粮食安全和农业农村稳定发挥了重要作用，"三农"政策和重大改革举措都是坚持农村土地集体所有这一原则的。这既是基于我国农村人口规模大、比重高的基本国情，也源于我国数千年的历史智慧传承。从长期历史看，农民和土地的合理关系是保障我国社会稳定的重要因素。

着眼未来，即使我国城镇化率达到80%，即发达国家水平，农村人口仍有近3亿人，接近美国的总人口规模。为近3亿人口提供良好的生产生活环境，是实现乡村振兴的重要目标。从历史中汲取智慧，更注重公平，是"三农"政策的重要取向。近年来，我国推动农村土地的两个"三权分置"改革，是在充分保障农民权益的前提下，积极为提升农业农村效率创造条件。保障农民权益体现在多方面，承包地"三权分置"改革的目的是让农民不失地，宅基地"三权分置"改革目的是让农民不失所。这样就可以在兼顾农业农村发展和社会长期稳定的前提下，提升农业效率，增强农村发展活力，避免土地集中导致农民群体失去保障而影响社会稳定。

农村土地制度不是制约金融服务乡村的根本原因。房地产和土地是近20年城市化的重要驱动力。与农村土地集体所有相似，城市土地是国家所有，但这并未妨碍城市化、城市土地增值和金融体系之间的有效互动循环。城市的住宅和工业用地使用权都是几十年，但它们可以成为有价值的抵押物，并通过有效的定价、流转市场成为撬动金融资源的主要工具。农村土地集体所有、城市土地国家所有，受到《中华人民共和国土地管理法》的保护，是我国社会主义基本经济制度的重要体现。土地价值是土地上面的产业和要素价值的折现和固化，城市土地价值的提升，源于城市生产率的提高、基础设施和公共服务的完善。

农村土地价值低于城市土地，关键在于农业农村的生产效率不高，农村土地经营权、宅基地的使用权作为资产权利的定价和流转机制尚不健全。随着乡村振兴不断推进，乡村产业有了较快发展、基础设施和公共服务不断完善，农村土地价值也会随之提升，这将为撬动金融资源提供新的有利条件。

六、金融支持乡村振兴的战略和建议

（一）思路和目标

金融支持乡村振兴宜遵循增强基础、突出重点、盘活资产、科技支撑、积极适度、长期可持续的思路。乡村产业和要素基础不断增强，是吸引金融资源支持的根本动力，乡村振兴战略则为新一轮乡村大发展创造了有利条件。金融支持乡村振兴应突出重点。发达省市和城市群周边的乡村地区、特色产业优势突出的乡村地区内生发展能力强，适宜作为当前金融支持的重点区域。新型农业经营主体和乡村工商业企业的组织化程度高、经营规模大、融资需求强，适宜作为金融支持的重点对象。金融支持乡村振兴要用好乡村资产和金融科技两大手段，在现有农村土地和农业经营制度框架下多途径盘活乡村资产，以金融科技推动农村金融服务降成本、增效益，破除金融服务乡村振兴的障碍。要实现乡村振兴和金融支持良性互动，金融支持应适时适度，满足乡村振兴的合理金融需求，并适度超前，提高金融支持乡村振兴的可持续性。

近中期，金融服务乡村振兴要实现以下目标：

对大城市周围发展基础较好的乡村地区，金融支农资源要保持持续增长，涉农贷款规模稳中有升；以农业产业化龙头企业、新型农业经营主体为重点，加强金融对乡村产业发展的支持；积极探索利用债券、股票等资本市场的金融工具，增加金融服务乡村振兴的途径；提高农业保险覆盖面和深度。

新增金融资源要优先支持国家乡村振兴重点帮扶县，其每年涉农贷款规模增速要高于所在省（自治区、直辖市）贷款平均增速，普惠型涉农贷款规模增速高于涉农贷款总体增速。

农村金融服务质量持续改善。在全国范围内实现乡镇金融机构网点全覆盖，农村互联网和通信基础设施显著改善，移动支付等新兴支付方式在农村基本普及。

现代农村金融体系初步形成。大中型商业银行支农体制进一步完善，支农能力显著提升，差异化定价能力增强。农信社、农商行等县域法人金融机构治理机制显著改善，资产质量持续提升，聚焦本地程度进一步提高，高风险中小金融机构数量大幅压减。

（二）健全农村金融组织体系

一是积极适应乡村振兴要求，深化农村金融体系改革。密切跟踪新一轮农村改革的举措，根据农村土地、农业经营体制改革的最新政策，及时创新金融产品，完善金融服务乡村振兴的体制机制。对于发达省市和城市群周边以及产业基础扎实的乡村地区，增强金融的市场化导向，鼓励各类金融机构加大服务农业农村力度，自负盈亏，自主承担风险，避免将农村金融简单等同于政策性金融，逐步形成成熟的金融支持"三农"模式。对于乡村基础设施建设，按照商业性金融和政策性金融有机结合的思路，积极拓展乡村振兴资金渠道，激发农村内生活力。按照放宽准入限制、深化改革、加强风险防范的思路，增加农村金融供给主体，促进农村金融适度竞争。

二是各类金融机构要加快体制改革，加强业务创新，汇聚形成金融支持乡村振兴的合力。各类金融机构应提前谋划，在规划编制、目标制定、任务安排中，将加强金融服务乡村振兴作为"十四五"时期的重点工作，强化支持乡村振兴能力的关键手段。大型商业银行要发挥规模优势，持续完善普惠金融事业部等专营机制，提升金融服务乡村的专业化水平，加大对乡村振兴的信贷支持力度。政策性银行要发挥资金成本低、周期长的优势，为乡村基础设施和重大工程建设提供更大支撑。广大农村金融机构要发挥信息优势和网点下沉的布局优势，精准支持农业农村和县域经济。融资担保、保险等金融机构要强化融资增信和风险分担功能，健全农村金融风险缓释机制，引导更多金融资源支持乡村振兴。要持续完善农村金融差异化监管体系，研究制定金融机构服务乡村振兴考核评估办法，在守住不发生系统性金融风险底线的同时，压紧压实金融服务乡村振兴的责任。推动新一轮农村信用社改革，理顺省联社和下属机构体制，提升省联社管理和服务水平，增强农村信用社竞争力。推动涉农保险"扩面、增品、提标"，健全多种形式的融资担保体系，完善农业灾害风险转移分摊机制。

（三）完善农村金融产品和服务

一是完善金融支持乡村产业发展机制。将支持农业现代化作为金融支持农业发展的重点，加快构建小农户和现代农业有机衔接体制机制，提高新型经营主体联农带农能力，加大金融机构对新型农业经营主体的支持力度，助力提升农业供给质量。强化对规模经营、绿色农业、乡村休闲旅游等新产业新业态的支持。选择有条件的发达地区，开展金融支持乡村产业发展试点、建设示范项目，加大金融对农业示范园区等重点项目的支持力度，培育专业化服务机构，提供种植养殖监控管理等服务，实时掌握农业生产经营情况，实现与金融机构信息系统数据的开放共享，促进农业园区与金融机构有效对接。

二是加大金融支持农村电子商务和流通服务业力度。适应电商轻资产运营模式，创新符合农村电商特点的产品，如电商小额贷款、农户联保贷款、存货抵押贷款等。吸引社会资本，募集专项基金，扩大农村电商项目投资，促进农村电商发展壮大。推动构建成熟的农村电商担保体系，助力国家支持的担保机构为农村电商经营者增信，提供财政补贴，提高金融机构发放贷款信心。适当放宽担保物范围，针对农村电商资产特点，出台相关细则并将其纳入预收款、存货等。根据数字金融发展的需要，及时完善法律法规，开展普法教育活动，增强农村电商经营者的法律意识。

三是创新农村基础设施的中长期投融资机制。完善乡村物流和道路设施，推动县乡村基础设施一体规划、建设和管护，加快推动农村基础设施现代化，促进城乡融合发展。研究进一步增加乡镇级物理网点的举措，实现贷款权限下放、规模扩大，解决当前农村金融机构物理网点数量少、贷款审批周期偏长、资本规模偏小的问题。根据实际需求，适当增加 ATM 机、自助发卡机、自助网银机等金融基础设备以及服务人员，缓解农民获取金融服务不便的问题，同时使金融主体也能够掌握电商资金流向，改善信息不对称状况，提高双方的积极性。

四是扎实完善农村信用体系、支付体系等金融服务环境。完善乡村地区征信体系，扩大覆盖群体范围。金融机构应该积极接入地方征信体系，加强与不同机构、不同环节之间征信数据的互联共享。持续完善征信体系。借鉴美国等发达国家依靠独立第三方征信评级机构的经验，适当改善主要依靠中国人民银行提供征信服务的现状。在确保数据安全的前提下，积极利用独立第三方征信机构的大数据优势和金融机构的资金优势，推动农村信用评价体系不断完善，为农村融资需求提供更全面的征信服务。

五是提高涉农保险的供给数量和质量，深化惠民惠农政策。加大对涉农保险的保费补贴力度，促进保险行业创新涉农保险服务，增强开发涉农保险产品的积极性。鼓励农户、合作社等各类农业产业主体投保，努力实现涉农保险"扩面、增品、提标"，缓释农业生产经营的高风险，破解制约农村创业和农业企业经营的瓶颈。

（四）健全农村金融政策和监管体系

一是加大政策扶持力度，推动金融资源向乡村振兴的重点领域倾斜。综合运用支农再贷款、再贴现、存款准备金等货币政策工具，支持涉农金融机构增加对各类农业经营主体的信贷投入。促进农村融资性担保机构发展，为新型农业经营主体提供贷款担保服务，推动金融机构更好支持农业规模化、集约化、产业化发展。完善激励农村金融的监管体系，从涉农贷款增速、不良资产容忍度、财税支持等角度，加大对农村金融服务的支持力度，降低金融服务乡村地区的成本，推动成熟的农村金融服务实现大规模应用。

二是完善金融服务乡村振兴的统计制度。完善农村金融统计考核和绩效评价体系，解决统计范围过宽、缺乏与农业生产和经营直接相关的贷款数据问题，明确与农业现代化、农民职业化等趋势相适应的农业、农村、农民的概念界定，更好地反映农业农村的最新变化，发挥好统计指标的考核和导向作用。完善农村金融统计制度，适当修订或完善涉农贷款监管指标，增加细化分类。在涉农贷款总盘子下，细化统计口径，增加对金融机构直接支持农业和农民、新型农业经营主体的统计，将地级市城区或县城的工业、服务业获得的金融支持排除在外。在普惠型涉农贷款方面，进一步下沉统计标准，增加对单笔贷款 50 万元以下的涉农贷款规模和增速的统计，以增加对小农户等微型经营主体的支持力度。加强对涉农贷款的产业用途的分类，减少"其他类"涉农贷款的统计口径，更好反映金融支持乡村产业的实际情况。

三是推动 ESG（环境、社会、治理）理念和投资在支持乡村振兴中发挥更大作用。制定金融支持绿色农业发展的指导意见，推动各地研究制定具体实施方案，给予财税、价格、土地等方面优惠政策，引导和撬动更多金融资源向绿色农业领域聚集。鼓励更多的金融机构参与支持乡村振兴，丰富和"三农"相关的 ESG 金融产品供给，加快 ESG 相关产品创新，扩大绿色金融债券规模，推动 ESG 基金投资"三农"，稳步发展农业碳远期、碳基金等碳金融产品，引导更多金融资本流向绿色农业。加大宣传力度，拓宽 ESG 金融产品的客户覆盖面，鼓励更多投资者积极主动参与 ESG 投资。引导上市公司践行社会责任理念，在绿色发展、乡村振兴等方面发挥引领作用，更好回馈社会。

（五）加快完善农地制度和乡村基础设施

一是加快推进农村资产权利改革试点，构建现代农村产权制度，撬动金融资源支持乡村。将盘活农村集体资产作为解决乡村振兴"钱从哪里来"问题的重要途径。聚焦农村承包地、宅基地、集体建设用地等主要土地资产，进一步明晰各类资产的产权归属。在全国范围内盘查摸底，减少低效、闲置和废弃的农业农村土地，推动形成良性的土地—资金流动循环。加快落实党的十九大报告提出的"第二轮土地承包到期后再延长 30 年"，保护农民土地权益，稳定市场预期。

二是探索建设农村资产权利交易场所，健全各类产权要素平台，为支持流转和定价提供完善渠道。完善农村承包地、宅基地等资产的确权、流转和定价机制。完善确权、赋权和活权关键环节，丰富产权权能，促进要素市场化配置，更好盘活农村各类资源资产。加快完善产权界定制度，提高流转市场运行效率，增强定价和交易功能，充分发挥资产潜力。

三是积极探索金融服务模式创新，紧跟乡村振兴带来的金融服务需求，研究推出更加符合农业农村经济特点的金融产品，更好满足乡村振兴多样化的融资需求。对农村土地承包经营权、宅基地土地使用权等农村资产权利，鼓励金融机构探索推出符合其特点的金融产品，将农民权利落实到市场化金融产品上，将集体所有权作为农民增收的有效途径。鼓励各类金融机构创新金融产品和服务，全面推行农村承包土地经营权抵押贷款，积极利用宅基地使用权等进行贷款抵押，扩大农业农村贷款抵押物范围，完善无抵押、无担保的小农户小额信用贷款，增加农村金融供给，有效促进农户融资能力提升。

（六）金融服务乡村要聚焦重点区域和人群

一是突出重点，以城市群周围和发达县域为重点，加快普及金融科技工具，进一步发挥金融在支持乡村振兴战略中的作用。城市群周围和发达县域的乡村地区普遍具有较好的产业基础和发展前景。支持这些区域，既能推动乡村振兴在部分地区先行一步，也符合金融机构的意愿和市场规律。加大重点地区农村基础设施建设力度，将其作为新一轮基础设施建设的优先区域，补齐我国基础设施布局的突出短板。持续加大投入力度，促进城乡基础设施互联互通，加快农村物流仓储系统的构建，推动农村基础设施提档升级。

二是在具备较强发展潜力和优势条件的乡村地区，重点增强小微企业、新型农业经营主体的自生能力。注重规范管理，积极引导各类市场主体构建符合金融机构信贷准入要求的现代经营管理制度，推动其成为独立的、稳定的承贷主体。提升农村融资效率，创新融资模式，引导金融资源更多反哺乡村和县域地区。

三是以点带面，优先支持返乡创业人员和乡村小微企业，带动乡村整体振兴。适龄劳动群体是乡村振兴的重要主体，返乡创业人员和乡村小微企业主是就业和创业最活跃的群体之一，金融应对其优先支持，实现以点带面全面推动乡村振兴。要运用金融科技创新，增强对创业者和小微企业的支持力度。供应链金融能够以点带面，助力全产业链融资，对于小微企业、农民专业合作社、农户具有普遍带动作用。鼓励各地根据本地产业特色开展农业供应链金融服务，整合政府部门掌握的数据资源，发挥大数据优势，形成高效的供应链服务平台，并做好监督和优化供应链生态环境的工作。金融机构要积极研发，利用金融科技促进信贷标准化和数据化，通过科技创新开发客户、防控风险。

（七）利用金融科技增强金融支农功能

一是农村金融机构要积极探索金融科技应用于本地的有效途径。对接乡村发展的资金需求，利用本地信息资源，深度分析挖掘客户的潜在需求，创新金融产品，满足农业、农村和农户日益增多的金融需求。利用互联网大数据进行风险筛查和预授信，降低信贷成本，提高融资效率。利用金融科技控制信用风险的作用，健全乡村地区信用担保体系，增加农村中小企业信用担保机构的数量，建立联合惩戒机制，对信用担保机构严格监管，减少违规现象。

二是加快推动农村数字基础设施建设。将移动互联网、物联网等信息基础设施作为乡村基础设施建设的重点，加大乡村地区通信基站覆盖率，拓宽网络带宽，为乡村地区应用5G、大数据、人工智能等提供基础支撑。推动建立高效的农村支付服务体系，提高农村支付效率。支持金融机构和金融科技企业下沉乡村，建设无人银行、智慧柜台等，打通金融支持乡村振兴的"最后一公里"，鼓励中小金融机构加快数字化转型。推动农业市场信息服务、农资供应服务、农业绿色生产技术服务提质增效，促进各类乡村服务业经营主体规模化、集约化、组织化、专业化发展。增强数字基础设施对农村物流体系的支持力度，依托数字技术帮助乡村地区延伸产业链条，形成集农村资源开发、农产品生产、农产品再加工、农产品出村物流、农产品销售、综合服务于一体的多元复合产业链。加强农村地区金融科技知识的科普宣传，增强农户和农村企业对金融科技手段的了解，提升其应用金融科技的积极性。

三是积极运用金融科技手段，提高农村帮扶信贷资金风险的发现、监控、预警和处置能力。利用生物识别、物联网、传感器等工具，探索活体抵押贷款，实现对种植养殖大户的精准金融支持。金融机构要发挥长久根植农村形成的人缘地缘优势，充分发挥信息优势，利用大数据、风控模型等工具，将信息编码化、结构化，将信息转化为决策依据，做到风险控制与业务营销的紧密结合。

注重利用科技手段增强风险控制能力，实现决策支持，如利用卫星遥感预估农作物产量、评估洪涝干旱等自然灾害影响，利用气象预测技术预测农产品大宗商品价格走势等。

四是加强中小金融机构的金融科技应用能力。以农信社系统为重点，推动有条件的省联社集中开发面向全省（自治区、直辖市）的金融科技信息系统，鼓励第三方服务机构研发通用型应用技术平台，实现技术标准一致、数据规范统一、应用成果共享，推动提升农信社等县域法人机构金融科技水平。发展金融科技公共研发机构，支持大型金融机构利用自身优势向中小金融机构提供金融科技输出，解决中小金融机构研发能力不足问题。

五是推动符合乡村工业和服务业特点的技术研发和应用下沉，利用信息化手段打破分散农户间的物理隔离，促进小农户与现代乡村产业发展有机衔接。完善金融科技标准体系，建立农业物联网应用标准，在现代农业中推广使用物联网技术，增加集成应用。在农业数据传输协议、数据存储、融合应用等方面形成通用标准，提升互联共享程度，推动技术产业化应用。推动涉农数据整合，由核心企业与政府部门建立数据共享机制，推进乡村生产经营主体的数据开放共享，为农业农村经营主体融资提供增信服务。加大金融科技示范应用力度。鼓励金融机构开展乡村振兴科技创新项目，选择具有代表性的农业经营主体开展合作，加强技术改造，配置软硬件设施。

专题报告一 乡村振兴战略下农村金融需求的主要特点

推动经济社会健康发展，必须稳住农业基本盘，在脱贫攻坚战取得全面胜利的基础上，接续全面推进乡村振兴。现阶段，乡村发展存在较大的资金需求，金融是满足乡村资金需求的重要渠道。评估乡村金融供给现状，估算农村金融资金缺口，有助于合理配置、精准投放金融资源，研判不同地区乡村发展潜力，推进乡村振兴。

金融支持乡村振兴有直接融资和间接融资两种形式，以涉农贷款代表的间接融资为主，以股权、债权等代表的直接融资为辅。近年来，随着脱贫攻坚战的全面胜利，"三农"工作重心转向全面推进乡村振兴，我国直接、间接融资对"三农"的支持力度持续加大。为对比我国现阶段乡村振兴的金融需求和金融供给，研判我国乡村不同区域、产业的潜在金融需求，本报告基于农村生产函数，对各区域、产业的金融资金缺口进行了定量测算。

之前已有学者和研究机构尝试对中国农村金融的缺口进行测算。据中国社科院的研究，2016年中国农村金融资金缺口约3万亿元。更早之前，也有学者通过"经济—金融比率"估算了农村的金融需求。现有研究存在的主要问题有两方面：一是距今时间较久，随着我国进入新发展阶段和脱贫攻坚战取得全面胜利，农村工作的重点转向全面推进乡村振兴，农村的产业结构和金融供给、需求状况发生了较大变化，因此先前测算的结果与当前情况存在一定差异；二是对农村金融需求和缺口的估计大多基于农村整体产值和"经济—金融比率"，根据农村现有产值推算理论上农村的金融需求和金融资金缺口，欠缺对微观机制的说明。

本报告对农村金融资金缺口的估算分为两个步骤：一是基于现有农村金融的供给情况，以线性外推的方式估算农村金融未来数年的供给；二是通过估计农村生产函数，在满足一定增长条件的前提下，得出农村对资金的需求。上述需求与供给之差即为农村未被满足的金融需求，即农村金融资金缺口。本报告估算的农村金融资金年度缺口约为 1.97 万亿元。这说明在各方努力下，我国农村金融资金缺口有缩小趋势。为验证结果的稳健性和合理性，本报告还进行了一系列稳健性检验和异质性检验，给出了在不同假设、不同增长需求条件下，不同产业、不同区域农村金融资金缺口的估计值。

本报告主要分为四个部分。第一部分介绍我国农村资金需求现状和满足状况。第二部分介绍我国农村金融供给的历史和现状。第三部分通过生产函数，估算我国农村金融的总体需求，并结合我国农村金融供给现状得出我国农村金融资金缺口。上述估算值即为本报告的基准结果。随后，本报告引入不同假设和不同增长需求，计算不同产业、区域农村金融资金缺口的估计值，同时进行稳健性检验。第四部分为政策建议。

一、我国农村资金需求现状和满足状况

按需求主体，我国农村的资金需求大致可分为农村产业的资金需求、农村基础设施的资金需求和农户的资金需求。按资金来源，我国农村资金可分为财政性资金、金融性资金和内源性资金。其中财政性资金按提供主体的不同可分为中央财政性资金和地方财政性资金，金融性资金按政策属性的强弱又可分为政策性（或开发性）金融资金和商业性金融资金（见表 1-1）。

总体来看，农村资金需求的满足方式与其用途的正外部性和公益性关系紧密。随着农村资金用途的正外部性和公益性逐渐增强，其满足方式由内源性资金、商业性金融资金逐渐依次过渡到政策性金融资金、地方财政性资金和中央财政性资金。

表 1-1   农村资金需求及满足方式分类

农村资金	按需求主体分类	农村产业的资金需求			
		农村基础设施的资金需求			
		农户的资金需求			
	按资金来源分类	财政性资金	中央财政性资金	政策属性逐渐变弱	正外部性和公益性逐渐变弱
			地方财政性资金		
		金融性资金	政策性金融资金		
			商业性金融资金		
		内源性资金			

资料来源：作者整理。

（一）农村产业的资金需求和满足状况

农村产业的资金需求主要由财政性资金和金融性资金共同满足。在满足农村产业资金需求上，财政资金在某些关系国计民生、粮食安全的领域发挥着主导作用。第一，在巩固拓展脱贫攻坚成果同乡村振兴的衔接上，2021 年中央财政安排衔接资金 1561 亿元，比 2020 年增加 100 亿元，下达资金总量的 70% 投向西部省份，在西部地区集中支持一批乡村振兴重点帮扶县。第二，在高标准农田的建设上，2019—2021 年，中央财政累计安排农田建设补助资金 2160.67 亿元。2021 年，根据中央一号文件有关要求，加大对粮食主产省倾斜支持力度。2019—2020 年，财政部共安排农田建设补助等资金 1396.28 亿元，其中 2019 年为 694.23 亿元，2020 年为 702.05 亿元，大力支持高标准农田和农田水利设施建设，共推动落实新建 1.6 亿亩高标准农田任务（含高效节水灌溉面积 0.4 亿亩），着力巩固和提高粮食生产能力，为"三农"在"六稳""六保"中切实发挥压舱石作用提供有力支撑。第三，在农业保险特别是三大主粮收入保险和完全成本保险上，2021年，财政部会同有关方面，在13个粮食主产省份的产粮大县扩大三大粮食作物完全成本保险和种植收入保险实施范围。2021年，中央财政拨付保费补贴333.45亿元，较上年增长16.8%，带动我国农业保险实现保费收入965.18亿元，为我国农业生产提供风险保障4.78万亿元。第四，在粮食储备上，中央财政拨付地方粮食风险基金179.8亿元，支持地方做好粮食储备等工作，维护粮食市场稳定运行。

在其他领域，中央财政资金等财政性资金主要起引导和辅助作用，大部分资金需求由贷款等金融性资金满足。总体来看，2020年我国各类银行业金融机构累计发放农林牧渔业贷款、农用物资和农副产品流通贷款、农产品加工贷款、农业生产资料制造贷款和农业科技贷款分别达4.26万亿元、2.68万亿元、1.19万亿元、4684亿元和517亿元，较好地支持了农村产业的发展。从局部来看，部分地区农村产业贷款增长尤为迅速。

（二）农村基础设施的资金需求和满足状况

1.交通基础设施

农村交通基础设施主要为农村公路和农村桥梁。按照用途，可将资金需求分为三个方面：农村道路新建或改造的资金需求、农村桥梁新建或改造的资金需求、农村公路日常养护的资金需求。在这些领域，财政性资金主要起引导和辅助作用，主要的资金来源为金融性资金。如2021年江苏省财政下达省以上补助资金26亿元，支持全省农村公路建管养运，对上述三个方面的投入分别为16.67亿元、6.36亿元和2.97亿元。2021年，中国农业发展银行江苏南通分行投放贷款4亿元，用于支持如皋市农村交通基础设施建设。江苏下辖95个县（县级市），据此匡算，仅中国农业发展银行在江苏投放的农村交通基础设施贷款就有数百亿元。

2. 水利工程基础设施

农村水利工程基础设施建设主要有农田灌溉水利设施建设、地头水柜建设、人畜饮水蓄水池建设、水库大坝加固以及河道防洪堤建设等水利工程。水利工程基础设施建设的资金来源多为财政性资金和政策性金融资金。以农田灌溉水利设施建设为例，财政性资金特别是中央财政资金的划拨主要依据财政部、水利部联合制定的《中央财政小型农田水利设施建设和国家水土保持重点建设工程补助专项资金管理办法》，由中央财政对各省项目实行差别比例补助，东部地区补助比例为项目总投资额的15%，中西部地区及粮食主产区补助比例为项目总投资额的30%。政策性金融资金的来源主要为国家开发银行和中国农业发展银行提供的政策性贷款。截至2021年9月末，国家开发银行累计发放水利建设贷款12372亿元，当年发放830亿元。针对全国已开工建设且有融资需求的128项重大水利工程，国家开发银行已融资支持82项，承诺贷款4319亿元，投放资金1948亿元。

3. 农村电力基础设施和能源基础设施

建设农村能源基础设施，可缓解能源供需矛盾，保护农业生态环境，促进农村经济长期稳定发展。农村电力基础设施建设和能源基础设施建设主要包括农村沼气池建设、农村电网改造等。以农村电网改造为例，农村电力基础设施建设和能源基础设施建设的主要资金来源为财政性资金和大型商业银行向大型国企提供的商业性金融资金。2023年，国家发展改革委、国家能源局发布《农村电网巩固提升工程中央预算内投资专项管理办法》，提到农村电网巩固提升工程建设资金按照"企业为主、政府支持"的原则多渠道筹集。国家安排中央预算内投资作为资本金支持中西部地区项目，鼓励地方财政资金或地方政府债券等投入。东部地区项目资本金采取项目法人自筹、地方政府投资、吸引社会资金投入等方式筹措。项目资本金筹措不得造成地方政府新增隐性债务。银行贷款由项目法人统贷统还，贷款偿还按现行政策执行。

4. 环境生态基础设施

农村环境生态基础设施建设主要包括水流域治理、垃圾处理设施建设以及污水处理设施建设等，其资金来源主要有三个。一是财政性资金，如 2021 年财政部印发《农村环境整治资金管理办法》，划拨专项资金用于农村生活垃圾治理、农村生活污水和黑臭水体治理、农村饮用水水源地环境保护以及水源涵养。二是政策性金融资金，例如，公开资料显示，截至 2022 年 4 月，农发行东莞市分行累计发放 9.25 亿元贷款用于改善农村人居环境建设项目。三是各地自筹，如福建省泉州市安溪县金谷镇 2022 年全面开征农村生活垃圾处理费，征收标准为 4 元 / 人·月。

5. 文卫教建设基础设施

农村文卫教建设基础设施主要有文化阅览室、体育运动场所、乡村卫生院、乡村小学等。此类基础设施具有较强的正外部性，资金来源主要为财政性资金。例如，2016 年，国务院发布《关于统筹推进县城内城乡义务教育一体化改革发展的若干意见》后，教育部已计划实施"全面改薄项目"，对薄弱学校进行大规模、全面改造，中央和地方财政投入 5000 亿元，力争使薄弱学校基本办学条件达到相应标准。

6. 农村信息基础设施

2022 年的中央一号文件《中共中央 国务院关于做好 2022 年全面推进乡村振兴重点工作的意见》指出，大力推进数字乡村建设，加强农村信息基础设施建设。农村信息基础设施建设和数字乡村建设主要以各机构为抓手，主要资金来源为各机构的内源性资金。

（三）农户的资金需求和满足状况

近年来，农村正规金融渠道快速发展，农户生产性资金需求和消费性资金需求的满足程度快速提高。在满足农户生产性资金需求方面，总体来看，2021年末，农户生产经营贷款余额为6.84万亿元，同比增长14.2%。在满足农户消费性资金需求方面，2021年末农户消费贷款余额约为6.63万亿元，同比增长13.8%。2017—2021年，农户消费贷款增长速度保持在13.8% ~ 28.1%，其中2019—2021年的数值都高于同期个人短期消费贷款，而且2018—2021年个人短期消费贷款增幅也高于农户生产经营性贷款，反映出农户消费贷款较好的增长态势。

二、我国农村金融供给的历史和现状

（一）近年来我国农村金融政策的主要脉络

1. 脱贫攻坚阶段

2018年中共中央、国务院发布《关于打赢脱贫攻坚战三年行动的指导意见》（以下简称《指导意见》），要求新增金融资金优先满足深度贫困地区，新增金融服务优先布局深度贫困地区，对深度贫困地区发放的精准扶贫贷款实行差异化贷款利率政策。

《指导意见》同时对加强扶贫再贷款使用管理，加强金融精准扶贫服务，支持国家开发银行和中国农业发展银行进一步发挥好扶贫金融事业部的作用，创新产业扶贫信贷产品和模式，规范扶贫小额信贷发放，加强扶贫信贷风险防范，支持贫困地区金融服务站建设等方面提出了具体要求。

金融主管部门也针对打赢脱贫攻坚战出台了相关政策。2016年，针对金融支持脱贫攻坚进行统一部署，出台了《关于金融助推脱贫攻坚的实施意见》。

2017 年，针对深度贫困地区，出台特别政策《关于金融支持深度贫困地区脱贫攻坚的实施意见》，提出加强深度贫困地区扶贫再贷款管理，加大对深度贫困地区的扶贫再贷款倾斜力度；拓宽深度贫困地区直接融资渠道；加强深度贫困地区金融生态环境建设；优化银行业金融机构监管考核等具体要求。

2. 乡村振兴阶段

随着脱贫攻坚战取得全面胜利，我国"三农"工作重点转向全面推进乡村振兴，金融的目标任务、工作方式、政策机制都发生了变化。在目标任务上，由实现"两不愁三保障"转向全面推进乡村振兴。在工作方式上，由突出到人到户转向推动区域发展。在政策机制上，由以政府投入为主转向政府市场有机结合。

乡村振兴阶段，金融系统要继续巩固精准扶贫取得的各项成果，特别是保持现有扶贫政策的稳定，保证精准扶贫成果不流失、脱贫户不返贫，并以此为基础，为下一步乡村振兴做好金融支持和提高服务水平的准备。为完成过渡期任务，巩固扶贫成果，从金融支持的角度看，关键就在于金融促进农业产业化以及农业经济体系化的发展，促进农村特色生产力的发展，在保护环境的同时实现经济的持续增长。

保持已有的金融精准扶贫政策的连续和稳定，重点是对现有的金融帮扶政策进行梳理、调整、优化和完善，逐步由集中金融资源支持脱贫攻坚向全面推进乡村振兴平稳过渡，主要工作应该是补齐政策和制度以及重要措施的短板，制定更加适合过渡期的新政策、新制度，探索新的信贷及金融服务措施与模式。

推动金融支持精准扶贫向新乡村建设服务长效机制转变。长效机制主要是完善防止返贫金融政策的帮扶机制。通过金融政策的完善和创新，不断巩固贫困地区乡村金融扶贫机制。基于金融政策和措施以及金融服务手段的创新，保证精准扶贫成果的稳定，通过金融大数据健全农村低收入人口的帮扶机制，保证不出现规模性脱贫人口返贫问题。此外，金融扶贫长效机制不断完善和健全，在五年过渡期结束后转变为乡村建设服务的长效机制。

现有的金融政策和措施应根据金融业的特点，积极参与土地承包权、经营权以及流转权的改革与探索，降低和化解金融风险，做到可持续发展；积极参与现代农业产业体系、生产体系以及经营体系的构建与完善，不断丰富金融产品和金融服务模式，发展具有中国特色的新型农村金融体系。

加快补齐金融政策和金融服务方面的短板，有针对性地做好产业帮扶、就业帮扶工作，加强基础设施、公共服务建设。促进金融服务进一步提档升级，通过金融服务"三农"给脱贫户创造更多的就业机会。此外，金融政策和措施的重点是做好稳固连片贫困区扶贫成果的工作，促使刚刚脱贫的人口和地区从脱贫顺利走上乡村振兴的道路。金融支持"三农"需要重点解决以下五方面问题。

第一，过渡期金融创新力度不足的问题。完成精准扶贫任务后，在向乡村振兴过渡期间，虽然金融对于农业改革发展的支持力度没有减小，但金融支持过渡期创新力度还需要进一步加大。一些金融机构尚未及时转变经营理念，精准扶贫任务完成后，没有对现有的农村金融服务模式进行改革与提升，没有提出与创新性发展相匹配的金融措施。特别是部分农村金融机构为"三农"服务以及支持精准扶贫的金融创新产品开发能力较弱，没有开发出新的金融产品或提供新的金融服务模式，能够提供的金融产品和金融服务有限。

第二，进一步破解脱贫地区农村和农民融资难融资贵的问题。我国金融机构涉农贷款融资成本与其他行业相比仍然偏高，与城市金融服务相比，效率又较低，在一定程度上造成了"三农"融资难融资贵的问题，增加了脱贫地区农村和农民的负担。在过渡期进一步解决脱贫地区农村和农民融资难融资贵的问题是一项紧迫的任务。

第三，过渡期我国农村金融发展配套机制有待健全。目前金融体系提供的针对脱贫地区农村的信贷业务以及金融服务不健全，一些金融基础服务与功能尚不完善，比如征信制度、资产登记、评估以及流转等。金融相关的制度建设较为缓慢，导致金融机构介入难度增大，最终会使农村承包土地的经营权、农民住房财产权等资产权利难以盘活。

第四，政策性金融支持力度仍需进一步加大。农村现有的政策性农业担保以及涉农贷款风险补偿基金等配套措施比较有限，必须依靠国家的力量建设具有全国意义的政策性担保机构和保险机构。只有有效的政策性涉农机构的介入和参与，才能真正夯实乡村振兴工作的基础。

第五，解决农村资本市场和其他相关金融市场的问题。目前，我国农业金融供给的主要模式还是间接融资模式，其中涉农信贷资产证券化等新型业务缺乏，平台建设较为缓慢，"三农"融资仍然以银行贷款为主，出现了融资结构失衡现象。农村金融市场不发达，在一定程度上也导致农业融资渠道单一。

（二）我国农村金融供给的主要情况

金融支持乡村振兴有直接融资、间接融资两种形式，以涉农贷款代表的间接融资为主，支持资金量超过全部资金量的90%，股权、债券等方式代表的直接融资是补充性的。

1. 涉农贷款持续增长

总体来看，涉农贷款余额逐年增多。2013—2020年，涉农贷款余额由20.6万亿元稳步增长至38.9万亿元，年均增长2.61万亿元。但涉农贷款余额占全部贷款总额的比例存在波动，部分年份涉农贷款余额占全部贷款总额的比例增速不及其他类型贷款。2013年，涉农贷款余额占全部贷款总额的比例达到32.6%，接下来的两年逐年下滑至20.4%；2016年短暂回升至26.5%后，2017年迅速下滑至15.6%；2018—2020年持续波动。

涉农贷款余额增速总体平稳。2013—2020 年，涉农贷款余额平均增速为 8.72%，其中 2015 年、2016 年涉农贷款余额增长迅速，两年平均增速达到 9.38%。2017 年、2018 年、2019 年增速稍有放缓，三年平均增速为 7.44%。2020 年快速增长 11.24%。

2. 直接融资总体情况

金融以直接融资方式支持乡村振兴有债权融资和股权融资两种形式，以债权融资为主。

债权融资已逐步成为金融支持乡村振兴的主要方式之一。2013—2018 年，涉农企业在银行间市场上共发行债券 3436 只，总金额 3.28 万亿元。2019—2020 年，人民银行统计口径稍有调整，涉农企业累计发行债务融资工具 1.58 万亿元。债权融资已成为除涉农贷款外，金融支持乡村振兴最主要的途径之一。

股权融资发展迅速，2013—2020 年，首发上市涉农企业共 23 家。总融资金额从 2013—2014 年的 17.3 亿元增长至 2019—2020 年的 174.82 亿元。平均融资额呈上升态势，表明涉农上市企业规模逐渐增大、实力逐渐增强、市场认可度逐渐提高。

（三）涉农贷款情况

涉农贷款为农村金融供给的主要形式，供给资金占农村金融全部资金的 99% 以上，故主要介绍涉农贷款统计制度及其供给现状。中国人民银行和原银保监会从用途、地域、受贷主体三个角度对涉农贷款进行分类统计。

按照用途可将涉农贷款分为农林牧渔业贷款、农用物资和农副产品流通贷款、农村基础设施建设贷款、农产品加工贷款、农业生产资料制造贷款、农田基本建设贷款、农业科技贷款和其他八大类别。

按照地域可将涉农贷款分为农村（县及县以下）贷款、城市涉农贷款两个大类。其中农村（县及县以下）贷款下设农户贷款、农村（县及县以下）企业及各类组织贷款两个子类，城市涉农贷款下设城市企业及各类组织涉农贷款、非农户个人农林牧渔业贷款两个子类。

按照受贷主体可将涉农贷款分为个人涉农贷款、企业涉农贷款、各类非企业组织涉农贷款三个大类。其中个人涉农贷款下设农户贷款、非农户个人农林牧渔业贷款两个子类，企业涉农贷款下设农村（县及县以下）企业贷款、城市企业涉农贷款两个子类，各类非企业组织涉农贷款下设农村（县及县以下）各类组织贷款、城市各类组织涉农贷款两个子类。

1. 按用途分类

在按照用途分类的八个大类中，未公布具体用途的"其他"类涉农贷款占比超过一半且逐年攀升。2014—2020年，其占全部涉农贷款的比例从54.32%逐渐上升至59.25%，数量由12.82万亿元逐步增加至23.08万亿元。在公布了具体用途的涉农贷款中，农林牧渔业贷款、农用物资和农副产品流通贷款、农村基础设施建设贷款占比较大，三项之和占全部涉农贷款的比例超过35%。

农产品加工贷款、农业生产资料制造贷款、农田基本建设贷款、农业科技贷款等四项贷款占全部涉农贷款的比例逐年下降，从2014年的10.11%下降至2020年的5.03%。

农林牧渔业贷款指发放给承贷主体从事农林牧渔业所属活动的所有贷款。从绝对数额来看，农林牧渔业贷款余额在除2019年外的年份均保持增长，其中2020年大幅增长3294.8亿元。但其占全部涉农贷款余额的比例逐年下降，2014—2020年，从14.15%逐步下降至10.96%。农林牧渔业贷款比重的逐渐下降，或与涉农贷款投放重点由农林牧渔业逐步转向农民生活消费有关。从增速来看，2015—2017年，农林牧渔业贷款的增速稳定在5%左右的水平。但在2018年、2019年大幅下降，2019年甚至出现负增长，2020年大幅增长8.37%。

农用物资及农副产品流通贷款指用于农林牧渔业产品收购、调销、储备以及从事农业生产资料、农村居民生活消费品和农林牧渔业产品零售、批发活动的贷款，包括农产品出口的贷款。从绝对数额来看，农用物资和农副产品流通贷款持续波动，在 2017 年、2018 年、2020 年均出现过不同程度的负增长。在正增长年份中，除 2015 年外，增长数额也相对有限。从占全部涉农贷款的比例来看，农用物资和农副产品流通贷款在全部涉农贷款中所占比例逐渐下降。2015 年农用物资和农副产品流通贷款占全部涉农贷款的比例达到 10.40% 的高位，后逐渐下滑至 6.89%。但其增速不太平稳，2015 年增速高达 16.83%，而在 2017 年、2018 年、2020 年三年均出现了不同程度的负增长。

农村基础设施建设贷款指用于农村生活设施建设、农业服务体系建设、农村流通体系设施建设、农村公共设施建设等方面的贷款。从绝对数额来看，农村基础设施建设贷款一直保持较快增长。2015—2020 年，其年均增长额超过 7000 亿元，为公布用途的各类涉农贷款之最。从占全部涉农贷款的比例来看，2014—2020 年，农村基础设施建设贷款占全部涉农贷款的比例从 11.69% 逐步上升至 17.88%，2020 年已成为公布用途的各类涉农贷款中占比最大的种类。从增速上来看，农村基础设施建设贷款在 2016 年、2017 年增长尤为迅速，两年平均增长率达到 25.00%，此后稍有回落，但依旧保持较高水平。农村基础设施建设贷款的增长一直是驱动涉农贷款余额增长的重要因素。

农产品加工贷款指用于以农林牧渔业产品为原料进行的加工活动的贷款，主要包括农副食品加工、纺织加工、木材加工、中医药加工等方面的贷款，不包括用于以农林牧渔业产品为原料进行的深加工活动的贷款。从绝对数额来看，除 2020 年外，农产品加工贷款余额逐渐下降，特别是 2016—2019 年，年均减少 464.4 亿元。从占全部涉农贷款的比例来看，2014—2020 年，其占全部涉农贷款的比例由 5.67% 逐步下降至 3.06%。上述现象或与涉农贷款逐步转向农林牧渔业产品深加工领域以及农林牧渔产品初加工领域企业实力逐渐增强、自有现金逐渐充足有关。

农业生产资料制造贷款指用于化学肥料、农药、农膜、农林牧渔专用机械制造等的贷款。农业生产资料制造贷款是涉农贷款所有用途中唯一一个长期负增长的子类。2014 年农业生产资料制造贷款额为 7188 亿元，2020 年下降为 4684 亿元。一方面，农业生产资料制造贷款绝对额持续减小；另一方面，全部涉农贷款余额逐渐增大，农业生产资料制造贷款占全部涉农贷款的比例迅速降低，2020 年已降低至 1.2% 左右。农业生产资料制造贷款的减少或与农业生产资料行业的市场结构有关。随着农村生产资料制造企业的发展，行业集中度逐渐提高，企业实力逐渐增强，对贷款的需求逐渐减弱。

农田基本建设贷款指用于建设小型农田水利设施、改造大型灌区、改造中低产田、提高耕地质量和农业防灾减灾能力等的贷款。农田基本建设贷款在特定年份变化较大，如在 2015 年、2020 年大幅增长，在 2016 年大幅下降，其他年份变化幅度较小。农田基本建设贷款的变化与当时的国家政策相关性较大。2019 年 11 月，国务院办公厅印发的《关于切实加强高标准农田建设 提升国家粮食安全保障能力的意见》提出，到 2022 年，全国建成 10 亿亩高标准农田。之后的 2020 年农田基本建设贷款大规模增长 10.51%。

农业科技贷款指用于农业科学研究与试验发展、农业技术推广服务、农业科技中介服务的贷款。相比其他用途涉农贷款上千亿元甚至上万亿元的规模，农业科技贷款数额较小。2014 年农业科技贷款仅 464 亿元，2020 年增长至 517 亿元，在全部涉农贷款余额中的占比一直保持在 0.2% 以下。特别是在 2018 年之前，农业科技贷款大多数年份处于负增长的状态。2019 年后，随着农业科技企业的发展和金融支持乡村振兴力度的加大，农业科技贷款出现爆发式增长。2019 年和 2020 年农业科技贷款数额同比增速分别达到 11.75% 和 28.16%。

2. 按城乡地域分类

农村（县及县以下）贷款指发放给注册地位于农村区域的个人、企业及各类组织的贷款。农村区域指除地级及以上城市的城市行政区及其市辖建制镇之外的区域。农村（县及县以下）贷款占全部涉农贷款的 80% 以上，且占比一直保持稳定。从余额上看，近年来农村（县及县以下）贷款余额逐渐增大，2014 年农村（县及县以下）贷款余额为 19.44 万亿元，2020 年增加至 32.27 万亿元，年均增长约 2.14 万亿元。2015—2019 年，农村（县及县以下）贷款增速较稳定，年均增长率为 8.12%。2020 年，农村（县及县以下）贷款增速大幅提升至 12.38%。

农村（县及县以下）贷款分为农户贷款和农村（县及县以下）企业及各类组织贷款两类。农户贷款指发放给农户的所有贷款，包括农户生产经营性贷款、农户消费贷款两部分。农户贷款特别是其中的农户消费贷款增长迅速。2015—2020 年，农户贷款余额由 5.36 万亿元增长至 11.81 万亿元，年均增长率为 17.12%。其中，农户消费贷款由 1.43 万亿元增长至 5.82 万亿元，虽增长率逐渐下降，但年均增长率仍达到 26.60%。农户消费贷款的增速下行或与农民可支配收入的提升及农户消费贷款基数的增大相关。

农村（县及县以下）企业及各类组织贷款指发放给注册地位于农村区域的企业及各类组织的所有贷款，包括农村企业贷款和农村各类组织贷款。农村（县及县以下）企业及各类组织贷款在农村（县及县以下）贷款中占比较大，但增长速度较慢。2014—2020 年，农村（县及县以下）企业及各类组织贷款由 14.08 万亿元增长至 20.45 万亿元。尽管其在 2020 年大幅增长 11.11%，但年均增长率仅为 6.44%，明显低于农户贷款的 14.09%。农村（县及县以下）企业及各类组织贷款较慢的增长速度表明，农村企业及各类组织的贷款需求未得到充分满足。

城市企业及各类组织涉农贷款指发放给注册地位于城市区域的企业及各类组织从事农林牧渔业活动以及支持农业和农村发展的贷款，包括城市企业贷款和城市各类组织支农贷款。城市区域指地级及以上城市的城市行政区与市辖建制镇，其中不含市辖县（县级市）。城市企业及各类组织涉农贷款包括城市企业涉农贷款和城市各类组织涉农贷款两部分。城市涉农贷款占全部涉农贷款的比例不足20%。2015—2017年，城市涉农贷款迅速增长，由4.16万亿元迅速增长至5.76万亿元，年均增速为17.67%。但在2018年之后其增速迅速下滑，2020年城市涉农贷款余额为6.68万亿元。其中城市企业及各类组织涉农贷款占全部城市涉农贷款的95%以上；非农户个人农林牧渔业贷款占全部城市涉农贷款的比例不足5%。

3. 按受贷主体分类

全部涉农贷款按受贷主体可分为个人涉农贷款、企业涉农贷款和各类非企业组织涉农贷款。其中，个人涉农贷款占全部涉农贷款的30%左右，企业涉农贷款占全部涉农贷款约70%，各类非企业组织涉农贷款仅占全部涉农贷款很小的份额。

个人涉农贷款数额稳步增长，2014—2020年，个人涉农贷款由5.52万亿元增长至12.09万亿元，年均增长率达到13.96%，且增速较稳定，是按受贷主体分类的各项涉农贷款中增长最快的部分，也是驱动全部涉农贷款增长的重要力量。

个人涉农贷款依受贷主体是否为农户可进一步划分为农户贷款和非农户个人农林牧渔业贷款。其中，农户贷款占全部个人涉农贷款的比例超过97%，且增长迅速，2014—2020年，农户贷款余额由5.36万亿元增长至11.81万亿元，年均增长率达到14.07%。

个人涉农贷款迅速增长的原因主要有两个：一是乡村振兴战略全面推进，多以农户为单位开展工作；二是地方上存在将个人涉农贷款汇集后挪作他用的现象。

企业涉农贷款增速小于个人涉农贷款，但也较为稳健。2014—2020 年，企业涉农贷款由 16.99 万亿元增长至 26.30 万亿元，年均增长率为 7.55%。2020 年因实施乡村振兴战略，大力扶持农村产业，企业涉农贷款增速提升至 10.08%。企业涉农贷款因其较大的基数和较稳健的增长也成为驱动全部涉农贷款增长的重要力量。

企业涉农贷款按照受贷主体的不同可进一步分为农村（县及县以下）企业贷款和城市企业涉农贷款。2014—2020 年，农村（县及县以下）企业贷款余额由 13.37 万亿元增长至 19.99 万亿元，年均增长率为 6.09%。城市企业涉农贷款由 3.61 万亿元增长至 6.31 万亿元，年均增长率为 9.75%。城市企业涉农贷款的较快增长反映了城市支持乡村的力度逐步增强。

各类非企业组织涉农贷款在全部涉农贷款中的比例较小，且无论是绝对数额还是相对占比均逐年下降。2014—2020 年，各类非企业组织涉农贷款余额由 1.10 万亿元下降至 0.57 万亿元，占全部涉农贷款的比例从 4.65% 下降至 1.45%。

各类非企业组织涉农贷款按照受贷主体的不同可进一步分为农村（县及县以下）各类组织贷款和城市各类组织涉农贷款，两种类型涉农贷款的数额和占比均出现不同程度的下降。2014—2020 年，农村（县及县以下）各类组织贷款由 7061 亿元下降至 4662 亿元，占全部涉农贷款的比例由 2.99% 下降至 1.20%；城市各类组织涉农贷款则由 3909 亿元下降至 988 亿元，占全部涉农贷款的比例由 1.66% 下降至 0.25%。

4. 按放贷主体分类

按照放贷主体可以将涉农贷款分为中资全国性大型银行、中资中型银行、中资小型银行、城市信用合作社、农村信用合作社、中资财务公司等投放的涉农贷款。

从总量来看，现阶段，涉农贷款主要由中资全国性大型银行、中资中型银行和中资小型银行提供，由上述放贷主体投放的贷款分别占全部涉农贷款的 36.26%、23.08% 和 35.78%，三者合计提供量占全部涉农贷款的 95.12%。农村信用合作社作为补充，提供量占全部涉农贷款的 4.39%。从时间上来看，中资全国性大型银行、农村信用合作社提供的涉农贷款比例逐渐下降，下降份额主要由中资中型银行和中资小型银行吸收。

从结构上来看，不同种类涉农贷款的提供主体逐渐调整。随着农村信用合作社改革和农村商业银行的发展，农林牧渔业贷款、农村贷款、农户贷款的提供主体由农村信用合作社逐步转变为农村商业银行。以农林牧渔业贷款为例，2013 年，农村信用合作社提供贷款占比为 54.14%，农村商业银行仅提供了 12.13%。2020 年，农村信用合作社提供的农林牧渔业贷款在农林牧渔业贷款总额中的占比下降至 20.37%，农村商业银行的占比则上升至 44.35%。

三、农村金融资金缺口的估算

随着我国进入新发展阶段，农村金融逐步改善。但也要看到，乡村振兴工作对农村经济发展提出更高的要求。根据课题组测算，2021 年我国农村金融资金缺口约为 2.0 万亿元。若农村产值以更高速度增长，缺口将进一步扩大为 2.8 万亿元。

（一）具体估算步骤

具体估算分为两个步骤，分别是农村金融供给和需求的估算。其中，供给估算主要是对已有的农村金融供给做线性外推。本报告重点估计农村金融的需求，具体方法如下。

根据经典的经济学理论，生产要素主要是资本和劳动力。假设我国农村的生产函数为柯布–道格拉斯型，即 $Y=AK^{\alpha}L^{\beta}$，其中 α 为产出的资本弹性，β 为产出的劳动力弹性。对等式两边取对数，得到对应回归方程为 $Ln(Y)=Ln(A)+\alpha\,Ln(K)+\beta Ln(L)$。

为估计上述回归方程，需要中国农村产出、资本和劳动力的代理变量。本报告以中国农村产值作为农村产出的代理变量；以当年全国平均劳动参与率与农村人口的乘积代表农村劳动人口的估计值，作为农村劳动力的代理变量；以金融机构提供的涉农贷款余额作为农村资本的代理变量，因为中国农村进行生产所需的资本主要为金融机构提供的涉农贷款。据中国人民银行的数据，2020 年金融机构全部涉农贷款达 38.9 万亿元人民币，全部涉农债权融资仅占全部涉农贷款余额的 4.06%，股权融资比例更是微乎其微。上述所有数据均来源于国泰安数据库和万得数据库，少量缺失数据通过线性插值方式进行填充。在从数据库得到所需变量后，将数据整理为 2009—2020 年的省级面板数据。

然后，将数据代入回归方程，通过 OLS 的方法估算我国农村整体的生产函数，得到我国农村资本、劳动力对产出的边际贡献。随后在劳动力供给不变的情况下，得到既定产出所需要投入的资本。将其与现有的资本投入进行比较，即得到农村的资本缺口。本报告设定了低和高两种产出增速，得到在不同增速需求下农村资本的缺口。

（二）整体估计结果

根据上述方法得到的回归结果为 $Ln(Y)=1.69+0.52Ln(L)+0.29Ln(K)$，对应的生产函数为 $Y=1.69L^{0.52}K^{0.29}$。即在其他条件不变的情况下，1% 的资本增长会使产出增加 0.29%，1% 的劳动力增长会使产出增加 0.52%。另外，截距项显著意味着除资本和劳动力外，还有部分产出源于残值，即技术进步等其他因素。

2009—2020 年，农村产出的平均增速为 5.28%。在劳动力供给不变的情况下，若要求农村产出保持这一增速，则资本增长率应达到 18.21%（即

5.28%/0.29）。2020年农村总资本约为38.9万亿元，后续需要的资本约为46.0万亿元。样本中，2010—2020年，农村资本的年平均增长率为12.87%，据此推算，下一年的农村资本存量大致为44.0万亿元。初步测算可得资本缺口约为2.0万亿元。本报告将上述情形称为"低增长情形"。

在劳动力供给不变的情况下，资本增长率应达到20.03%（即5.81%/0.29）。在此情形下估算的资本缺口约为每年2.8万亿元。本报告将上述情形成为"高增长情形"。

（三）分产业的农村金融资金缺口估算

为进一步精确估计农村金融资金缺口，本报告将农村金融需求分为第一产业金融需求，第二、三产业金融需求和基础设施金融需求。基于第一产业及第二、三产业的产出、资本和劳动力数据，分别得到其生产函数，然后分别估算其金融需求和金融资金缺口。在估算基础设施金融资金缺口时，考虑到基础设施种类复杂，且各类基础设施建设情况各异、建设成本不一，故做简化处理，假设基础设施建设相关金融投入保持之前的年均增速。

根据第一产业，第二、三产业的回归结果，对应的生产函数分别为 $Y=1.02L^{0.45}K^{0.37}$ 和 $Y=1.68L^{0.53}K^{0.31}$。对比两个生产函数，第二、三产业生产函数残值（截距项）更大，即第二、三产业对技术的依赖程度更高，对资本的依赖程度更低。这说明相比于第一产业，第二、三产业的资本需求已得到了较好的满足。同时第二、三产业对劳动力的依赖程度也较高，说明农村第二、三产业在如今农村劳动力大量外流的背景下需要投入较多劳动力。

在"低增长情形"和"高增长情形"下，第一产业需求的资本增长率分别为7.78%和8.56%，还需要的资本存量分别为0.30万亿元和0.33万亿元。第二、三产业需求的资本增长率分别为10.73%和11.81%，还需要的资本存量分别为2.67万亿元和2.94万亿元。农村基础设施还需求的资本存量分别为0.92

万亿元和 1.01 万亿元。据此推算，农村还需要的资本存量在两种情形下分别为 3.89 万亿元和 4.28 万亿元。若农村金融投放保持现在的力度和增速，我国农村的金融需求可基本得到满足。

四、政策建议

一是进一步完善相关支农金融政策，加强货币政策与财政政策的配合。建议在财政政策上，继续加大对脱贫人口和脱贫地区的资金补贴力度；在货币政策上，进一步强化对扶贫成果的巩固，包括扶贫再贷款、扶贫信贷政策以及相关金融服务措施的完善和改进。从供给角度看，货币政策要向农村金融提供资金支持，财政政策给予一定的补贴并发挥财政资金兜底作用，降低金融机构支持乡村振兴的成本，提高金融资源供给效率。从需求角度看，财政政策要结合金融产品设计，对获取金融资源的农村产业、农户予以补贴。货币政策要精准支持，继续发挥直达实体经济的货币政策工具作用，降低乡村振兴融资成本，刺激和释放农村金融资源需求。

二是鼓励商业性金融机构深入农村，为"三农"服务。目前，我国农村信用社、村镇银行等金融机构承担了支持农村经济发展的主要任务，国有大型商业银行、股份制银行以及城市商业银行在部分农村设置的分支机构，在扶贫工作中发挥了重要作用。由于支农资金回报率较低、风险较大，在一定程度上制约了农村金融的供给。农村金融资源价格一般高于工业，且农业投资回报率低，抑制了农业融资需求，造成农村金融发展滞后。如果没有相应政策性金融支持，对过渡期任务的完成以及新乡村建设的过渡都是不利的。因此，建议对过渡期支持巩固拓展脱贫攻坚成果同乡村振兴有效衔接的金融机构给予政策性支持，在机构设置、法定存款准备金率以及流动性管理方面给予政策优惠，对支持"三农"的金融产品给予风险托底，帮助金融机构构建支持乡村振兴的可持续发展机制。

三是有效解决农业发展中金融市场相对滞后的问题，通过完善金融体系支持农业供给侧结构性改革，促进农业经济的发展。与城市金融市场相比，农村金融市场发展相对滞后，全面推进乡村振兴必须大力发展农村金融市场，改变农村金融服务单一的现状，通过新型农村金融市场盘活农村资金。引导金融机构满足农业产业的实际发展需求与融资需求，在服务与产品方面根据实际情况综合运用不同的贷款以及融资方式支持农业供给侧结构性改革，拓宽农业发展的融资渠道，全力支持农业生产结构的调整与改革。

四是进一步推进农村金融机构改革，强化过渡期到乡村振兴的金融供给活力。近年来，农信社体系改革取得了重大进展，村镇银行快速发展，但农信社管理体系存在的问题、村镇银行稳健性经营问题仍较为突出。主要是农信社等金融机构活力不强，村镇银行支持力度不够，制约了其支持农村经济发展的能力。建议进一步推动农村金融机构改革，进一步理顺县域农信社机构与省级联社的关系，保持农信社法人机构性质不变和数量稳定；省级联社仅作为行业服务机构，不对县级联社进行行政领导和干预，由省级联社帮助县级联社建立大数据平台，为省辖内县联社提供金融科技服务。村镇银行要进一步完善治理结构，防止出现"内部人控制"问题。金融扶贫小额信贷、扶贫搬迁贷款、扶贫债券等为金融支持乡村振兴提供了方向，农村金融机构应该升级原有的扶贫金融产品，或者结合乡村振兴发展目标创新金融产品，引导信贷和金融资源更多地流向农村。

五是进一步提高金融系统风险防范水平，为金融机构完成五年过渡期任务、支持乡村振兴提供制度保障。对农村金融机构的监管要逐步适应乡村振兴战略要求。监管部门要对金融机构将农村金融资源投向城市的行为予以一定程度的限制。建议监管部门在利润考核和监管方面，要从单纯追求利润增长转向兼顾为乡村振兴提供金融支持；在风险防控方面，要考虑到农村信贷风险与工业信贷风险的差别，实行不同于股份制商业银行的政策。此外，建议改革金融扶贫的风险担保模式。在精准扶贫模式下，风险分担机制采取了为贫困户提供担保的方式。在乡村振兴战略中，由于支持对象更为复杂、领域更为广泛，大量产业尚处于萌发或培育阶段，担保对象不明晰，采取精准扶贫风险担保模式可能造成担保的逆向选择和低效率，建议转为向农村金融机构提供保险，降低金融机构支持乡村振兴的风险，提高金融机构支持乡村振兴的积极性。

六是加快金融科技建设，充分利用大数据、互联网等现代信息技术，有针对性地开发金融产品，适应乡村振兴的实际需要。首先是以产业扶贫与项目扶贫带动巩固拓展脱贫攻坚成果向全面推进乡村振兴过渡。金融机构应积极支持脱贫地区的特色农业产业发展，支持当地龙头企业，带动脱贫人口增收。其次是大力支持农村基础设施建设。脱贫地区存在一定的基础设施短板，这也是制约其经济社会发展的重要瓶颈。帮助农民进行生态建设，加强对脱贫地区基础设施建设的投资，不断改善脱贫地区的生活条件，促进当地经济的发展。最后是推动金融产品创新。以市场需求为导向推动数字金融与乡村振兴需求有机融合。大力开展农村小额信用贷款、保单质押、农机具设施抵押贷款业务。积极开发专属金融产品支持新型农业经营主体和农村新产业新业态，构建丰富的线上贷款产品体系。

七是加快推进农村信用体系建设。积极对接服务农村产权流转的交易平台，打造多维度农村金融服务体系。为农村承包土地经营权、集体经营性建设用地使用权、林权等农村产权抵押贷款提供鉴证、流转、抵押评估、登记、贷款办理等具有统一标准的配套服务渠道。配合各地政府全面推进农村集体产权制度改革和"三变"改革工作。加快推进县、乡、村、户四级城乡信用体系建设。建设标准化的统一支付接入平台，扩展现有支付清算服务系统并整合各类支付清算业务系统功能，积极配合农村金融供给侧和需求侧改革，拓宽对各项业务的支持面，加大支付服务的延伸力度，把普惠金融服务送到农村、送进农户，继续提升普惠金融支付清算的服务水平。

八是完善农村金融信息披露制度。现阶段，涉农贷款信息披露制度存在一些问题。一是大量涉农贷款用途未说明。据现有统计制度，"按用途分类"中，未说明具体用途的"其他"类涉农贷款所占比例超过一半，且持续上升。2020年，"其他"类涉农贷款在全部涉农贷款中的占比已达59.25%。这导致大量涉农贷款具体投向、用途不透明。在某些特定年份中，涉农贷款增长几乎全部由"其他"类涉农贷款的增长所拉动。如2018年，涉农贷款同比增长7.32%，其中5.45%由"其他"类涉农贷款增长驱动，所占比例接近3/4。二是直接融资数据口径变化大，导致各年间数据不可比，难以判断金融支持乡村振兴的变化趋势。如涉及直接融资渠道中债券产品的部门，2020年公布的是涉农企业累计发行债务融资工具数额、金融机构累计发行"三农"专项金融债券数额、农林牧渔企业发行企业债和公司债情况；2018年公布的则是涉农企业（包括农林牧渔和农产品加工）在银行间市场债券发行情况、农林牧渔企业发行债券金额和公司债数量。两年公布的数据指标并不重合，难以判断债权融资支持乡村振兴力度的变化。

九是加大资本市场对乡村振兴的支持力度。现阶段资本市场对乡村振兴支持力度较小，2020年涉农债权融资仅占全部涉农贷款余额的4.06%，股权融资比例更是微乎其微。要推动以资本市场直接融资方式助力乡村振兴。鼓励资本市场提前布局乡村振兴各类产业，如智能农机和机械化农机生产配套和服务、农产品产地仓储保鲜冷链物流设施建设、数字化乡村建设等。监管部门可有选择地加大对服务乡村振兴的相关股票、债券、资产证券化产品等金融产品的支持力度。

附录

表 1-2 农村金融资金缺口主要估算结果

	分产业	考虑农村劳动力的变化	分省		低增长情形	高增长情形	劳动力增长率
基准结果	否	否	否	产出增长率（%）	5.28	5.81	
				需求的资本增长率（%）	18.21	20.03	
				资本缺口合计（万亿元）	1.97	2.80	
稳健性检验一	否	是	否	产出增长率（%）	5.28	5.81	−0.82
				需求的资本增长率（%）	21.88	23.54	
				资本缺口合计（万亿元）	7.65	8.23	
稳健性检验二	是	否	否	第一产业产出增长率（%）	3.48	3.82	
				第一产业需求的资本增长率（%）	7.78	8.56	
				第一产业资本缺口（万亿元）	0.30	0.33	
				其他产业产出增长率（%）	5.69	6.26	
				其他产业需求的资本增长率（%）	10.73	11.81	
				其他产业资本缺口（万亿元）	2.67	2.94	
				基础设施需求的资本增长率（%）	14.72	16.20	
				基础设施资本缺口（万亿元）	0.92	1.01	
				资本缺口合计（万亿元）	3.89	4.28	
稳健性检验三	是	是	否	第一产业产出增长率（%）	3.48	3.82	−0.82
				第一产业需求的资本增长率（%）	11.61	12.27	
				第一产业资本缺口（万亿元）	0.45	0.47	
				其他产业产出增长率（%）	5.69	6.26	
				其他产业需求的资本增长率（%）	15.79	16.86	
				其他产业资本缺口（万亿元）	3.93	4.19	
				基础设施需求的资本增长率（%）	14.72	16.20	
				基础设施资本缺口（万亿元）	0.92	1.01	
				资本缺口合计（万亿元）	5.29	5.68	
稳健性检验四	否	否	是	资本缺口合计（万亿元）	4.14	4.51	

专题报告二　金融支持农业发展的政策与实践

2017年10月，党的十九大报告指出，实施乡村振兴战略，农业农村农民问题是关系国计民生的根本性问题，必须始终把解决好"三农"问题作为全党工作的重中之重。2022年10月，党的二十大报告指出，坚持农业农村优先发展，健全农村金融服务体系。国家各相关部门分别出台了一系列政策，引导金融支持农业发展。本报告从宏观和微观两个角度，对金融支持农业发展的政策与实践进行整理、分析。宏观上，纵览农业、金融部门的相关政策，采用文本分析的技术手段，梳理政策脉络和政策重点；微观上，整理了银行、保险、证券等不同类型金融机构支持农业发展的典型做法和典型案例。最后立足现实情况，总结目前金融支持农业发展面临的突出问题。

一、金融支持农业发展的主要政策

（一）农业主管部门的相关政策

自2017年10月，党的十九大报告提出实施乡村振兴战略以来，农业主管部门发布多项相关政策促进金融支持农业发展，主要涉及银行、保险两类金融机构。本报告对农业主管部门发布的促进金融支持农业发展相关政策中，与金融相关的段落进行了文本分析。整理发现，三类关键词在相关政策中出现频率较高。

第一类是"企业""产业"等，表明农业主管部门相关政策要求金融以农业企业为主要支持对象，以发展农业及相关产业为主要目标。第二类是"政府""财政""资本"等，说明农业主管部门将金融定位为众多支持农村方式中重要的一种，与政府财政资金和社会资本共同发挥作用。第三类是"信贷""担保""保险"等，说明农业主管部门认为金融支持农业发展的主要手段是银行信贷和保险服务，并应在此过程中灵活运用担保等增信工具，解决农业发展资金缺乏的问题。

农业主管部门发布的促进金融支持农业发展相关政策主要涉及保险和银行两类金融机构。根据文本分析结果，涉及保险机构的政策重点有三个。一是鼓励各保险机构结合当地实际，开发新产品，提升风险保障水平。重点鼓励气象指数保险、农产品价格和收入保险等新型高保障保险发展。特别要求做好农业大灾保险试点、优势特色农产品保险奖补试点工作。二是增强保险公司信息化水平。2021年10月，农业农村部发布的《关于促进农业产业化龙头企业做大做强的意见》强调，采用大数据、云计算等技术，发展智慧农业，建立健全智能化、网络化的农业生产经营服务体系，为银行、保险等金融机构服务乡村产业提供信用支撑。三是鼓励银行和保险机构结合，发挥金融合力。2020年4月，农业农村部发布的《关于印发社会资本投资农业农村指引的通知》指出，鼓励信贷、保险机构加大金融产品和服务创新力度，开展投贷联动、投贷保贴一体化等投融资模式试点。

相关政策中涉及银行的共10条，根据文本分析结果，此类政策着重强调四点。一是抓住重点银行，如2018年3月农业部在《关于实施农产品加工业提升行动的通知》中明确提出，加强与中国农业银行、中国农业发展银行、中国建设银行等金融机构合作。二是扶持重点项目和龙头企业，同样是在《关于实施农产品加工业提升行动的通知》中，农业部提出选择发展前景好的农产品加工发展项目给予优惠信贷支持。又如2021年10月，农业农村部在《关于促进农业产业化龙头企业做大做强的意见》中强调，各金融机构特别是银行，需要加大信用贷款投放力度，加强对龙头企业及全产业链主体的金融支持。三是要求银行创新服务方式和信贷产品。如 2022 年 10 月，农业农村部在《关于推进稻渔综合种养产业高质量发展的指导意见》中提出，鼓励银行、担保机构等围绕稻渔综合种养产业提供各类信贷服务，开发专属产品和服务模式。四是鼓励银行提升信息化水平，如 2019 年 12 月，农业农村部和中央网络安全和信息化委员会办公室联合发布的《数字农业农村发展规划（2019—2025 年）》明确指出，推广基于大数据的授信、保险和供应链金融等业务模式，创新供求分析、技术推广、产品营销等服务方式。加强农业区块链标准化研究，推动区块链技术在农业资源监测、质量安全溯源、农村金融保险、透明供应链等方面的创新应用。

（二）金融主管部门相关政策

金融主管部门共颁布 6 条促进金融支持乡村振兴相关政策。从政策颁布部门看，6 条政策全部涉及原银保监会。这再次印证了银行、保险业金融机构作为乡村振兴主力的地位。从政策内容看，3 条政策为金融支持乡村振兴年度综合性规划，1 条政策是银行业金融机构服务乡村振兴具体考评办法，1 条政策主要涉及银行具体业务，1 条政策针对海南自贸港建设。

本报告对 3 条金融支持乡村振兴年度综合性规划进行重点分析，通过文本分析分别抽取了 3 条政策中各自独有的关键词，以厘清金融主管部门支持乡村振兴农业发展政策的主线。3 条年度综合性规划具体为银保监会办公厅分别于 2019 年、2021 年和 2022 年发布的《关于做好 2019 年银行业保险业服务乡村振兴和助力脱贫攻坚工作的通知》（以下简称"2019 年通知"）、《关于 2021 年银行业保险业高质量服务乡村振兴的通知》（以下简称"2021 年通知"）和《关于 2022 年银行业保险业服务全面推进乡村振兴重点工作的通知》（以下简称"2022 年通知"）。

2019 年金融主管部门强调监管考核。2019 年是脱贫攻坚战的关键之年，"2019 年通知"侧重整体战略布局和宏观谋划，"变革""供需""决策"等较宏观的关键词反复出现，同时指明金融支持乡村振兴农业发展的重点要放在西部地区。金融主管部门也对金融机构提出数字化转型的要求，为后续工作指明了方向。2021 年是脱贫攻坚战的收官之年，"2021 年通知"的重点放在防止返贫和做好脱贫攻坚以及乡村振兴的接续工作上，"返贫""安置"等关键词多次出现。值得注意的是，"2021 年通知"中出现频率最高的关键词为"保险"，要求金融机构重点关注"种业""油料""大豆"等产业。2022 年的政策重点是纠正过去存在的问题。"2022 年通知"中，"整改""意见""巡视""薄弱"等关键词多次出现。

二、金融机构支持农业发展的主要做法

（一）银行业金融机构

大型商业银行积极对接龙头企业，解决高标准农田建设的资金短缺问题。例如，江苏省盐城市是长三角地区重要的农产品供应基地，年粮食产量在 700 万吨以上，推进盐城高标准农田建设有重要的现实意义。但盐城市仍有很多地区存在农业基础设施薄弱、农民经营分散、经营规模小、低产低效等问题，叠加高标准农田建设存在前期建设投入成本较高、财政资金补贴有限、项目经济效益不明显、银行融资介入较难等现实困难，高标准农田建设面临较大资金缺口。某大型商业银行对接盐城农业龙头企业，为 50 万亩高标准农田建设项目提供融资支持。截至 2022 年 10 月，盐城市已签约流转农田 32.46 万亩，建成高标准农田约 16 万亩，建立（连锁）家庭农场 9 个。

从项目运作上看，该项目租用 50 万亩农田经营权进行高标准农田建设，

并配备农事生产设备设施和应用物联网技术的自动管控终端。项目建设期为2年，2020年规划建设20万亩、2021年建设30万亩，将全面打造30个面积为10000~20000亩的现代化连锁农场，集中解决土地碎片化及基础设施薄弱等问题。该项目已在盐城市建湖县上冈镇、亭湖区盐东镇等7个镇选址并启动，打造的农田主要用于种植水稻和小麦，按每年一季水稻、一季小麦进行轮作，一年两茬，产出优质粮主要供国家收储，部分对外销售。

从经营模式上看，农业公司下设30个连锁农场，实行"五统一分"合伙制经营模式。"五统"指统一品种布局、统一技术指导、统一植保防治、统一农资供应、统一品牌销售；"一分"指各农场分别（连锁）运营，每个农场在农业公司的统一管理下设置独立经营管理层，引入30个合伙人进行合伙加盟。合伙人与农业公司签订连锁合伙加盟协议，根据协议约定，合伙人按约定标准向农业公司支付土地租赁费，同时，农业公司与合伙人按一定比例对农场的经营利润进行分红。已加盟的合伙人主要为农机/农经站的退休人员、有农场经营经验的新型农业经营主体和盐城境内临海及滨淮等国有农场的职工三大类人员。在该模式下，一方面，通过规模经营可解决当前种植大户规模小、标准难统一、品质难保障、抗自然灾害和市场风险能力不强等诸多现实问题，有效加快土地整治和高标准农田建设步伐，并带动项目区农民就业及增收；另一方面，合伙人支付农田租金参与经营，与农业公司共担盈亏，提升了合伙人的主人翁意识，有助于降本增效。

从资金保障上看，农业公司自筹项目资本金，银行为农业公司提供项目贷款，控股股东龙头企业提供全额担保，解决项目建设资金缺口问题。从项目盈利能力来看，根据项目可研报告，50万亩高标准农田全面建成投产后，每年预计可实现净利润超1亿元。产生的利润由农业公司与合伙人按合伙协议进行分红，农业公司分得的利润即为本项目的主要偿债来源，偿债来源稳定、可靠。

（二）保险业金融机构

某保险公司在我国农险行业内处于引领地位，2007—2021 年，累计为 14.9 亿户次农户提供了 16.7 万亿元的风险保障，2021 年累计为 8000 万户次农户提供了 2.7 万亿元的风险保障。该保险公司助力农业发展的具体做法主要有以下方面。

提供全链条式保障服务，增强灾害应对能力。灾害发生前，一是与气象局、农业农村部等协调联动，积极开展灾害监测预警和灾前防控工作。如将第三方天气风险管理系统引入农险移动查勘平台中。在 2021 年 7 月河北特大暴雨发生前，系统将预警信息及时传达给农户，以便养殖户提前转移生猪，避免损失。二是广泛组织农村基层服务队伍进村入户，抢收水稻和临近成熟瓜果、补施肥料、防治虫害，最大限度减少粮食损失。如 2021 年 8 月在台风"烟花"到来前，该保险公司在浙江省紧急协调调运收割机、运输车、烘干机等农机具，组织抢收早稻 70 万亩，抢收比例达到 58%。三是通过人工影响天气手段，对可能发生的灾害进行干预。如 2021 年 9 月甘肃遭遇旱灾，该保险公司在甘肃多个地区运用高射炮开展人工增雨作业，有效缓解了旱情，对马铃薯、中药材等作物起到减损效果。

理赔服务提速提质，健全灾后处置。2021 年 4 月江苏大风、冰雹等天气灾害发生后，该保险公司紧急调动 112 架无人机、424 辆"三农"查勘车，同时依托农险移动端工具，全方位开展立体式农险理赔，10 天时间完成全部理赔工作，支付赔款 1.4 亿元。

在产品开发方面积极推广种业保险。种业事关国家粮食安全，但制种业技术复杂，对气象条件要求高，极易受到不良天气影响。与传统的种植业保险相比，制种保险保额更高、责任范围更广，除承担一般性自然灾害造成的减产损失外，还需承担气温异常以及连阴雨致花期不遇或花时不遇造成的品质下降损失。该保险公司自 2011 年开办水稻、玉米及小麦三大主粮制（繁）种保险，已在 17 个省份开发了水稻、玉米、小麦三大主粮制种保险，并研发了蔬菜、水果制种保险。

提升现有保险产品服务质量和保障水平。2021 年，该保险公司全面参与三大主粮作物完全成本保险和收入保险的扩大试点工作，开发专属产品 34 款，在 12 个省份落地。截至 2022 年 2 月底，该公司三大粮食作物完全成本保险和收入保险承保面积达 3823 万亩，为 458 万户次农户提供了超过 372 亿元的风险保障。

（三）证券业金融机构

某证券公司在多个国家级贫困县实施金融扶贫项目，以金融扶贫促进产业扶贫和教育扶贫共同开展。2020 年，该证券公司结合海南省白沙黎族自治县天然橡胶资源丰富的实际情况，配合"联合国可持续发展目标示范村"项目的实施，积极申报白沙黎族自治县天然橡胶"期货＋保险"项目。经评审，该项目入选上海期货交易所试点支持名单，支持现货 1000 吨。从业务模式看，该项目通过看跌期权保护农户收割天然橡胶的收入，通过看涨期权保护天然橡胶企业收购天然橡胶的成本，通过溢价售胶方式，最终保障农户的销售收入。

除此之外，该证券公司还积极引导当地产业发展。经调研，该证券公司发现五指毛桃十分适合橡胶林下种植，且有保肥保水作用。由于对育苗技术的要求较高，人工种植五指毛桃的产业刚刚兴起。结合生产周期、栽培技术、管理成本、市场规模等综合因素，种植五指毛桃是促进白沙黎族自治县农村经济发展的优势产业。为此，该证券公司在白沙黎族自治县千亩五指毛桃种植示范园，与当地的南药种植龙头企业正生堂合作，通过支持正生堂扩大生产，促进当地五指毛桃产业发展。种植示范园选址在对俄村，该证券公司向对俄村捐赠扶贫资金 500 万元，在对俄村及周边建设 1000 亩橡胶林下土地五指毛桃种植示范园。种植示范园由正生堂负责日常管理及产品销售，白沙县政府予以协助和监督。

三、金融支持乡村振兴面临的突出问题

我国农业农村经济发展水平不高，城乡差距持续扩大，导致农村地区生产要素长期外流，人口、产业空心化严重。2022 年我国农村居民人均可支配收入为 2.01 万元，较城镇居民低 2.92 万元。相比 2020 年，城乡居民可支配收入差距继续扩大。大量有文化的青壮年劳动力不断向城镇转移，造成农村人口性别年龄结构失衡，农村"人走屋空"以及宅基地"建新不拆旧"现象普遍，村庄不断外延异常膨胀以及村庄内部急剧荒芜，形成村庄空间形态上的空心分布，进一步加剧了农村地区劳动力、金融信息、科学技术供给不足，并且形成自我强化机制。我国农业产业化总体水平不高，叠加农村人口不断流出，进一步加剧了资源要素长期向城市单向聚集，导致城乡产业差距不断拉大。农业产业基础薄弱，农村生产要素持续流出带来的农村人口、产业空心化的现实是金融支持乡村振兴和农业发展的大背景。

（一）银行支持农业发展的主要困难

一是农村地区资金利用效率有待提升。目前，村镇银行、农村合作社和农商行县域存贷比普遍为 65% ~ 70%，低于城市地区约 20 个百分点；大型商业银行、股份制银行县域存贷比更低，部分县域甚至低于 50%。2021 年末，广东省 57 个行政县的平均存贷比为 69.7%，湖北省县域平均存贷比为 67.17%，青海省域存贷比为 42.5%。

二是银行支持乡村振兴的金融产品、服务单一。目前农业农村中长期贷款项目主要以土地作为抵质押品和还款来源，同质化程度高，不利于农村金融主体的整体协同发展。精准满足乡村振兴新需求的产品不多，存在一定的期限错配、额度不满、定价不合理等问题。针对农户的金融产品以基础信贷业务为主，附加金融服务较少，手机银行、网银等产品用户体验一般，用户黏度不足。

三是银行对农业产业链综合化金融服务能力不足。目前，我国金融体系支持农业产业链的模式以信贷融资为主，综合性金融服务能力不足。从发达国家经验来看，对于农户的农机设备等资产设备投入，农村金融系统往往以融资租赁等方式予以支持，针对农业的融资租赁市场供给相对匮乏。

四是农村征信、抵押担保等配套体系有待完善。农村企业、农户往往缺乏固定资产等可以快速变现的抵押物，农村各类产权抵质押相关体制机制有待完善，猪牛羊等生物资产活体抵押面临价格波动以及库存难核实等问题，农机、农具等抵押物面临资产价值较低、难变现的问题。

五是农村地区金融普及教育不够完善，农村小微企业风险较高。中国人民银行发布的《消费者金融素养调查分析报告（2021）》显示，2017—2021 年，农村地区消费者金融素养有显著提升，但与城镇地区相比仍存在较大差距。较差的金融素养既不利于企业融资渠道拓展，也容易助长"捞一把就走"的短期行为，严重损害企业长期发展，更导致部分小微企业按期还款意识不强，进一步破坏农村信用环境。

（二）保险支持农业发展的主要困难

一是不同农产品保障水平不均。我国农业保险以低保障、广覆盖为政策取向，包括商业性和政策性农业保险在内累计承保的农产品超过 270 种。有中央财政补贴的 16 类政策性农业保险品种保障程度较高，其余农产品保险保障水平明显较低。

二是各省份农业保险发展水平不均。在农业保险保费收入上，不同省份之间农业保险保费收入存在较大差异。新疆、黑龙江、内蒙古农业保险保费收入较多，宁夏、重庆、天津保费收入较少。2008—2020 年上述六个省份累计农业保险保费收入分别为 338.50 亿元、316.67 亿元、235.41 亿元、25.93 亿元、25.57 亿元、20.27 亿元。新疆累计农业保险保费收入是天津的 16.7 倍。在农业保险保障水平上，各省份农业保险深度差异明显。农业保险深度较大的省份为上海、北京、西藏，较小的省份为湖北、广东、福建。2008—2020 年，上述六地的农业保险深度分别为 4.55%、3.92%、2.57%、0.29%、0.29% 和 0.20%，上海的农业保险深度是福建的 22.75 倍。

三是不同年份的农业保险运营状况存在较大差异。虽然全国范围内，每年的农业保险均有盈余，但是从结构上看，某些年份、某些省份出现了亏损，且亏损可能较严重。2006—2021 年，除 2013 年外，均有不同数量的省份出现亏损，年均亏损省份数量为 3.13 个。2006 年、2010 年亏损省份达到 8 个。农业保险的亏损给保险公司的经营带来一定的压力。如 2018 年的内蒙古、2020 年的黑龙江，亏损分别达到 1.07 亿元和 1.92 亿元。

四是中小保险公司和专业农业保险公司面临较大经营压力。国泰安数据显示，2006—2019 年，共 108 家保险公司开展农业保险业务。其中，中小保险公司面临较大的经营压力。中小保险公司市场份额较小，难以形成规模经济。2005—2019 年，以保费收入计，第一大保险公司平均业务占比为 47.16%，前三大保险公司业务占比为 76.52%。近年来，提供农业保险服务的保险公司数量一直维持在较高水平，但业务占比一直较低。2019 年 62 家保险公司业务占比为 4.71%。由于中小保险公司多为区域经营或专业经营，难以在空间或业务上平滑风险，且自身规模较小，故抗风险能力较差，亏损较多。在国泰安数据库中，共有 364 次保险公司农业保险业务省级亏损情况，其中，中小保险公司[①]亏损 310 次，占比为 85.17%。专业化农业保险公司[②]业务占比逐渐走低，面临较大的业务转型压力。据国泰安数据库数据，2005—2019 年，专业化农业保险公司的保费收入占比由 45.32% 下降至 16.62%，赔付支出占比由 42.63% 下降至 18.31%。

---

① 这里的中小保险公司指除人（中国人民保险）、太（中国太平洋保险）、平（中国平安）外的其余保险公司。

② 国泰安数据库中的专业农业保险公司包括安华农业保险、阳光农业保险、安信农业保险、华农财产保险、国元农业保险、中原农业保险。

五是多头报送增加合规成本，地方信息滞后导致农业保险发展目标设置不合理。由于农业保险具有一定的政策属性，且大部分资金源于财政支出，故合规严格且地方政府重视程度高。合规阶段问题主要有两方面。一是信息多头报送问题突出，合规成本较大。保险公司需要向银行、保险监管部门，财政部、农业农村部等部门同时报送相关材料。二是地方政府部门有时掌握的信息与实际情况存在差异，向保险公司下达的任务指标与实际情况不符。如地方政府部门要求农业保险覆盖面积达到全部耕地面积的一定比例，但国土部门掌握的耕地面积大于实际耕地面积，由此提出的农业保险覆盖耕地面积目标可能超过实际耕地面积，导致保险公司难以达到相关要求。

四、政策建议

（一）银行业支持农业

首先，充分发挥农村金融资源配置功能，围绕农村金融需求加快补短板，多维度扩大金融供给。一是探索商业银行与供销社全面战略合作和融合发展路径，挖掘两者互补优势，推进农业农村生产、供销、信贷"三位一体"全面合作，为供销社及相关企业提供信贷、融资、结算、账务管理等服务，将服务网点、金融产品、资金渠道有效融入基层供销社网络。二是树立金融支持农业大产业链的思路，把支持农村全产业链作为商业银行服务乡村振兴的抓手。针对农资农机具生产流通、农产品生产流通加工等主要环节，着力延长链条、补强链条，加大金融支持力度。三是创新农机装备融资租赁金融工具，多维度满足农户金融需求。完善农机装备融资租赁政策法规，明确租赁行业地位和租赁方式。通过财政资金和税收优惠，支持金融机构开展融资租赁业务。支持农民合作社设立农机融资租赁基金，鼓励农民积极参与农机融资租赁，降低农村机械化投资成本。鼓励推广"租赁＋金融""租赁＋保险"等新型融资租赁模式，提高租赁市场效率和服务水平。积极推广信息化、智能化的融资租赁管理系统，提高租赁管理的科学化水平。

其次，完善金融支农和小额信贷政策，增加涉农信贷总量，促进信贷分布更加均衡。一是坚持涉农计划和普惠涉农计划分开，结合各地实际确定涉农贷款规模和增长目标，探索建立适应农村实际的差异化信贷模式，巩固和增强客户拓展能力，提高资金使用效率，确保涉农贷款平稳增长和增速持续稳定。二是推动基础金融服务不断延伸，根据区域实际、资源禀赋和产业特点，建立差异化的业务授权、产品和服务体系。

再次，持续提升农村金融服务水平，充分发挥金融科技在全面推进乡村振兴中的重要作用，赋能商业银行精准提供优质金融服务。一是探索数字人民币在农村的试点和规模化应用场景，以消费券、助农补贴等形式逐步形成农村数字人民币示范生态，为农民提供便利。提高涉农企业周转率，降低涉农资金交易成本，确保涉农资金使用安全。二是加快建设和推广商业银行线上助农惠农平台，整合农村服务网络资源和人才储备，打造"互联网＋农村"金融场景，发挥金融科技优势，补足网点布局和信息沟通短板，提高金融服务效率和便利性。三是解决农村土地分散、农业门类繁多导致经济价值和融资需求难以计量评估的问题，加快推动云计算、大数据技术与农业农村发展深度融合，立足农业农村需求，创新金融产品。提供个性化金融服务，通过提供分层的"一村一品""一户一策"等针对性强、特色化的金融服务，增强农村客户对商业银行的黏性。

最后，始终坚持底线思维，优化农村金融风险管理，筑牢防范农村金融风险的屏障。一是加强有关农村金融风险防范的针对性宣传，结合农户平均知识水平较低的客观实际，综合运用图片、标语、表演等传统线下方式，以及网络课堂等线上宣传渠道，开展信用、反欺诈等金融知识普及活动，提高涉农主体金融素养。二是精准匹配农村各类主体授信需求，避免过度授信。依托大数据风控系统，确保贷前尽职调查信息准确，提前过滤可能存在过度授信问题的客户。充分考虑客户的实际收入、债务水平、养殖成本、家庭生活成本等因素，确保其还款能力与债务规模相匹配。三是完善农业风险监测和银保联动体系，针对农业风险"看天气"的特殊性，在贷款预警机制中嵌入农业气象监测和农产品价格监测模块，及时跟踪自然灾害或农产品价格波动的影响范围和程度。同时探索与农业保险公司或担保公司的合作途径，在地区开展银保联动，实现风险分担，完善再保险、巨灾风险分散等配套机制。四是完善农村征信与担保体系建设。加强对农村征信机构的监管，提升征信数据库建设和管理水平，提高征信数据的准确性和完整性。推广应用区块链、人工智能等技术，提高农村信用体系的安全性和可靠性，有效防范信用欺诈行为的发生，保证信用体系的公平性和可持续性。注重农村信用体系建设与乡村振兴战略对接，根据农户信用等级和信用记录调整政策支持力度。

（二）保险业支持农业

首先，在顶层设计上，修订《农业保险条例》。一是补充说明农业保险制度对国家粮食安全、乡村振兴以及稳定和增加农户收入的重要作用。二是明确农业保险各参与方职能，包括各级政府和各中央部门。三是明确政策性农业保险经营过程中的各项原则，如保险利益原则、损失补偿原则和近因原则等。四是遵照科学合理的原则，实行风险区划和费率合理分区，并确定发布风险区划和差异化费率的责任部门。同时，在此基础上发布政策性农业保险的精算规则，通过颁布法规保证实行精算公平费率。五是明确农业保险处罚规则，督促保险经营机构及其代理人合法合规经营。特别是要补充对地方政府相关工作人员、专业经代人员、科技公司服务人员的违规处罚规定。

其次，加大中央、省级财政对农业保险的支持力度，逐步提升经济类作物的农业保险保障水平。一是加大对农业保险的财政补贴力度，考虑调整现行农业直补方式，将一部分直接补贴变成农业保险形式的间接补贴。二是将物化成本全覆盖作为现阶段农业保险的首要目标。确保农民遭受灾害损失时，能够获得兜底性的保障和具备恢复基本的再生产能力。三是逐步增加中央财政补贴的农业保险标的种类。在现有主要给予粮棉油糖作物和奶牛、肉猪、能繁母猪等保险政策支持的基础上，给予其他种植和养殖业生产，例如肉牛饲养、肉羊饲养、家禽饲养、水产养殖、水果种植、蔬菜种植等保险政策的支持。四是创新完善"基本险＋附加险"多层次农业保险，满足小农户和新型经营主体多元化的农业保险需求。为小农户提供基本免费的低保障的"基本险"；对新型农业经营主体，在基本险基础上提供较高保障水平的"附加险"，并且有不同保障水平档次的选择。

最后，健全区域级或国家级农业保险再保险机制和大灾风险管理体系。构建以"中国农业再保险公司"为承保主渠道，以国内商业再保机构和国际再保机构等为重要补充的农业再保市场体系。探索推出标准再保协议，构建农业风险分担机制，通过盈余返还和亏损滚转实现分保条件的动态调整，进一步细化利润共享和损失共担机制。引导各农业保险机构，特别是中小农业保险机构参与农业保险再保险，通过跨区域、跨时间的风险分担，减轻其经营压力，提升各省农业保险的可持续性。促进试点农业保险再保险标准化、资本化、证券化，鼓励更多资金进入农业保险市场。建立由公司级大灾风险准备金、中国农业再保险公司和国家农业保险大灾风险基金组成的三重大灾风险管理机制。

专题报告三　金融支持农村工业发展的进展和建议

从农村工业发展历程看，市场化的改革进程总体上经历了四个阶段，目前处于向高质量发展转型阶段。农产品加工业是农村工业最主要的组成部分。在我国工业统计口径下，与农村工业相关的有 8 个行业，其发展现状呈现较大差异。当前金融支持农村工业发展仍然存在短板，需要银行、保险、融资租赁等不同金融业态协同发力、共同支持。

一、改革开放以来我国农村工业的发展历程

改革开放以来，我国农村工业的发展总体上经历了四个阶段，市场化程度不断加深，经营主体日益多样化，农村工业活力不断释放，生产效率持续提高。

（一）第一阶段（1978—1991年）：乡镇企业崛起，带动农村工业发展

改革开放初期，农村工业的发展主要得益于乡镇企业的发展。乡镇企业的前身是社队企业。1979 年 7 月，国务院颁布的《关于发展社队企业若干问题的规定（试行草案）》明确了发展社队企业的重大意义，并提出公社工业的大发展，既可以为社会提供大量的原材料和工业品，加速我国工业的发展进程，又

可以避免出现工业过分集中在大中城市的弊病,是逐步缩小工农差别和城乡差别的重要途径。这体现出改革开放初期党和国家对农村工业发展的高度重视。1984年3月,中共中央、国务院转发了原农牧渔业部和部党组《关于开创社队企业新局面的报告》,同意将社队企业的名称改为乡镇企业。1985年9月,《中共中央关于制定国民经济和社会发展第七个五年计划的建议》明确指出,发展乡镇企业是振兴我国农村经济的必由之路。在政策的大力支持下,乡镇企业得以快速发展。1985年,全国乡镇企业数量超过1000万家,相当于1978年的8倍,其中工业企业近500万家,超过1978年的6倍。到1991年,全国乡镇企业数量已经接近2000万家,其中工业企业达到了700多万家(见图3-1)。

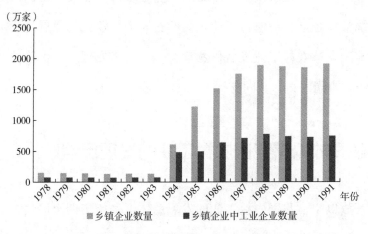

图3-1　全国乡镇企业数量(1978—1991年)

资料来源:万得资讯。

这一时期,乡镇企业的发展呈现出两个鲜明特点。一是农产品资源丰富、供给充足,为农村工业发展提供了有力支撑。1978年开始推行的家庭联产承包责任制极大地调动了农民的生产积极性,农业生产快速发展。二是生产技术还比较落后,农村工业的生产方式比较粗放。这一时期我国对外开放尚处于起步阶段,每年实际利用外资金额还未达到50亿美元,企业采用的大多是传统工艺,还没有引进国外先进的生产技术。

（二）第二阶段（1992—2001年）：对外开放扩大，技术水平逐渐提高

1992年党的十四大明确提出建立社会主义市场经济体制，并肯定"乡镇企业异军突起，是中国农民的又一个伟大创造"，提出"继续大力发展乡镇企业"。乡镇企业再一次迎来发展高潮，全国乡镇企业数突破2000万家，并长期保持在2000万家以上，其中工业企业也保持在700万家左右。1997年产品相对过剩，叠加亚洲金融风暴的冲击，乡镇企业中工业企业数量明显减少，此后伴随着我国工业化进程的加速而快速恢复（见图3-2）。

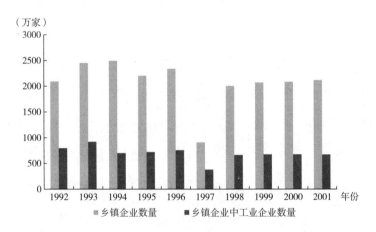

图3-2　全国乡镇企业数量（1992—2001年）

资料来源：万得资讯。

这一时期是改革开放后我国工业化第一轮快速发展时期，经历了改革开放初期夯实基础阶段之后，我国工业化进程提速。与此同时，随着我国对外开放的扩大，乡镇企业借助劳动力成本低廉优势吸引外资，提升技术水平。来料加工、来件装配、来样加工、补偿贸易的"三来一补"模式最初从珠三角兴起，后逐步向其他地区扩展，乡镇企业以此为突破口迅速发展。到2001年，农林牧渔业实际利用外资金额近9亿美元。在对外开放的过程中，农村工业的技术水平也通过"干中学"得到稳步提升，国外先进技术对传统技术的替代加快，农

产品加工逐步从"浅层次的简单加工"向"深层次的精细加工"转变，生产和加工的专业化、规模化越来越明显。

（三）第三阶段（2002—2011年）：农村工业逐步发展成熟

党的十六大提出"本世纪头二十年基本实现工业化"的目标，并提出"发展农产品加工业，壮大县域经济"，我国工业化步入加速发展时期。2002年7月，农业部印发《农产品加工业发展行动计划》，提出努力提高农产品综合加工能力，实现由初级加工向高附加值精深加工转变，由传统加工工艺向现代高新技术转变，由资源消耗型向高效利用型转变，为农村工业发展指明了具体方向。2002—2011年，我国工业增加值由4.8万亿元攀升至19.5万亿元（见图3-3），同比增速连续10年保持在9%以上。这一时期，城镇化与工业化融合发展，大量农村富余劳动力进城务工，既推动了城镇化进程，也为工业化提供了有力支撑，城市工业逐步扩散到农村，区县级开发区开始涌现。这一时期，"离土不离乡、进厂不进城"成为农村工业发展最为突出的特征。农村工业发展表现出新的形式，以县级及以下行政单位为基础所设立的开发区成为乡村工业发展的新内容[①]。

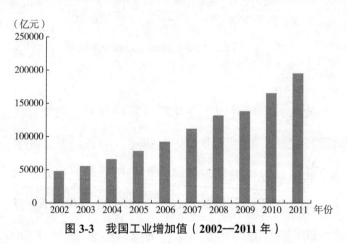

图 3-3　我国工业增加值（2002—2011 年）

资料来源：万得资讯。

---

① 李先军，杨梅：《中国乡村工业百年发展历程：成就、经验与未来》，《齐鲁学刊》2021年第6期，第110–124页。

（四）第四阶段（2012年至今）：农村工业进入向高质量发展转型阶段

2012年党的十八大提出，坚持走中国特色新型工业化、信息化、城镇化、农业现代化道路，推动信息化和工业化深度融合、工业化和城镇化良性互动、城镇化和农业现代化相互协调，促进工业化、信息化、城镇化、农业现代化同步发展。我国农村工业迈入新的历史时期，主要呈现出以下两个特点。

一是质量提升。2013年6月，农业部办公厅下发了《2014—2018年农产品加工（农业行业）标准体系建设规划》，旨在通过科学规划，解决农产品初加工相关标准缺失、滞后的问题，以标准化工作提升农产品初加工水平，带动产业发展，引导农产品初加工行业从粗放型经营向标准化生产转变，提高初加工产品质量，减少安全隐患。一批具有广泛影响力的国内知名农业加工品牌涌现出来，生产出更多质优价廉的农产品加工产品，使高附加值产品供给比重显著增加。2020年12月，农业农村部印发《关于促进农产品加工环节减损增效的指导意见》，引导农产品合理加工、深度加工、综合利用加工，推进农产品多元化开发、多层次利用、多环节增值，实现减损增供、减损增收、减损增效，促进农产品加工业优化升级。

二是产业链条延伸。一方面，农产品加工产业链向农产品种植环节延伸，农产品原料数量和质量供给的及时性和稳定性得到提升，比如农产品加工企业建设规模化、标准化的农产品原料基地。另一方面，农产品加工产业链向流通、消费等环节延伸，带动农业产业链、价值链升级和农产品增值，比如农产品加工企业大力发展农产品的本地化初级与精深加工、流通和餐饮等。2021年发布的《农业农村部关于促进农业产业化龙头企业做大做强的意见》提出，支持"链主"龙头企业整合创新链、优化供应链、提升价值链、畅通资金链，提高行业全产业链组织化水平、供应链现代化水平。

二、乡村振兴战略下农村工业的重点领域及发展情况

产业振兴是乡村振兴的重中之重，农村工业在拓宽农民增收渠道、加快农业农村现代化等方面发挥着重要作用，大力发展农村工业是乡村振兴的重要抓手，其中农产品加工业是农村工业的主要组成部分。

"农村工业"的定义是动态变化的，一般认为农村工业有两种解释。一种是农村地域上的工业，即布局在农村地域上的所有工业，既包括县办工业和国有工业，又包括乡镇及以下各级工业。另一种是通常所说的乡镇工业，包括农村地域上除县级工业及国有工业之外的所有工业，即农村地域上乡镇办、村办、个体和其他私营形式工业的总称。发达国家一般将布局在农村地域上的工业（不管其来源和所有制形式如何）统称为农村工业。还有部分国家将农副产品加工业定义为农村工业。从原料来源的角度，如果仅将农副产品加工业界定为农村工业，将存在较多争论。在城市建立的农产品加工企业是否属于农村工业，而在农村建立的非农产品加工企业是否不属于农村工业，目前都没有定论。综合来看，界定农村工业有两个标准：地域标准和产业标准。对农村工业的界定，一方面是地域问题，即农村工业一定是分布在农村的加工业和制造业；另一方面是产业选择问题，资源开采型工业都不列入农村工业的范围，如煤、石油、天然气等资源的开采及精深加工，但是这些企业布局在农村将对农村工业发展有明显带动作用，至少对区域服务型企业发展有明显的带动作用。

根据国家统计局发布的《农业及相关产业统计分类（2020）》，农村第二产业主要包括三个细分行业：一是食用农林牧渔业产品加工与制造，二是非食用农林牧渔业产品加工与制造，三是农林牧渔业生产资料制造和农田水利设施建设。前两者共同构成农产品加工业（见表3-1）。其中，食用农林牧渔业产品加工与制造的增加值最高，2020年达到3.4823万亿元，在第二产业中的占比达到

72%。非食用农林牧渔业产品加工与制造增加值近 1 万亿元，在第二产业中的占比为 20%。加总来看，2020 年农产品加工业增加值约为 4.4 万亿元，占农村第二产业的比重达到 92%。相比之下，农林牧渔业生产资料制造和农田水利设施建设增加值仅为 4112 亿元，占比为 8%（见图 3-4）。

表 3-1　　　　　　　　　　　　　农村第二产业分类

食用农林牧渔业产品加工与制造	粮油加工及豆制品制造
	肉蛋奶加工
	果蔬茶加工
	水产品加工
	焙烤食品制造
	方便食品制造
	食品添加剂及调味品制造
	烟酒糖及饮料制造
	中药及其他食品制造
非食用农林牧渔业产品加工与制造	非食用植物油加工
	棉麻加工
	皮毛羽丝加工
	木竹藤棕草加工
	文具、玩具和工艺品制造
	生物质能开发利用
	天然橡胶原料制品制造
	农林牧渔原料化工品制造
农林牧渔业生产资料制造和农田水利设施建设	肥料制造
	农兽药制造
	农业用塑料制品制造
	农林牧渔业专用机械制造
	食用类产品生产专用设备制造
	渔业养殖捕捞船舶制造
	智慧农林牧渔业设备制造
	农林牧渔专用仪器及农园用金属工具制造
	现代农田水利设施建设

资料来源：《农业及相关产业统计分类（2020）》。

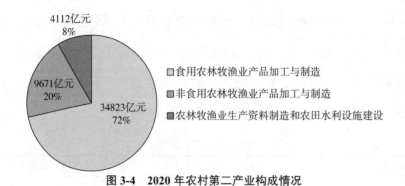

图 3-4　2020 年农村第二产业构成情况

资料来源：万得资讯。

可见，农产品加工业是农村工业的重点领域。农产品加工业是构建乡村产业链的核心，一头连着农业、农村和农民，一头连着工业、城市和市民，沟通城乡，亦工亦农，是体量最大、产业关联度最高、使农民受益面最广的乡村产业。近年来，农产品加工业保持较快发展，为推动农业转型升级、农民就业增收和农业农村现代化作出了重要贡献。2021 年，规模以上农产品加工业完成营业收入比上年增长 12.1%。从结构上看，食用类农产品加工业稳步提升，完成营业收入比上年增长 11.4%，非食用类农产品加工业营业收入增长 13.2%。规模以上农产品加工业每百元营业收入的成本为 81.6 元，比规模以上工业平均成本低 2.1 元。

现阶段以农产品加工业为主的农村第二产业总体规模保持稳定增长，发展质量效益明显提升，结构和布局持续优化，转型升级不断加快，为保障国家粮食安全和重要农产品有效供给作出了重要贡献。截至 2020 年底，农产品加工业与农业总产值之比达到 2.4∶1，主要农产品加工转化率达到 68%。农业全产业链建设深入推进。推动农业全产业链优化升级，是提高农业质量效益和竞争力的关键所在。近年来，我国深入实施农产品加工业提升行动、农产品仓储保鲜冷链物流设施建设工程，支持建设国家现代农业产业园、优势特色产业集群、产业强镇等平台载体，不断延伸产业链、提升价值链、打造供应链，推动现代农产品加工业取得长足发展，农业全产业链建设新格局加快形成。

三、农村工业的金融需求特点和制约因素

农村工业是农村第一产业和第三产业的连接点，因此其金融需求会受到上下游产业的影响。近年来农村工业发展得到了金融行业的积极响应和大力支持，但仍存在一些因素制约着金融对农村工业的支持。

（一）农村工业金融需求的特点

一是季节性特征明显。农村工业以农产品加工业为主，农产品加工业的主要原材料是农作物产品，因此农作物产品生产的季节性特征在一定程度上决定了农村工业金融需求的季节性特征。不同作物种植、生长和收获的季节不同，同种作物在不同地区种植、生长和收获的季节也可能存在明显差异。在农产品收获季节，农产品加工企业需要大量资金收储原材料农产品，并进行粗加工，对企业产能的要求比较高，相应地对人工和资金等要素的需求也比较多。农产品生长的季节，对农产品加工企业产能的要求则相对较低，其金融需求相对较小。因此，农产品生长和收获的自然特征决定了农产品加工业金融需求的季节性特点。

二是技术改造和创新的资金需求不断扩大。当前我国农业整体处于向高质量发展转型阶段，对于资金的需求越来越多。与此同时，在政策支持和行业竞争的双重影响下，农村工业技术改造和技术创新的投入力度不断加大，金融需求也持续增长。在政策层面上，原农业部发布的《关于实施农产品加工业提升行动的通知》提出，加强国家农产品加工技术研发体系建设，突出企业的创新主体地位，新增一批国家农产品加工技术研发专业中心，建设一批农产品加工技术集成基地。政府大力支持农村工业技术创新，仅靠财政发力无法充分满足资金需求，必须加大金融的支持力度。在生产经营层面上，农产品加工业进入门槛低，存在产品同质化现象，导致行业竞争激烈。要想在竞争中脱颖而出，

就必须加大研发投入力度，提高生产效率或者开发新型产品，这也引致大量资金需求。

三是行业整合带来多元化融资需求。随着技术的发展和市场对产品质量要求的不断提高，农产品加工的行业格局也在发生深刻变化，一大批规模相对较小的作坊式企业退出市场，具有一定规模和品牌特色的企业不断扩张，行业集中度提升的趋势明显。2018年中共中央、国务院发布的《关于实施乡村振兴战略的意见》指出，实施农产品加工业提升行动，鼓励企业兼并重组，进一步推动了行业整合。此外，农产品加工业的规模经济属性明显，这也会刺激行业内头部企业进行扩张和并购，加速行业整合。行业整合深刻改变了农产品加工企业对金融产品与服务的需求。目前，农产品加工企业的资金来源除自筹资金外，主要依赖于银行信贷。在行业整合的大背景下，头部企业的优势愈加突出，也更加需要债券融资、上市发行股票等多元化的融资方式。

（二）金融支持农村工业发展的主要障碍

一是企业抵押担保困难。目前，我国农村工业企业"大群体、小规模、多而不强、小而不精"的特征明显。农村工业企业的抵押品主要是机器设备等，这些设施专用性强但技术含量不高，估值往往也比较低，导致企业能够获得的信贷额度较小。除此之外，还有一部分企业是从早期的乡镇企业转型而来，许多企业没有房产证、土地证，难以用房产、土地作为抵押获得银行贷款。另外，在一些偏远农村地区，担保机构很少甚至没有，造成担保贷款存在一定难度。即使在担保机构相对较多的地区，大多数商业性担保机构也不愿为农村企业提供担保，增加了农村工业企业的融资难度。

二是企业信用风险相对较高。以农产品加工企业为主的农村工业上下游企业受市场波动影响较大，部分加工企业面临经营转型压力，加大了贷款风险。我国大多数农产品加工企业规模较小，技术水平不高，经营业绩不稳定，抵御风险能力不强，导致企业信用风险比较高，银行放贷意愿不强。另外，我国农产品加工企业缺乏有影响力的品牌，即使有些品牌在当地有一定知名度，但是由于缺乏有效的宣传推广，没能做大做强，也影响了企业的融资。

三是贷款期限与生产周期不匹配，影响金融支持农村工业的效率。贷款期限对企业生产经营有着重大影响。贷款期限一般由借款企业提出，但最终决定权掌握在银行手里。现实中，银行给农产品加工企业的贷款期限通常不超过 1 年，但是由于农产品加工企业的特殊性，原料生产周期普遍较长，企业存货和应收账款所占比重大，加剧了农产品加工企业资金紧张的状况。与此同时，农业项目回报周期长，大部分在投产数年以后才能显现经济效益，而银行提供的信贷多为短期贷款，与企业生产周期不匹配。

四、促进金融支持农村工业发展的建议

随着乡村振兴战略向纵深推进，农村工业发展对金融支持的要求将越来越高。为了更好地支持乡村振兴，可以从以下几个方面着力，加大金融对农村工业发展的支持力度。

一是创新金融服务方式，提升农村工业企业融资可得性。随着农村工业产业链不断向上下游延伸，在扩大金融需求的同时，也为金融服务方式创新创造了空间，比如供应链金融。金融机构一般会与供应链上的各个主体发生业务往来，在供应链金融方面具有一定的信息优势，因此可借助此优势精准把握农村工业供应链的运转情况，基于对链上企业经营状况的分析，与龙头企业共建供应链信息系统，依托农产品供应链、产业链核心企业，开展存货、仓单、订单质押融资等供应链金融业务。与此同时，金融机构能够借助科技手段进行金融产品与服务的创新。依托物联网、大数据等技术，金融机构可以精准分析收集的数据，设计新型金融产品服务供应链上下游的企业。

二是银行业适度让利，降低农村工业企业融资成本。银行业金融机构可以根据农村工业企业生产经营特点，加大信贷支持力度，合理确定贷款额度、利率和期限，拓宽抵押物范围，满足农村工业企业差异化的金融服务需求。对发展前景好、市场潜力大的工业龙头企业，在一定贷款额度内适度降低贷款利率或限制最高贷款利率。设计农村工业企业担保贷款新产品，推进业务办理线上化，逐步减少抵质押和担保要求，持续增强农村工业企业信贷获得感。当农村工业企业使用权属清晰的农村承包土地经营权、农业设施、农机具等办理抵押贷款时，银行可适度提升贷款价值比率。

三是加大资本市场支持力度。近年来，随着农村工业的快速发展，企业规模不断扩大，进一步参与资本市场运作的需求也越来越迫切。金融支持农村工业发展，需要运用资本市场的各种工具，满足企业各阶段的发展需求，为企业的快速发展提供更多支持和动力。一方面，通过 PE/VC 支持具有一定技术门槛的初创期农村工业企业快速发展。另一方面，支持相对成熟的农村工业企业通过挂牌上市、发行债券等方式在资本市场融资。与此同时，地方政府可以发挥配套支持作用，比如在境内外交易所首次公开募股（IPO）的农村工业企业，由各地区给予专项奖励。对成功发行公司债、企业债、集合债等债券的农村工业企业，各地区根据财政情况给予一定比例的贴息支持。

四是提升保险业对农村工业企业的保障水平。保险公司要创新保险品种，扩大农村工业企业保险覆盖面。政府部门也要给予相应的支持，加大农村工业企业保险保费补贴力度，如对农机生产企业生产的首台（套）技术装备和关键零部件，按照其投保年度保费给予一定比例的补贴，因地制宜设定投保费率上限。积极推广小额信贷保证保险等险种，推动农业担保与农业产业链加速融合。

五是着力发展融资租赁。农村工业发展面临的主要障碍之一是加工机械设备的生产成本太高，农村工业企业拥有的机械设备专用性强、评估价值不高，一般只适用于短期、小额贷款抵押，难以获得中长期大额贷款。通过融资租赁可以解决上述问题。融资租赁公司将承租人、银行、经销商等各种资源进行整合，承租人交纳一定的首付金即可使用机械设备，剩余租金与利息分期偿付。融资租赁公司不仅可以通过分期付款业务解决企业初始投资不足问题，同时可以通过其他服务帮助企业了解市场行情，降低经营风险，使企业分期租金交纳得到更好保障。另外，将大型农产品加工企业的设备经过融资租赁公司转租，一方面能够盘活企业资金，促进大型企业设备更新换代；另一方面也可以使中小企业用较少的资金获得机械设备，在一定程度上缓解融资难问题。

参考文献

[1] 发挥资本市场作用 助力农产品加工企业成长 [J]. 农业工程技术（农产品加工业），2014（9）：32–37.

[2] 葛正伟，韩建民. 农村经济发展中的金融支持研究 [J]. 经济研究导刊，2022（12）：77–79.

[3] 郭威，郭雅媛. 农业农村现代化中的金融力量 [J]. 中国金融，2022（5）：36–38.

[4] 邵智宝. 发挥好金融支持乡村产业振兴的作用 [J]. 中国金融，2022（5）：26–27.

[5] 田惠敏，张欣桐，王阳. 乡村振兴战略背景下乡村产业发展融资机制改革研究 [J]. 经济研究参考，2022（4）：42–54.

[6] 汪小亚，李洪树. 提升乡村振兴金融服务能力 [J]. 中国金融，2021（8）：34–36.

[7] 于晓娟. 融资租赁在现代农业中的作用探讨 [J]. 甘肃金融，2011（7）：42–43.

[8] 余春苗，任常青. 农村金融支持产业发展：脱贫攻坚经验和乡村振兴启示 [J]. 经济学家，2021（2）：112–119.

[9] 张婷婷. 我国乡村振兴的金融支持问题研究 [D]. 吉林大学，2021.

[10] 朱锦，贾健，李韶辉. 金融支持农产品加工业问题的探析 [J]. 金融与经济，2015（5）：84–87+31.

专题报告四　金融支持农村服务业发展的进展和建议

近年来我国服务业发展迅速，已经超过第二产业成为拉动我国经济增长的支柱产业。在此过程中，农村服务业虽取得了长足进步，但目前仍是我国服务业发展中的短板。农村服务业以农产品流通业和乡村旅游业为主，随着电子商务的繁荣，农产品流通业快速发展，与此同时，农村基础设施建设的不断完善也推动乡村旅游业持续繁荣发展。农村服务业的发展离不开金融支持，实现以农产品流通业和乡村旅游业为主的农村服务业高质量发展需要进一步提升金融服务的质效。

一、改革开放以来我国农村服务业的发展历程

改革开放以来，我国农村服务业的发展总体上经历了四个阶段，从恢复性增长逐步走向新业态，实现快速发展。

（一）第一阶段（1978—1991年）：农村服务业获得恢复性增长

1978年改革开放以后，农村实行家庭联产承包责任制，这赋予农民生产的自主权，也提升了农民生产的积极性，极大地推动了农村经济的发展。与此同时，农民收入水平不断提高，温饱问题逐步解决，为农村第三产业的发展奠定

了基础。在政策层面，国家出台了鼓励乡镇企业和小城镇发展、允许农民和乡镇企业到小城镇兴办第三产业等诸多举措，拓展了农村发展服务业的政策空间。随着市场化改革的深入推进，针对农产品价格的管制逐步放开，对农产品贸易和流通等相关第三产业的发展提出了日趋强烈的要求。在这一时期，餐饮业、运输业、批发零售业等农村服务业获得恢复性增长。

（二）第二阶段（1992—2001年）：农村服务业中生产性服务业与生活性服务业并重

1992年发布的《中共中央 国务院关于加快发展第三产业的决定》指出"农村的第三产业主要是为农业产前、产中、产后服务的行业，为提高农民素质和生活质量服务的行业"，并将农村服务业作为第三产业发展的重点之一。随着改革开放进程加快，经济市场化改革深入推进，农村服务业发展的环境明显改善，面临的有利因素增多，特别是市场需求对农村服务业发展的导向作用明显增强，城乡之间的资源、要素流动加快，工业化和城镇化相互作用对农村服务业发展的促进效应开始显现。从1997年开始，我国农林牧渔服务业增加值逐年上升，到2001年已经达到275亿元，相当于1997年的1.6倍（见图4-1）。

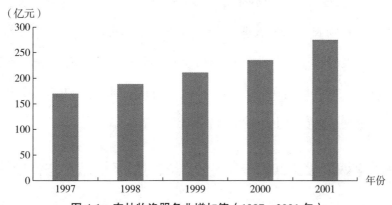

图4-1　农林牧渔服务业增加值（1997—2001年）

注：图中不含港、澳、台的数据。

资料来源：万得资讯。

（三）第三阶段（2002—2011年）：农村服务业中生产性服务业日渐成熟

经过几十年的发展，农村的生产性服务业已经具备一定基础，各类支持政策和措施进一步完善。例如，2004年中共中央、国务院发布的《关于促进农民增加收入若干政策的意见》提出，对龙头企业为农户提供培训、营销服务，以及研发引进新品种新技术、开展基地建设和污染治理等，可给予财政补助；明确不管哪种所有制和经营形式的龙头企业，只要能带动农户，与农民建立起合理的利益联结机制，给农民带来实惠，都要在财政、税收、金融等方面一视同仁地给予支持。从2004年起，中央和地方要安排专门资金，支持农民专业合作组织开展信息、技术、培训、质量标准与认证、市场营销等服务。2005年中共中央、国务院发布的《关于进一步加强农村工作提高农业综合生产能力若干政策的意见》明确提出，鼓励发展现代物流、连锁经营、电子商务等新型业态和流通方式。原农业部和商务部已连续多年出台政策，积极支持乡镇企业服务体系建设，支持农产品、农业生产资料和消费品连锁经营，建立以集中采购、统一配送为核心的新型营销体系；支持实施"万村千乡市场工程"，建设连锁化"农家店"等。这些都与农村服务业发展直接相关。在农户层面，国家出台了许多支持政策，鼓励农户从事农业生产性服务，如对农户购置和更新大型农机具给予补贴，开展农机服务等生产性项目价格和收费清理，对农村流动性小商小贩免于工商登记和收取有关税费等。在这一时期，部分农户经营规模的扩大和种养大户的形成，使农业生产性服务需求迅速增加。

（四）第四阶段（2012年至今）：农村服务业新业态持续快速发展

一方面，农村电子商务快速发展，已经初步形成包括农产品B2B电子商务网站以及涉农网络零售平台等在内的多层次涉农电子商务市场体系。目前，农村电商已显现出较高的业态价值和广阔的发展前景，成为农村生产生活、服务消费的新动力。另一方面，休闲农业和乡村旅游蓬勃兴起。持续开展全国休闲农业和乡村旅游示范县（市、区）和示范点创建活动、中国最美休闲乡村推介和中国美丽乡村试点创建活动。截至 2020 年 11 月，我国共有国家级休闲农业和乡村旅游示范县 389 个，国家级休闲农业和乡村旅游示范点 641 个。艾媒咨询发布的数据显示[①]，2021 年中国生态旅游游客量为 20.93 亿人次，同比增长高于 12%，超过国内旅游人数的一半。"农家乐""共享农庄""文化农庄""田园农舍""特色小镇"等休闲农业和乡村旅游日益成为旅游业的新增长点和亮点。

二、乡村振兴战略下农村服务业的重点领域及发展现状

从功能上看，农村服务业主要包含三个组成部分。一是农村生产性服务业，主要包括农村交通运输和仓储、邮政和信息传输、批发零售、金融、租赁业等。二是农村消费性服务业，主要包括乡村旅游和住宿、餐饮和文化娱乐业等。三是农村公共服务业，主要包括科技服务、基础教育、医疗卫生以及政府提供的行政服务等。从发展现状、前景和贡献等方面综合来看，农村服务业的重点领域主要是农产品流通业和乡村旅游业。

（一）农村服务业的重点领域

农村第三产业主要是指农村服务业。为全面推进乡村振兴，国务院将促进农村产业发展作为重要的工作抓手，从当前发展的实践和相关政策文件中可以梳理出农村产业的重点领域。2019 年发布的《国务院关于促进乡村产业振兴的指导意见》提出，突出优势特色，培育壮大乡村产业，包括优化乡村休闲旅游业、培育乡村新型服务业、发展乡村信息产业。2020 年农业农村部编制的《全国乡村产业

---

① 数据来源于艾媒咨询发布的《2022年中国乡村数字经济发展专题研究报告》。

发展规划（2020—2025年）》提出以下几项主要任务：拓展乡村特色产业、优化乡村休闲旅游业、发展乡村新型服务业、推进农业产业化和农村产业融合发展、推进农村创新创业。2021年农业农村部印发《全国乡村重点产业指导目录（2021年版）》，将乡村重点产业分为7个大类，其中，农村服务业包括农产品流通业、乡村休闲旅游业、乡村新型服务业、乡村新产业新业态。根据国家统计局发布的《农业及相关产业统计分类（2020）》，农村第三产业包括6个子行业：农林牧渔业及相关产品流通服务、农林牧渔业科研和技术服务、农林牧渔业教育培训与人力资源服务、农林牧渔业生态保护和环境治理、农林牧渔业休闲观光与农业农村管理服务、其他支持服务。在6个子行业下，又可以分为30个细分行业（见表4-1）。

表4-1　　　　　　　　　　　　农村第三产业行业分类

农林牧渔业及相关产品流通服务	农林牧渔业及相关产品批发
	农林牧渔业及相关产品零售
	农林牧渔业及相关产品运输
	农林牧渔产品仓储、配送
农林牧渔业科研和技术服务	农林牧渔业生物工程技术研究和农业环境保护技术研究
	农业科学研究和试验发展
	农林牧渔业专业技术服务
	农林牧渔技术推广服务
	农林牧渔生物技术推广服务
农林牧渔业教育培训与人力资源服务	农林牧渔业教育
	农林牧渔业职业技能培训
	农林牧渔业知识普及
	农林牧渔业人力资源服务
农林牧渔业生态保护和环境治理	农林牧渔业生态保护
	废旧农膜回收利用服务
	畜禽粪污处理活动
	病死畜禽处理
	农林牧渔业环境与生态监测检测服务
	涉农土壤污染治理与修复
	农村人居环境整治

续表

农林牧渔业休闲观光与农业农村管理服务	农林牧渔业休闲观光和乡村旅游
	农业农村组织管理服务
	农林牧渔业综合管理服务
其他支持服务	农林牧渔业机械设备修理
	农林牧渔业通用航空生产服务
	农林牧渔业信息技术服务
	农林牧渔业金融服务
	农业机械经营租赁服务
	农林牧渔业产品广告服务
	农林牧渔业产品包装服务

从增加值构成来看，农村服务业中农林牧渔业及相关产品流通服务占据绝对主导地位，2021 年其增加值占农村第三产业的 60%，其次是农林牧渔业休闲观光与农业农村管理服务，增加值占比为 17%，二者合计占比接近 80%，是农村第三产业中最主要的细分行业（见图 4-2）。根据国务院及农业农村部的政策导向，结合增加值占比数据，本节认为农产品流通业和乡村旅游业是农村服务业的重点领域。

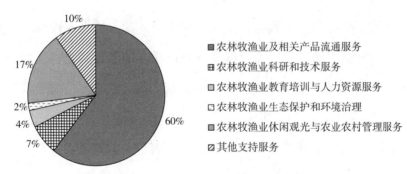

图 4-2　2021 年农村第三产业构成

资料来源：万得资讯。

（二）农村服务业重点领域发展现状

1. 农产品流通业发展现状

农产品流通是连接农业生产和消费的关键环节，是连接城市和乡村的桥梁，是连接供给和需求的纽带。农产品流通业一方面发挥着服务生产的作用，将农业生产资料及时传递给农户和农民；另一方面发挥着实现价值的作用，推动农业产出转化为农民的收入。总的来看，农产品流通是农业生产链条中必不可少的核心环节之一。2021年农村服务业中农林牧渔业及相关产品流通服务增加值达到2.58万亿元，比上年增加3563亿元，增长16%。当前我国农产品流通业发展主要呈现出以下几个特点。

一是批发市场仍是农产品流通的主要渠道。我国农产品流通渠道主要有三种：批发市场、以企业或合作社为主体的农超对接和产地直销、农产品电商。根据全国城市农贸中心联合会的数据，农产品批发市场的数量虽然只占全国农产品市场数量的10%左右，但是其承担着全国约70%农产品的流通与集散功能，年交易额约5万亿元。

二是农村电商呈现爆发式增长。2021年全国农村网络零售额达2.05万亿元，比上年增长11.3%。全国农产品网络零售额达4221亿元，同比增长2.8%。农村电商不仅拓宽了农民增收途径，而且激活了乡村振兴潜能。对于农村居民来说，农村电商提供了个性化、品牌化、多元化的消费体验，使农村市场的消费潜力不断释放。对城镇居民来说，通过电商可以选择全国各地特色优质农产品，便捷地实现消费多元化和消费升级。近年来，我国深入实施"互联网+"农产品出村进城工程，农村电商发展迅速。

三是农产品流通基础设施不断完善。一方面，我国铁路、公路、水路、航空多位一体的网状运输布局，为促进农产品流通提供了坚实的基础和保障条件。铁路运输具有成本低、运输量大、连续性高等特点，是大宗农产品流通的主要方式之一。公路运输更加灵活，是鲜活农产品流通的重要途径之一。另一方面，作为农产品流通业发展的关键基础设施，仓储基础设施快速发展。目前我国已初步建立起农产品仓储保鲜网络，且近年来投资增速较快。

四是农产品流通相关技术条件日益改善。互联网的普及让农产品供求信息、价格信息更加透明，依托于互联网平台的农产品购销日益活跃。国际先进的物流技术逐步应用到我国农产品加工、包装、储存、运输、保鲜、配送等各环节中。农产品流通信息化程度大幅提升，计算机及现代通信技术逐渐普及。

2. 乡村旅游业发展现状

乡村旅游业是近年来农业功能拓展的产物。城乡居民收入水平不断提升，消费逐步升级，对休闲旅游、农业观光、健康养生等的需求扩大。顺应这一新的趋势，乡村休闲旅游业蓬勃发展。通过发展乡村旅游业，不仅可以推动乡村产业结构转型升级，还能带动农村人文和自然环境的改善。在各地以竞争态势发展本地乡村旅游业的大环境下，农村基础设施建设、农村环境治理、服务人员素质提升等各方面都取得明显成效。当前我国乡村旅游业发展主要呈现以下几个特点。

一是市场迅速扩大、发展前景广阔。随着休闲农业和乡村旅游精品工程的深入推进，乡村旅游接待人次快速增加，2020 年全国农林牧渔业休闲观光与农业农村管理服务实现增加值 6213 亿元，占农村第三产业的比重为 17%。2021 年11 月，农业农村部印发的《关于拓展农业多种功能 促进乡村产业高质量发展的指导意见》提出，到 2025 年，乡村休闲旅游年接待游客 40 亿人次，年营业收入 1.2 万亿元。

二是更加注重高质量的体验。以往乡村旅游以农业景观、生态景观、住宿餐饮等为主，游客参与程度有限、深度不足。近年来，乡村旅游业逐步发展出农业生产与观光、瓜果采摘、牧事体验、渔猎体验等活动相结合的特色产品，租赁农场、共享农牧场、农业博览园、葡萄酒庄园、乡村露营地、乡村拓展基地、自驾车营地等新形式不断涌现，满足了游客深度体验、高质量体验的需求。

三是乡村旅游与科技、教育融合发展。一些地区积极在乡村发展科教旅游，农业科技旅游、红色旅游模式日臻成熟，观星旅游、生态知识科普旅游、美食技艺研学旅游吸引越来越多的游客。这些科教旅游产品的目标受众广泛，既可以是少年儿童，也可以是成年人。

三、农村服务业的金融需求特点和制约因素

金融业在农村地区存在短板，面对近年来快速发展的农村服务业，金融业亟须调整战略和策略，加大对农村的支持力度，提升对农村的支持效率。

（一）农村服务业重点领域的金融需求特点

农产品流通业和乡村旅游业作为农村服务业的重点领域，在各自的发展过程中呈现较大差异，因此金融需求也表现出明显的异质性。

一是农产品流通业对供应链融资需求大。除流动资金贷款外，农产品流通业对于保理、承兑等供应链融资需求较大。以订单农业合作社为例，合作社在资金需求方面的压力非常大，但是缺乏合格的抵押品，同时农户也希望能及时兑现收益，通过产销一体化供应链平台业务模式，借助银行为农业合作社的上下游企业提供不同类型的信贷产品，既能弥补订单融资的短板，又能解决存货融资的资金占用问题。

二是农村电商亟须金融服务下沉，首贷、流贷、信用贷需求旺盛。农村电商是近年来方兴未艾的新型电商业态，是打开农产品销路、增加农民收入的新兴产业，但目前农村电商普遍面临融资约束难题。特别在直播电商、生鲜电商等农村电商新模式争相布局、下沉市场的大趋势下，金融服务的下沉步伐还没有跟上。切实解决金融服务"到村""到户"问题，不仅能够有效满足农村电商快速发展的需要，对于发展普惠金融、拓展金融机构业务发展空间也具有重要意义。不少农村电商经营主体都是创业者，缺少启动资金，需要银行首贷支持。随着产品销路打开，资金周转需求量越来越大，对流动资金贷款的需求也随之

扩大。此外，农村电商经营主体可以用于贷款抵押的固定资产不足，需要信用贷款的支持。

三是乡村旅游业面临多样化金融需求。首先，基础设施建设与改造需要银行信贷支持。乡村旅游业的重要特点是"产区变景区、田园变公园、民房变客房"，需要翻新、改造大量农村基础设施，所需资金投入规模较大。特别是民宿项目，不仅涉及前期选址支出以及房屋建造、装修、设施设备购买等固定资产成本，还有各项日常运营成本等。在发展乡村旅游业的过程中，农村基础设施建设与改造离不开银行信贷的支持。其次，通过资产证券化盘活存量资产，带动乡村旅游业投资。近年来乡村旅游业发展迅速，一批农村景区景点的经营主体亟须通过资产证券化方式拓宽融资渠道。通过发行相关证券化产品，乡村旅游经营主体得以加大对农村的投资，一方面有利于完善现有的乡村旅游景区建设，另一方面可以开发出更多的乡村旅游项目。最后，对智慧金融的需求逐步显现。乡村旅游经营主体越来越需要通过智能网络和设备，对景区生态环境、设施、工作人员等进行智能化管理并为游客提供服务，包括智能门票系统、智能停车应用等。对此，基于智慧景区、智慧停车、智慧物业等场景的金融服务，能够有效解决乡村旅游经营主体的难题。

（二）金融支持农村服务业发展的主要障碍

农村服务业的金融需求得到金融行业的积极响应，但金融支持农村服务业取得积极进展的同时，也存在一些制约因素。

一是信用信息不全制约农产品流通业企业融资。企业信用信息基础数据库出具的信用报告是商业银行评价物流企业资信状况的重要依据，但很多中小型农村物流企业信用记录不全面，甚至没有贷款记录，导致信用报告无法完全体现其信用状况。这样一来，就容易形成"没有信用记录—无法获得贷款—没有信用记录"的负反馈。此外，农村物流企业信用信息共享平台尚未建立，物流信息分散于运输、工商、海关、质检、税务等部门，能够衡量信用状况的信息较为分散，银行难以获得物流企业的整体信用评价。

二是农村电商行业整体管理水平不高，制约其融资能力。农村电商是近年来涌现出来的新生事物，行业发展仍不够规范，管理较为粗放。部分地区将传统工业园区的发展模式套用于县域电商产业园区，将发展资金主要用于电商大楼和电商孵化园等硬件设施建设，忽视优质产品的开发和市场运营。加上农产品生产标准化和品牌化程度低、供应链组织者尚不成熟、农户参与的主动性不够等问题，大部分地区的农村电商企业表现出数量少、实力弱的特点，抗风险能力不强，很难得到银行等正规金融机构的认可。

三是乡村旅游业同质化严重，影响金融机构授信。当前推进乡村旅游业发展的过程中，一些地区照搬照抄其他地区的旅游项目，在开发和规划上以大城市周边的小镇和村庄为主，经营模式差别也不大。还有个别地区在旅游资源开发上为了强调乡村建设的统一，实施单一化的旅游资源开发模式，行业内和地区间同质化竞争问题突出。因此，金融机构很难在众多项目中识别出具有发展前景、能够持久经营的休闲旅游项目。此外，一些负面冲击会对旅游业全产业链造成较大影响，从而加大乡村旅游业经营的不确定性，进一步影响金融机构授信。

四、促进金融支持农村服务业发展的主要建议

作为仍处在蓬勃发展阶段的新领域，农村服务业的发展壮大必然创造大量的金融需求，要持续加强金融创新，为农村服务业新业态发展提供精准支持。

一是开发针对农村服务业的特色信贷产品。在农产品流通方面，开发针对农村物流企业的应收账款、应收票据保理、供应链金融以及车辆等专用设备动产质押等信贷产品，扩大农村物流企业贷款规模。在农村电商方面，通过信贷

和资金收付结算一体化的服务模式，及时掌握农村电商的资金流向和需求，依托金融科技手段为农村电商提供便捷的贷款和支付结算等金融服务。推出符合农村电商特点的产品，如电商小额贷款、存货抵押贷款等。在乡村旅游业方面，开发"美丽乡村建设贷""特色小镇贷""民宿贷"等适用于农村休闲旅游业企业的贷款产品，用于对乡村旅游景区景点的人文建筑、自然风貌等规划设计和建设管理的资金支持。

二是支持符合条件的农村服务业企业在主板、中小板、创业板等上市和挂牌融资，推动农村服务业企业融资渠道从以自有资金为主向多元化资本市场融资转变。规范发展区域性股权市场，鼓励区域性股权市场设立农产品流通、农村电商、农村休闲旅游等特色板块。为农村第三产业新业态的相关企业在 IPO、新三板挂牌、公司债发行、并购重组等方面开辟绿色通道，引导中介服务机构适当降低农村服务业企业上市和发行债券的中介费用。

三是针对农村服务业面临的具体风险加大保险产品创新力度。在农产品流通和农村电商领域，暴雨、滑坡、泥石流等自然灾害造成巨大损失的风险显著增大，可以开发针对具体灾害和细分行业的保险产品。在农村旅游业领域，针对游客可能发生的各种意外事故和景区设备设施意外损坏等情况，开发相应的人身险和财险产品。

四是通过金融科技赋能，提升金融支持农村服务业效率。近年来，农村服务业新业态通过延长产业链、提升价值链，有效激发了农村第三产业的发展活力，拓宽了农民增收渠道。随着产业链和价值链的延伸，金融科技赋能的潜力和必要性都有明显提升。通过应用区块链、大数据、云计算和人工智能等技术，金融科技提高了信息透明度，金融机构可以及时、准确、有效地掌握相关信息，从而提供更加精准和高效的金融服务。具体而言，金融机构可以通过大数据、云计算等技术获得相关交易数据，并在此基础上建立信用模型，进而提高风险识别能力和服务效率，在降低自身风险的同时精准解决农村物流企业、电商企业和旅游业经营主体贷款难的问题，利用物流、资金流、信息流等为产业链上下游客户精准画像，提升农村服务业经营主体的信用可得性。

五是依托县域金融体系引导金融服务下沉。引导不同类型的金融机构下沉服务重点和重心，大中型金融机构要优化县域网点设置，区域性中小金融机构要聚焦本土、扎根本地，支持农村服务业企业。村镇银行要提升公司治理水平，切实发挥支持乡村振兴特别是农村服务业振兴的作用，为农村服务业企业提供资金结算、财务管理等服务。金融机构要加快下沉步伐，围绕县域以下农村服务业发展和市场主体培育，强化银企对接，探索开发针对农村交通运输物流、农村电商、农村旅游的专属金融产品。

参考文献

[1] 葛正伟，韩建民．农村经济发展中的金融支持研究 [J]．经济研究导刊，2022（12）：77–79.

[2] 郭威，郭雅媛．农业农村现代化中的金融力量 [J]．中国金融，2022（5）：36–38.

[3] 邵智宝．发挥好金融支持乡村产业振兴的作用 [J]．中国金融，2022（5）：26–27.

[4] 田惠敏，张欣桐，王阳．乡村振兴战略背景下乡村产业发展融资机制改革研究 [J]．经济研究参考，2022（4）：42–54.

[5] 汪小亚，李洪树．提升乡村振兴金融服务能力 [J]．中国金融，2021（8）：34–36.

[6] 余春苗，任常青．农村金融支持产业发展：脱贫攻坚经验和乡村振兴启示 [J]．经济学家，2021（2）：112–119.

[7] 张婷婷．我国乡村振兴的金融支持问题研究 [D]．吉林大学，2021.

[8] 韩一军．我国农产品流通现状、问题与趋势 [R]．中国农业大学国家农业市场研究中心，2021.

专题报告五　金融支持"三农"和农村金融机构的发展

一、我国农村金融体系的发展历程

（一）农村金融体系的恢复阶段（1978—1992年）

党的十一届三中全会以后，适逢改革开放的新浪潮，农村改革起步于家庭联产承包责任制的实行，国家金融体制也开始改革。这个时期的农村金融改革聚焦供给能力的提高，致力于形成农村金融市场组织的多元化和有限竞争状态，使其更好地服务于国家"以粮为纲，全面发展"的农村生产和农业经济目标。恢复农村金融体系的具体举措包括恢复农业银行、农村信用社以及邮政储蓄业务。

一是中国农业银行的企业化改革。1979年3月，恢复建立的中国农业银行接管了人民银行的农村金融业务，改变了传统的运作目标，明确提出大力支持农村商品经济，提高资金使用效益，其信贷对象也由以集体经济组织为主逐步调整为以农户为主。按照企业化经营方向，以自我发展、自我改造为目标，在计划、资金、财务和人事等方面对农业银行的管理体制进行改革。

二是"放收"结合的农信社改革。1958—1979年，农信社经历几次大起大落，失去了为社员服务的合作金融性质，定位不清、盲目跟风等一些突出问题也开始暴露。随着家庭生产功能的重塑，农户作为经营主体的生产性金融需求迅速扩张，满足农户承包土地、采购生产资料、发展多种经营等生产性资金需求成为农村信用社的主要业务目标。为此，决策部门采取了"放收"结合的政策思路。1983年开始，恢复农信社"三性"的改革在全国范围内展开试点。1986年前后，全国各地先后组建了农村信用合作社县级联社，并对信用社行使管理、监察、协调等多方面的职能，增强了农村信用合作社经营管理的独立性和灵活性。农信社网点普及，业务经营的自主权逐步扩大，为深化体制改革打下了良好的基础。

三是金融改革服务于农业生产责任制改革，助力"三农"改革与发展。自农业生产责任制和"三多一少"商品流通体制普遍推行后，农民收入显著增加，农村资金空前活跃。在这种形势下，农村金融贷款范围扩大，信贷主体自主性增强，金融机构积极开展存款业务，因势利导，推动联合，支持专业户、重点户和新的经济联合体发展。农户贷款数量快速增加，从1979年的14.58亿元增长到1984年的224.43亿元。农户贷款在农业贷款中的占比从9.9%攀升至40.4%。同期，农村居民人均纯收入从160.2元增加到355.3元，农业贷款逐渐适应农业生产责任制的经营形式。

四是农村金融改革助力乡镇企业发展。1985—1992年，随着农村经济的发展和家庭承包经营责任制的推行，农村集体经济的积累和农户收入水平的提高为乡镇企业提供了充裕的劳动力和资金，农村金融的支持主体变为乡镇企业。中央出台了一系列支持乡镇企业的信贷、税收优惠政策，在留住社区资金、增加乡镇企业贷款、推动乡镇企业快速发展等方面发挥了重要作用。1987年，乡镇企业产值第一次超过农业总产值，实现了中国农村经济史上一个重要的飞跃。

（二）农村金融改革的转型阶段（1993—2003年）

1992年，邓小平南方谈话和党的十四大之后，农业和农村市场化改革速度加快，农村金融发展的经济环境发生变化，中国农村金融改革迈入转型阶段。农村金融改革的措施主要包括组建中国农业发展银行；改革农村信用社管理体制，恢复其合作金融性质；取缔农村合作基金会。至此，我国农村金融体系基本形成了政策金融、商业金融、合作金融并存的格局。

一是农村信用社体系转型。1996 年 7 月举行的农村金融体制改革工作会议，主要议题是深化农村信用社改革、促进农村经济全面发展，会议提出的目标是建立和完善以合作金融为基础，商业性金融、政策性金融等各种金融机构分工协作的服务体系。会议决定，中国农业银行不再领导、管理农村信用社，农村信用社的业务改由县联社负责，对农村信用社的金融监管任务由人民银行直接承担。人民银行领导管理农村信用社后，针对规范农信社体系出台了一系列文件，进一步规范了农信社体系的运作，并提出要设立县联社，明确了农信社及县联社的定位，农信社体系的运作走向规范。但由于农信社脱离中国农业银行时承接了大量历史包袱，虽经历 20 世纪 90 年代的经济金融体制改革，经营压力依然较大，为此各地政府纷纷开始设立市联社、省联社，以实现对农村金融机构的统一管理，并主导农村金融机构的风险处置。2001 年 9 月，江苏省组建了全国第一家省联社，并试办农商行，常熟农商行、张家港农商行、江阴农商行相继成立。2002 年，人民银行在温州选择部分农信社开展利率改革试点，第二年开始向全国推广，进一步推动了农信社的市场化运作。2003 年 6 月，银监会制定了一系列监管文件来规范农信社产权制度和管理体制。此后，农信社、农商行和农合行要接受一行一会的监管和省联社的管理（代表省级政府）。

二是国有银行商业化转型。1992 年国民经济进入新一轮快速增长期，启动了国有银行的商业化综合改革。这一阶段，《中华人民共和国商业银行法》颁布，确立了国有商业银行的企业性质；三大政策性银行成立，初步分离了政策性金融业务和商业性金融业务。1993 年 12 月，国务院发布《关于金融体制改革的决定》，要求建立政策性金融与商业性金融分离，以国有商业银行为主体、多种金融机构并存的金融组织体系；建立统一开放、有序竞争、严格管理的金融市场体系。工商银行、农业银行、中国银行、建设银行四大国有专业银行向商业银行转型。1994年，国家组建农业发展银行（以下简称农发行），将涉农政策性金融业务从农业银行分离出来，开启了农业银行由专业银行向商业银行转轨的历程。然而，农发行成立后，只负责主要农产品收购贷款业务，未能提供全面的政策金融供给，农业银行仍然履行着部分政策性银行职能。1996年，农村信用社与农业银行脱钩，农业银行商业银行体系架构基本确立。

三是非正式金融部门的兴起和退出。国家对非正式金融部门的管制从1996年开始加强，农村合作基金会就是一个例证。20世纪80年代，当时的农业部建立了农村合作基金会，作为服务农民的金融中介。1993年，农业部农（经）字第8号文件认为，农村合作基金会是社区性资金互助合作组织，但金融管理部门仅认定其为社区内的资金互助组织。在20世纪90年代地方政府的隐性制约下，农村合作基金会仍然实现了高速发展，并且成为事实上的村镇银行。1996年8月，国务院发布《关于农村金融体制改革的决定》，开始清理整顿农村合作基金会。由于不良资产处置难题和地方政府利益掣肘，农村合作基金会改革阻力重重，亚洲金融危机之后，为防范挤兑风险，中央政府在1999年下令取缔农村合作基金会。

（三）农村金融改革的深化阶段（2004—2012年）

21世纪以来，为解决农村金融体系存在的问题，比如中国农业发展银行政策性业务缩减、中国农业银行业务偏离、农村信用社管理混乱等问题，我国农村金融改革逐步深化。

一是深化政策性农村金融改革。1994—1998年，农发行建立初期主要负责粮棉油储备、收购、调销、加工以及扶贫、农业开发、农业技术改造等业务；

1998—2004 年，其职责主要是发放粮棉油储备和收购贷款，收购资金封闭运行管理，为保障农业生产、保护农民利益作出了突出贡献，但由于业务范围受限，自身发展陷入瓶颈。2003 年之后，国家发展改革委、人民银行、银监会等部门把拓展农发行业务范围提上重要议事日程并取得共识。2004 年，中央一号文件确定全面放开粮食购销市场，实行对农民的直接补贴，农发行独家供应收购资金的格局逐渐被打破，信贷服务领域开始从粮食收购向生产、加工方向延伸。从 2004 年下半年起，农发行先后推出了粮食加工企业贷款、产业龙头化企业贷款及其他粮食企业贷款等新业务。

二是农业银行深化重返农村金融市场的改革。我国于 2004 年正式启动国有独资银行的股份制改革，而中国农业银行的地位特殊，无法放弃政策性商业银行的部分职责，但其涉农贷款发放业务存在持续性差、覆盖面窄、支农扶贫效果不佳等问题。2007 年 1 月召开的全国金融工作会议明确了中国农业银行的改革方向——面向"三农"、整体改制、商业运作、择机上市。同年，农业银行转向"一级法人、双线经营、分别核算、统筹发展"的"一行两制"经营模式。2009 年"三农"金融事业部试点在全国范围内推行，此后试点范围扩大至全部县域支行。2009 年 1 月，中国农业银行股份有限公司成立，标志着农业银行股份制改革的完成。

三是推进农信系统第二轮改革和市场化兼并重组。首先，农信系统在 2003 年开始推进第二轮改革化险工作。改革之前，我国农信系统经营状况不断恶化。2002 年，农信系统资本充足率为 -8.45%，不良贷款率为 36.93%，亏损 58 亿元，历史亏损挂账近 1500 亿元，有 55% 的法人社亏损。2003 年农信系统改革的特色是"花钱买机制"，用中国人民银行发行的专项票据置换信用社不良贷款，将农信社的机构管理落实到省级人民政府。其间，中央政府通过财政补贴、税收减免、专项票据置换等政策提供资金支持约 2690 亿元，地方政府配套政策支持 1227 亿元，撬动社会资本投资参股 4458 亿元。改革化险后，农信系统走向市场化兼并重组改革。

银监会 2010 年发文要求对经营状况恶化的农信社进行并购，2011 年宣布不再组建新的农信社和农合行，并推动农商行改革。实际上，在推动辖区内农村金融机构改革的同时，大多数地区更倾向于通过重组合并来提升辖区内农村金融机构的实力，如将规模较小、资质较弱、风险较高的县级（市级）农商行进行整合以成立竞争力更强的市级（省级）农商行。2013 年，农信系统资本充足率提高到 10.4%，不良贷款率降为 4.1%，拨备覆盖率达到 126.5%，资产利润率和资本利润率分别达到 1.2% 和 17.6%。

（四）农村金融改革的创新完善阶段（2013年至今）

党的十八大以来，顺应全面脱贫攻坚、深化农业供给侧改革、实施乡村振兴战略等"三农"改革潮流，中国农村金融改革迈入创新完善阶段，为农村金融发展开辟了广阔的空间。

1. 形成了较为完善的金融支持乡村振兴政策体系

一是扩大了金融网点在乡村的布局。基本实现乡乡有机构，村村有服务，乡镇一级基本实现银行物理网点和保险服务全覆盖，巩固助农取款服务村级覆盖网络，提高利用效率，推动行政村一级实现更多基础金融服务全覆盖。扎实做好农村基础金融服务工作，避免出现新的金融机构空白乡镇和金融服务空白行政村。二是增强了农民金融服务可得性。加强对县域金融服务区域和种类的监管，引导涉农金融机构立足县域、回归本源，服务乡村振兴。加大对新业态、新模式、新主体的金融支持力度。提高农户贷款覆盖率，提高小微企业信用保险和贷款保证保险覆盖率，力争使农业保险参保农户覆盖率提升至 95% 以上。三是提升了农村金融服务质量。提高农业农村领域各类金融工具的使用效率，进一步提高小微企业和农户申贷获得率、贷款满意度。提高小微企业、农户信用档案建档率。明显降低金融服务投诉率。要确保金融精准扶贫力度不断加大、金融支农资源不断增加、农村金融服务持续改善、涉农金融机构治理和支农能力明显提升。到 2035 年，要建立多层次、广覆盖、可持续、适度竞争、有序创新、风险可控的现代农村金融体系，实现城乡金融资源配置合理有序和城乡金融服务均等化。四是调整了监管以更加适应农村金融需求。加强对金融服务乡村振兴的监督和考核评估，由各级监管部门不定期对农村基础金融服务情况开展评估检查，重点加强对银行网点"先建后撤"、金融服务"有名无实"、重复建设等现象的监管。2021 年发布的《金融机构服务乡村振兴考核评估办法》不仅覆盖农信社、农商银行等农村金融主力军，也涵盖了其他金融机构，壮大了服务乡村振兴的金融力量。

发展金融科技是实现上述四大政策目标的重要途径。为加快金融科技在乡村应用，相关政策普遍将金融科技作为增强金融服务乡村振兴能力的重点。一是普及乡村地区数字基础设施，推动乡村 4G 深化普及、5G 创新应用，缩小城乡"数字鸿沟"。《数字农业农村发展规划（2019—2025 年）》对新时期推进数字农业农村建设的总体思路、发展目标、重点任务作出明确部署，擘画了数字农业农村发展新蓝图。二是加强利用互联网、大数据等工具，降低农村金融服务成本，进一步发挥数字信息技术在农村释放的普惠效应和溢出效应，提升农民群体的数字化素养。三是推动新型金融服务手段更多地在乡村地区应用，改善网络支付功能和移动支付功能，为农业经营主体提供小额存贷款、支付结算、保险等金融服务。

2. 通过普惠金融等政策鼓励国有大行重返农村领域

2013 年党的十八届三中全会将发展普惠金融作为全面深化改革的重要内容之一，工商银行、建设银行、农业银行、邮储银行等国有大行在总行层面成立普惠金融事业部，通过完善普惠金融事业部的运行机制和政策体系，加强"三农"产品创新和数字化转型，打造多元服务渠道，不断提升服务县域金融的能力。2021 年末，全国金融机构涉农贷款余额为 43.21 万亿元，同比增长 10.9%，六家国有大行涉农贷款余额合计 13.88 万亿元，具体涉农贷款增幅在

10.72% ~ 18.05% 区间（见图 5-1 ）。

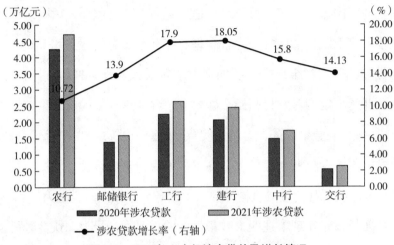

图 5-1　2021 年六大行涉农贷款及增长情况

数据来源：六大行年报。

3. 对农村金融尤其是省联社进行全面改革

2013 年的中央一号文件指出，要从商业性金融支农、金融产品和服务创新、政策银行职能定位、政策性农业保险制度健全等角度改善农村金融服务。2013 年后，银监会开始对农村金融机构，特别是农商行进行分类监管。与此同时，"省联社—县级法人主体"二元管理模式的矛盾也越来越突出，专门针对省联社的改革进程有所加快。2021 年银保监会工作会议指出，有序推进省联社改革试点，推进村镇银行改革化险和兼并重组。

二、重点领域金融支农深入推进

（一）证券期货行业服务"三农"直接融资与价格避险

证券期货行业支农的主要途径包括龙头企业 IPO、发债融资，以及为农产品提供期货交易的价格避险渠道，例如上市公司更容易获得银行授信，进行了期货交易避险的农业生产者更容易获得银行支持。此外，在证券监管部门和行业协会推动下，证券公司、期货公司主动深入农村基层，提供上门服务，增强金融服务的可获得性，更好地促进金融支农。

1. 发挥行业促进作用

中国证券业协会结合乡村振兴，制定了《证券公司履行社会责任专项评价办法》，构建评价指标体系。内容涉及结对帮扶的县级行政区数量、服务企业上市挂牌的项目数量、其他直接融资服务、乡村振兴公益行动等方面。同时，推进证券公司与欠发达县市的"一县一市"帮扶结对，总结推广证券业金融机构助力乡村振兴的典型案例，展示了一批证券业促进乡村振兴公益行动项目。证券业对帮扶县实行"摘帽不摘政策、不摘责任、不摘帮扶、不摘监管"，巩固脱贫攻坚成效，防止返贫。证券业协会追踪服务脱贫攻坚、推进乡村振兴的典型案例及实践，通过媒体宣传、教育培训、专题交流等方式进行推广。

中国期货业协会在结对帮扶 292 个国家级贫困县的基础上，发出了《全面推进乡村振兴助力实现共同富裕倡议书》。倡议利用期货市场服务农业稳产保供，助力农户稳收增收；通过期保联动提升农业保障效果；通过三次分配促进特色产业、特色品牌发展，推动共同富裕；加强媒体宣传，通过广泛合作形成行业合力。截至 2022 年 6 月底，中国期货业协会已累计结对帮扶 1022 个脱贫县。

2. 支持农业龙头企业通过资本市场融资

对深度贫困地区[①]符合条件的企业 IPO 实行"即报即审、审过即发"政策，这类地区企业发行公司债、ABS 的专人对接审核，也实行即报即审政策。同时，通过加快审核等政策鼓励上市公司兼并重组贫困地区企业，鼓励证券公司发挥专业优势，帮助贫困地区公司改进企业内部的治理机制，开展培训交流。支持贫困地区企业发行中短期融资票券及扶贫票据，将扶持政策延续到 2025 年[②]。

---

① 中国证监会《关于发挥资本市场作用 服务国家脱贫攻坚战略的意见》，证监会公告〔2016〕19号。
② 中国人民银行、银保监会、证监会、财政部、农业农村部、乡村振兴局《关于金融支持巩固拓展脱贫攻坚成果 全面推进乡村振兴的意见》，银发〔2021〕171号。

根据万得统计数据，我国主板、中小板、创业板现有农林牧渔业上市公司48家。在新三板上市公司中，属于农林牧渔业及其服务业的有159家，农副食品加工业112家，食品制造企业66家，酒类饮料企业26家[①]，新三板涉农企业合计369家。2019—2020年，有6家农牧业企业上市融资174.82亿元；28家企业再融资538.61亿元；71单并购重组，交易金额达到116.32亿元。截至2020年底，私募资管计划涉农投资155亿元[②]。此外，2019—2020年，29只涉农企业发行的公司债融资250亿元，2只资产支持证券融资16亿元，204家涉农企业通过债务融资工具融资1.58万亿元，金融机构发行"三农"专项金融债444亿元。围绕涉农业务，2020年金融机构承兑9385.47亿元，贴现10719.22亿元，完成业务交易14.84万亿元[③]。

3. 鼓励期货公司面向贫困地区提供期货套期保值、仓单质押回购等服务

我国农产品期货交易量2008年位居全球第一。大连商品交易所农产品期货交易量巨大，并于2015年探索"保险＋期货"模式，随后郑州商品交易所、上海期货交易所也开展相关业务。随着期现价格相关性整体提升，期货市场的价格发现功能得到发挥，农产品套期保值功能表现良好。例如，我国的大豆加工规模位居世界第一，2016年豆油期货的套期保值效率达到91.72%，为大豆压榨企业规避价格风险提供了渠道；鸡蛋套期保值效率也于2017年达到87.76%，同比增长114.68%。在2015年试点基础上，大连商品交易所组织25家期货公司，联合8家保险公司，在黑龙江、吉林、辽宁、内蒙古、河北、安徽、重庆开展玉米、大豆"保险＋期货"试点。这类业务由商品交易所和地方政府提供补贴，调动了期货公司风险管理子公司和保险公司的积极性，受到各类农业经营主体

---

① 截至2022年5月18日。
②③ 资料来源：中国人民银行《中国农村金融服务报告2020》，中国金融出版社，2021年12月。

的欢迎，之后连续多年被写入中央一号文件并在全国范围内推广。2017 年，试点扩大到 20 个省（区、市），品种涉及玉米、棉花、鸡蛋、苹果等七类，总计 96.15 万吨，交易量是 2016 年的 3.5 倍。到 2019 年 9 月，"保险 + 期货"的试点项目已超过 300 个。

"保险 + 期货"模式的优势在于价格避险。国内商品交易所还进一步探索保价格与保产量相结合的收入险，用于保障主粮生产。此外，相关机构还探索基差收购业务，为农户提供看涨期权，以更好地维护农户利益。在此基础上，相关机构进一步对接订单、信贷等业务环节，完善金融服务机制。例如，黑龙江探索了"订单 + 期货 + 保险 + 贷款"模式。

（二）融资担保业助推农贷发展

自 2010 年以来，国务院及银监会出台了一系列促进融资担保行业发展的文件，把融资担保作为促进小微企业融资的重要途径。2015 年国务院印发的《关于促进融资担保行业加快发展的意见》要求，五年内小微企业和"三农"融资担保业务在保户数占比不低于 60%。这些政策进一步推动政策性、政府性、商业性融资担保业务共同发展格局的形成。农业信贷担保体系属于政策性机构，由中央财政补助、地方财政奖补，并享受税收优惠政策。政府性融资担保机构面向小微企业和"三农"，不以盈利为目的，定位于准公共服务，例如由国家融资担保基金、省级再担保机构、地方政府性融资担保机构组成的三级架构体系。地方各类民营融资担保机构由社会投资，业务范围覆盖小微企业等普惠金融服务对象，属商业性融资担保机构。

无论哪一类融资担保机构，都需要坚持商业可持续原则，在客户违约时及时代偿，否则难以与银行长久合作。有效防控风险是关键，为此要促使业务收入覆盖成本和风险，避免依赖政府补贴运行。

结合支农要求，中国融资担保行业协会内设了农业担保专业委员会和数字化发展专业委员会，旨在提升农业担保业务水平，推进数字化转型。同时，中国融资担保行业协会在浙江等地探索促进"优势互补、减费让利、风险共担、财政补助"的"政银担"等业务发展。

国家农业信贷担保联盟有限责任公司是全国农担体系的国家层面政策性担保机构，除了再担保业务，还从事票据承兑担保和债券担保、咨询等业务。同时，向省级公司提供风险救助和业务指导、人员培训，推进与银行机构战略合作。到 2020 年 3 月，该公司已成立分支机构 1248 家，覆盖全国 92% 的农业县，在保项目 15.7 万个，在保余额 691.8 亿元。作为政策性机构，其目的是通过把给予农户的直接补贴转为补贴农业融资担保，更好发挥财政资金投入的杠杆作用，以撬动农业领域投资发展。以北京市农担公司为例，面向国家级、市级农民专业合作社示范社提供 100 万元以内三年期担保，面向国家级或市级农业产业化龙头企业提供 500 万元以内两年期信用担保，面向农户提供 30 万元以内三年期个贷担保。其他省市农业融担产品具体条件有差别，但机制相似。

国家融资担保基金成立于 2018 年，旨在服务小微企业和"三农"，由财政部联合 20 家机构共同发起。围绕政策性目标，实行市场化运作，通过再担保、股权投资等方式，放大财政资金的拉动作用。2021 年，新增再担保 7542.15 亿元，比上年增长 78.63%，平均担保费率为 0.82%，比上年下降 0.13 个百分点。截至 2022 年 3 月底，累计完成再担保业务 1.69 万亿元，服务各类市场主体 161.13 万户，其中包括 118.10 万家小微企业、"三农"主体。业务保持快速增长势头，2022 年一季度再担保新增 2315.41 亿元，同比增长 69.12%；新增客户 43.02 万户，同比增长 347.71%[①]。

相对而言，融资担保行业的风控难度偏大，投资回报率偏低，各类融资担保机构的平均净资产收益率为 1% 左右。除了规模较大的融资担保机构，多数民营融资担保机构盈利能力较弱，商业可持续性不足。此外，从银行角度看，

---

① 资料来源：国家融资担保基金官网。

不少民营融资担保机构存在为关联公司担保行为，有加杠杆倾向，且信贷资金用途管理较难，导致风险偏高。这些因素影响了银行与融资担保机构的业务合作。同时，民营融资担保机构的股东看重资本回报，但这类业务盈利能力较弱，大股东推动业务转向有其必然性。总体而言，全国的农担业务在政策性、政府机构推动下加快发展。2020年底，全国农担在保余额为2117.98亿元，平均放大倍数为3.4，其中2020年新增1919.9亿元。

（三）基于数字技术的农贷业务创新

发展基于数字技术创新的农贷业务已成为重要政策导向。2021年中央一号文件提出，支持市县构建域内共享的涉农信用信息数据库，用3年时间基本建成比较完善的新型农业经营主体信用体系，发展农村数字普惠金融[①]。中国人民银行、银保监会、证监会、财政部、农业农村部、乡村振兴局随后联合发布了《关于金融支持巩固拓展脱贫攻坚成果 全面推进乡村振兴的意见》，支持市县涉农信用信息数据库共享，支持市场化征信机构运维地方征信平台，提供高质量的涉农征信服务。2022年中央一号文件强调，推进数字乡村建设，拓展农村大数据应用场景，加强农村信息基础设施建设。这些有助于进一步完善农村数字普惠金融的基础设施。

在数字化进程中，移动互联网、大数据、云计算、区块链等新技术为降低农贷业务的信息不对称程度提供了新途径。互联网银行在服务创新过程中也发挥着重要作用。

以某金融科技公司为例，通过与农信社的省联社合作，促进金融服务与供应链协同，重点发挥数字科技优势，形成数字农贷解决方案。一是降低获客成本。借助大数据、移动支付等技术，收集客户在电商平台、社交媒体的交易记

---

① 详见《中共中央 国务院关于全面推进乡村振兴 加快农业农村现代化的意见》。

录及信息，汇集信用信息，结合人脸识别、移动客户端、在线 App 等技术实现农贷业务流程的线上化，促进金融服务向基层深度渗透。同时，借助各类服务场景推介数字农贷业务，可以显著降低宣传推广和获客成本，借助大数据分析技术进行精准营销推广。二是提高每一笔业务的成本效率。通过业务线上化，可以提高信贷审批等关键环节的业务效率，并基于大数据分析显著降低风险识别成本，例如基于客户习惯、记录等关键信息分析违约风险并进行授信。通过量化建模，进行动态监测，及时预警，提高信贷资产风险管理的实际效果。三是加速产品研发。借助大数据、移动互联网、云计算、人工智能、区块链等技术，可以加快产品研发的信息采集、需求分析和产品定制过程，并借助大数据、人工智能技术为客户提供个性化服务，满足不同客户的差异化需求。

基于上述原理和思路，该金融科技公司的数字农贷系统借助人工智能技术，深入学习农业养殖技术，采集客户历史数据、建立量化模型，并在此基础上对农户授信，之后对客户的生产流程进行动态跟踪，帮助客户提高资金利用效率，降低成本。在此过程中，京东为客户提供生产管理、监控以及物流服务的系统化支持，并整合客户物流和资金流信息，改善农贷信用风险管控效果。

（四）政府平台直报系统减少信息不对称

农村金融机构管控风险需要基于可靠的信用信息，因此政府平台汇聚、分享信用信息具有重要意义。从实践来看，中央和地方层面都有相关探索。除了全国中小企业融资综合信用服务平台，农业农村部也探索了有效服务模式。

农业农村部新型农业经营主体直报信息系统的应用促进了金融综合支农。截至 2021 年 9 月底，我国有家庭农场 380 万余个，平均经营规模 134.3 亩，在册的农民合作社 223 万家，带动半数农户。为更好服务新型农业经营主体，农业部于 2017 年启动直报系统，借助互联网技术整合政府和金融机构的服务，通过信用信息的直连、直报、共享，促进金融服务直通、协同。

从现实来看，农民合作社和家庭农场面临季节性流动资金需求和农业基础设施、农机设备投资的资金需求。例如，专业大户的规模化土地流转、农机设备购置以及农产品仓储运输、加工销售等环节都需要大量资金，但现实中存在农机设备折旧快、抵押难等问题，不易获得融资。农民合作社由于可用于抵押的资产不足，面临的挑战更大。这些问题的实质是，在客户第二还款来源不理想的情况下，如何准确根据第一还款来源判断客户的偿债能力，减少信息不对称。为此，农业农村部建立新型农业经营主体生产经营信息直报系统，通过农业农村部的互联网平台汇集信息，与金融机构共享，并通过该平台对接信贷、保险、补贴发放服务。

在具体应用环节，农业农村部整合信息直报、补贴发放、信贷、保险、综合服务等功能，形成简单、易于农户操作的 App 界面，实行认证管理，将线上线下结合起来提供精准服务。为更好推广直报系统，农业农村部通过各级涉农主管部门，借助培训、短信、"三农"信息服务台、报刊媒体、政府部门微信公众号等渠道，与新型农业经营主体建立广泛联系，并采集各类示范合作社、家庭农场信息；同时，通过 App 发布中央文件及补贴政策，依托直报平台培训新型农业经营主体，开展贷款贴息试点和金融支农创新试点。从实际效果看，这种模式减少了金融机构和农业经营主体之间的信息不对称，一方面可以吸引各类银行机构、保险公司入驻，另一方面可以吸引各类新型农业经营主体通过该平台获得金融服务，使双方共同从中受益。

三、农村金融发展的趋势及挑战

我国农村金融服务的组织体系和政策机制趋于健全，农村金融改革正处于深化进程中。面对新时代、新要求，我国农村金融服务要在关键环节有效应对现实挑战，增强商业可持续性、促进信用信息共享等。

（一）农村金融发展趋势

1. 数字化转型

经济社会数字化转型促使我国农业农村数字化加速推进，农村金融数字化为大势所趋。一是基于移动互联网推进原有金融产品向网上转移。从传统的存取款、支付结算到贷款授信，以及购买保险、定损、理赔等环节，越来越多的业务实现数字化转型。其背后是数字化建设带来的规模效应，以及智能化替代人工带来的成本效率提升。银行规模越大，在信息与通信技术领域投资的业务对数字化转型推动效果越明显，相应的投资积极性就越高。二是基于农村经济社会数字化转型改进金融产品。例如，应用金融科技推出数字化服务新产品，在金融服务平台上为客户提供农产品营销、咨询、培训等配套服务，吸引农村客户。再如，金融机构与信息科技公司合作，对客户生产现场进行远程识别、监控，包括监控用于抵押的活畜饲养情况等。这些业务在传统模式下很难有效开展，但数字化技术为其提供了可行途径。三是具有数字技术优势的电商平台进入农村金融服务领域。这类新型农村金融服务主体的优势是掌握大量的客户关键信用信息，例如交易记录及现金流数据的应用，可以更好地化解信息不对称问题，在客户的还款能力范围之内授信，更好地防控信用风险。这种模式可以为传统信贷模式难以覆盖的普惠金融客户服务对象授信，促进普惠金融发展。随着国家着力建设信用信息服务平台，众多银行机构借助公共服务信息等外部可信的信用信息提升授信决策水平，虽然这种业务模式被传统银行机构借鉴，但电商平台仍具有自身的信用信息资源优势，能发挥独特作用。

2. 嵌入农业产业链

农村金融服务的重点领域是农村产业，既包括农业的种植养殖业等生产环节，也包括农产品加工、运输、营销等环节。实质上，农产品增值的重点在营销环节，其次是深加工环节，生产环节的增值最少。同时，农村一二三产融合发展也需要农村金融为农业生产的基础设施建设及农村旅游、休闲、度假等服务行业发展提供支持。这些是农业农村现代化发展的需要，属于农业发展和新一代农村居民创业的重点。对金融机构而言，从整体上服务农业产业链及相关行业，不仅是拓展市场、增加业务收入的需要，也是更好地管控风险的需要，即通过整合上下游的交易数据来改善信用评估的实际效果，获得稳定的还贷资金渠道。例如，与农产品承销商合作，明确农户的贷款由承销商到时偿还。

当前存在一些有待改善的关键环节，例如仓单融资在发达国家占有重要地位，其配套基础设施、运作流程、法律条款相对规范和完善，但我国相关环节的风险治理工作需要改进。农产品仓单融资面临客户信用信息不足、价格波动、产品变质等诸多风险，但银行正在完善相关业务。例如，中国建设银行提供的仓单融资服务，要求客户将其自有货物存放在第三方专业仓储公司，以仓单进行质押融资。质押期间企业能以多种方式提货，可以全部或部分提取，也可以采取多种方式进行销售。

3. 综合化服务

面向基层农户的普惠金融服务具有特殊性，客户存在需求多样化、能力不足等特点。在这种情况下，需要为农户提供综合化的支持。这种综合化不仅表现在金融领域跨行业合作，例如提供信贷、保险、期货期权、融资租赁、保理等一揽子金融服务，同时还要适应客户的生产经营特点，提供其所需的咨询和培训等能力建设服务，例如农业生产技术、产品营销、财务规划等方面的咨询服务。从国际经验看，这样做有利于实现金融机构与客户的共同发展，并通过服务获得更多的客户生产经营关键数据，这也需要金融机构针对当地重点行业配备专家团队。从国内发展趋势看，金融机构之间跨行业协同的综合化服务机制正在形成，"保险＋期货"是其中典型的服务模式；但金融机构在提供农业技术、产品营销、财务规划等咨询服务方面则处于探索过程中，如组建农业专家团队的成本较高，需要提供足够的相关投入。从我国实际情况看，地方政府有科技支农队伍，金融机构加强与地方政府协同也是可行的努力方向。从各地的实践来看，整合协同不同金融机构以及地方政府、相关市场化支农公司、村级组织等利益相关方的资源，有利于提升整体支农效果，包括改善风控管理，从而实现共赢。从现实中的有效案例看，相应的跨领域协同趋势在逐步增强。

（二）当前面临的问题

当前面临的关键问题实质上都涉及风险控制。首先是如何实现普惠金融服务商业可持续发展，尤其是面向弱势群体的信贷服务领域，需要有效控制信用风险。其次是关键信用信息的共享问题，同样事关如何控制信用风险。再次是如何促进新型农村合作金融发展，涉及信用风险管理，也涉及操作风险管理，而解决这些问题又需要充分结合我国国情，因地制宜，在遵循规律、吸收国际经验的基础上形成本土化的有效做法。这要求在理论上和实践上充分探寻可行路径，走出一条符合我国国情的新路。

1. 商业可持续性

我国把发展农村普惠金融作为金融支农的重要途径，普惠金融要求实现商业可持续性，即实现薄利或微利经营，其难点在于风控。在信贷领域，容易出现的问题是发放贷款超出客户的偿债能力。如果对不同客户按统一额度进行授信，很容易超出弱势群体的偿债能力，这也是不少农村金融机构曾遇到的问题。如何识别出偿债能力弱的客户，并在其偿债能力范围内放贷，又能提供必要授信，是相应的难点问题。此外，对于那些生产经营形势较好的客户，如何识别出潜在的现金流风险点，预测未来风险，例如销售收入因农产品价格波动可能出现的变化，也对金融机构的风控形成考验。从发达国家农村金融机构的业务模式看，这是基本功，但需要长期投资与积累，包括专业化团队建设。否则，即使政府提供财政支持，也只能分担部分成本，而无法从根本上缓解不良资产压力。第三方融资担保机构如果无法识别客户的偿贷能力和现金流风险点，其作用也会受到限制。在农业保险领域，风险主要来自两方面。一方面是因信息不对称而存在道德风险和逆向选择问题。例如，收入保险领域，这方面问题尤为突出，即使在发达国家，这类问题也很难得到有效解决，由此对财政补贴形成较大压力。另一方面是巨灾保险的风险往往很难通过保险业的大数法则化解，原因在于巨灾与系统性风险相关，这就要求财政发挥有效支撑作用。对发展中国家而言，这方面的财政压力较大。

2. 信用信息共享

促进金融支农的核心任务是提高风控水平，降低信息不对称是重要途径，实现信用信息共享对此具有重要意义。信用信息包括两方面，一方面是政府等公共部门掌握的信息，具有权威性、系统性特点。例如纳税、司法、工商登记、水电缴费、海关等方面的信息。这些信息经过脱敏处理后可以为银行风控提供支持。但这类信息往往不涉及产品交易的现金流等关键性数据，仅靠公共信息平台的数据，尚不足以充分评估客户的潜在现金流风险点。这就涉及信用信息的另一方面，即农村客户的农产品承销商等上下游交易对手方掌握的交易数据。通过分析农户历年的交易数据，结合气象预测及农作物产量分析、市场行情分析，可以更好地分析农户的潜在现金流风险点。相比于汇总同一客户在不同银行机构的资金流动，这一渠道的信用信息更加关键和直接。这也是值得努力的发展方向。

从现实进程看，在各级政府推动下，我国公共部门的信用信息共享总体上得到顺利推进，国家层面的"全国中小企业融资综合信用服务平台"投入运行，发挥信用信息汇总、共享和普惠金融促进作用①。但交易信息由各类市场主体掌握，涉及企业的商业秘密，又缺乏市场化整合机制，实现交易信息的共享有待

---

① 详见《关于加强信用信息共享应用推进融资信用服务平台网络建设的通知》。

切实推进。这既是难点问题，又是重要切入点。国际层面已经有了这方面的探索，具有可行性，例如印度尼西亚与发达国家合作，在这方面取得一定进展。从我国国情看，实现这方面突破需具备的条件在逐步完善。虽然还存在各种困难，但相关问题可通过实践探索得到解决。

3. 新型农村合作金融

在新中国建立初期，合作化运动是当时的基础工作，信用合作是其中的关键环节。我国要实现共同富裕，需要合作组织发挥应有作用。即使在西方发达国家，合作经济对当地社区繁荣发展也能起到重要促进作用。从 2014 年开始，我国启动了新型农村合作金融组织试点，旨在以供销合作组织、生产合作组织为基础，发展村级信用合作组织，并于当年在农民合作社内部试办信用合作部。从风控角度考虑，试点规则要求服务内部社员，不对外开展业务，更不允许跨地区开展业务。从各地多年实践探索看，群众需要这类组织，但在运行过程中存在着一些难点问题。例如资金使用成本效率不佳、个别经办人员违规对外开展业务等，这往往会与法规发生冲突，影响长期发展。为此需要找到兼顾风险与成本的平衡点，探索行之有效的治理机制。从国内各地试点情况看，这方面难度较大，需要进一步拓展思路，提升微观层面的治理水平。

从国际经验看，一般通过组织联合、再联合的方式解决规模化问题。但我国的新型合作金融组织在风控机制不完善的情况下，简单进行组织联合发展并不现实，风控难度会更大。引入外部动态风险监控机制和资金调节利用机制，有助于提高成本效率，改进风控机制。中国建设银行在四川等地探索与基层信用合作组织对接，以便更好支农的做法值得关注。如何发挥农信社系统的省联社作用，也是值得关注并加以深入思考的问题。

总体而言，发展合作金融对我国新时代建设社会主义现代化国家、实现共同富裕具有重要意义，需要积极探索，并有效克服现实困难。

四、重要启示

回顾我国金融支持"三农"的发展和改革历史可以发现，风险管理具有重要意义，客户的能力建设则不容易引起重视，且金融机构对客户的能力建设又心有余而力不足，需要金融机构与政府等相关方的互补协同。随着农村一二三产融合发展，农业产业链在生产组织化的基础上进一步向农产品深加工、营销等高增值环节拓展，需要全产业链服务。为此，需要顺应金融支农的数字化转型趋势，创新完善服务和产品。总体而言，需要在深化、拓展金融支农服务的同时，更好地管控风险、降低成本，在此过程中突破关键障碍，提升支农服务效能。

（一）有效管控风险

如果从需求侧出发，围绕需求直接形成金融支农产品，容易忽视农村金融服务供给侧的金融风险控制问题，例如对客户授信额度超出其偿债能力。即使在客户还款能力范围之内授信，如果银行机构自身风险内控机制不完善，银行工作人员操作不规范，也会面临潜在操作风险。若这些问题得不到有效解决，则会形成很大的漏洞，仅靠政府补贴无法解决信贷资产不良率高的问题，并且会导致问题逐步加重，同时对财政支出形成压力，可能带来道德风险，即财政兜底风险会刺激不良资产膨胀。

对此，需要重视两方面工作。一是为银行机构有效管控客户信用风险提供支持，以此调动银行支农积极性。各级政府从降低信息不对称角度整合共享客户信用信息，有利于提高银行评估客户信用状况的准确性。除公共部门掌握的信用信息，可吸引商业机构参与共享信用信息。除此之外，诸多渠道可以帮助银行提升客户信用评估能力。例如，引入气象预测机构帮助预测农作物产量，引入市场调研机构预测价格波动趋势，引入期货交易机构或价格保险锁定农产品价格等。二是完善对金融组织的动态化外部专业监督，重点是针对事前、事中环节的动态专业监督。例如针对基层信用合作组织的日常经营环节，借助信息化技术引入动态监控机制，防范违规经营业务风险。对商业银行而言，加强上级机构的事前、事中动态专业监督也是必要的。

（二）推进客户能力建设

如果忽视客户的能力建设，单纯提供信贷支持，并不能有效促进客户的可持续发展，对弱势群体而言尤其如此。在客户偿债能力没有得到提高的情况下，单纯靠扩大负债规模来提供帮助，反而会使客户陷入困境。要促使弱势群体共同发展，能力建设是关键，为此金融扶持与教育培训等能力建设措施要同步落实。从国际经验看，金融支农往往与联合、互助、合作、培训等措施交织在一起。例如，在发达国家的农村，信用合作、互助保险等合作金融组织发挥着重要作用，这类金融组织往往与各类经济合作组织如生产合作社、运输合作社、销售合作组织等进行横向联合，以及自身自下而上纵向再联合，形成规模经济效应，在市场竞争中形成核心竞争优势，从而确保实现商业可持续。这样做的意义在于，通过帮助农户推进生产经营组织化，提高抗风险能力和市场竞争能力，提升技术水平和产品销售能力，实现增收入、防风险、降成本。对金融机构而言，这些措施有助于从源头上增强客户的还款能力。在欧洲，荷兰、德国、法国等国的合作银行往往重视为农户提供农业技术咨询服务，乃至提供种子种苗，并另有生产经营、财务规划、农产品贸易等方面的支持。这些举措的根本目的在于帮助农户提升生产经营能力，降低生产经营风险，稳定收入，从而在源头防控信用风险，与客户共同成长，提升金融支农的商业可持续性。

我国结合国情，持续推进"三位一体"综合合作发展，并自下而上逐级组建各类农民合作经济组织联合会（简称农合联），为客户能力建设提供了基础。但从具体落实情况看，由于新型农村信用合作组织的发展路径处于探索中，主要还是依靠各类商业银行提供金融支农服务。因此，商业银行如何在其中发挥作用，是值得深入研究和实践探索的问题，但商业银行在推进农户能力建设上并无经验。从地方政府角度看，推进农户能力建设是分内职责，但容易出现方向不明、标准不清等问题，导致相关资源的利用效率不高。从实地调研看，上述情况值得重视。因此，通过商业银行与地方政府合作，推动涉农信贷授信、农民职业技能培训、农产品营销扶持等措施综合配套，相互补充，可以提升整体效果。在这方面，商业银行主动加强与地方政府合作，可以更好地调动资源，优化资源配置，实现共赢。从一些地方农商行与基层党委政府的合作情况看，这种做法的效果较好。

（三）深度推进战略协同

从人类文明发展的总体趋势看，互联、共享、合作具有必然性。顺应这一趋势，可以在发展中更好地应对挑战。在数字化时代，移动互联网技术为信息的实时交换、共享提供了极大便利，为世界互联、资源共享、市场合作创造了基础条件，在金融支农领域也是如此。移动互联网技术有助于更好解决金融支农的风险管控、降本增效等关键难点问题。从现阶段实践探索看，已经出现局部、自发的尝试，例如"保险＋银行""保险＋期货"等模式。

在金融支农方面，深度推进利益相关方的战略协同，尤其是各方围绕资源共享、功能互补、流程对接，系统推进合作，有助于提升资源利用效率，共同化解金融风险，从而改善整体支农效果。要基于前瞻视角，顺应大势，适度超前布局，围绕促服务、控风险、降成本，推进与利益相关方的战略合作。

具体而言，可考虑以下措施。一是以发展试点等方式发挥地方政府的纽带作用和协调作用，围绕支农促进信息和资源共享。例如，依托村级公共服务场所，提供一揽子综合金融服务，并结合金融支农提供技术咨询、财务规划、市场营销等线上增值服务，鼓励不同行业的金融机构参与其中，发挥各自优势，形成互补效应。二是围绕当地重点农业产业创新综合性金融服务产品。例如，结合农业信贷，把涉农信贷、农业保险、融资担保、期货交易、商业保理等业务进行整合，相互衔接业务流程，形成共同支农的综合金融产品。可结合当地情况创新服务，借鉴"期货＋保险"等模式。三是促使金融支农与其他的支农服务衔接。例如，将金融服务与农产品的第三方仓储相结合，并出台配套仓储管理规范，明确设施监控要求，促进关键技术应用推广。具体而言，金融服务可与各级农合联加强战略协同，进一步创新综合协同支农机制。

（四）创新全产业链服务

从发展趋势看，随着农业农村现代化进程加快，农业产业链从生产向深加工、营销等高增值的经营环节延伸，向乡村休闲、旅游、度假等领域拓展，是实现农户增收的重要途径。这种格局意味着农民的经营重点从生产环节向全产业链拓展，向相关产业拓展，需要金融机构跟进并创新业务模式，将服务向农业生产的上下游环节延伸，并拓展到农村服务业等相关产业，支持农民创业。在此过程中，要以农户为中心沿其交易关联网络拓展金融服务，加强战略合作，联通现金流主干信息网络体系，整合关键信用信息。对金融机构而言，顺应这一客观趋势有利于完善风险管理体系，除了可以更好地整合上下游交易数据，从而改善信用评估质量，还可以有效拓展业务，与客户共同发展。

探索完善信贷风控机制，支持农民向农产品深加工、仓储、运输、市场营销等农业产业链的重点环节拓展业务。例如，农民合作社作为劳动联合体，方便变现处置的资产有限，不易通过抵押方式获得信贷支持。如何结合农业全产业链金融服务，完善仓单融资、订单融资的风控机制，值得利益相关方深入探索实践，推动金融机构、农民合作社、第三方仓储机构、农业龙头企业以及地方政府等共同努力。

在此过程中，应顺应数字化趋势，利用科技创新排除关键障碍。大型金融机构具有数字技术和金融科技研发应用优势，有可能率先走出一条新路，围绕控风险、降成本、提升服务形成有效解决方案。

（五）完善线上服务体系

从国际上看，通过在线平台整合相关服务、形成综合金融服务的生态系统是大势所趋。我国新一代农业经营主体已适应经济社会数字化转型趋势，对在线金融服务的要求逐步提高。这就需要金融机构整合服务资源，形成支农生态系统，以提升支农效能。重点是结合农村的各类数字化生产、生活流程跟进相关服务，基于金融服务平台提供生产、生活的数字化服务，例如整合相关领域的服务商、接入公共服务平台等，以此形成线上服务生态。

第一，有效提升服务能力，拓展增值服务，吸引农村客户。例如，通过嵌入各类生产生活场景降低获客成本，并提高客户忠诚度。这需要银行等金融机构以互补互利的合作共赢为导向，加强与相关领域机构的战略合作，共同加大支农力度。第二，加强风控管理。通过线上支农生态系统获取更多的客户金融需求和信用信息，联合战略合作伙伴改善信用评估质量和信贷资金的贷后管理效果，降低客户的现金流风险。引入外部风险管理机构，如保险、担保、期货等方面的公司，通过优势互补提升整体的风险管理效果。第三，发挥金融科技的数字化、智能化优势，通过信息技术替代人工服务的方式降低支农的业务成本，并为客户提供便利服务。在此过程中，需要通过强化与合作伙伴的战略协同来提高成本效率，通过金融科技创新提升服务效率。促进线上金融服务生态系统可持续发展的关键在于，通过有效提升服务水平来吸引客户，通过技术创新来降低成本，通过功能互补转移来化解风险，并形成有效的利益分享机制。第四，依托地方政府的影响力、权威性和纽带作用，整合相关方资源共同支农，形成合力，共同应对支农面临的挑战。

专题报告六 加强银行业对乡村振兴的支持

银行业是我国"三农"融资的主渠道。中华人民共和国成立后，以银行业金融机构为主体的农村金融体系历经建立、撤并、恢复、转型、深化、创新完善等多个阶段，体现了以政府主导为主、从计划体制到市场体制演进、降低交易费用以提升涉农信贷效率等特征，但仍有多种因素导致"三农"融资面临诸多困难。党的十九大提出实施乡村振兴战略以来，银行业支持乡村振兴的政策措施不断完善，各类银行业金融机构完善体制机制、运用金融科技、创新金融服务，支持乡村振兴，取得了"量增、价降、扩面"的积极成效。当前，银行业支持乡村振兴仍然面临一些突出问题，如农村金融服务供需矛盾突出、县域存贷比低、竞争合作关系不完善、大型银行服务触达体系不健全、中小银行金融科技应用不足、金融政策支持体系不够精准等。应聚焦上述问题，按照激励相容原则，进一步完善体制机制，优化政策及其执行、评估机制，推动银行业支持乡村振兴在财务可持续的基础上不断提质增效、行稳致远。

一、银行业支持"三农"的历史沿革

银行业是我国金融支持乡村发展的主力军。从资金来源看，当前我国广大农村尤其是欠发达地区的涉农产业资金除来源于政府政策性财政供给和农民自身储蓄外，主要依赖银行业金融机构的信贷支持。银行不仅是农村金融的主体，也是全面推进乡村振兴战略的重要支撑。

（一）银行信贷支持"三农"的历史变迁

中华人民共和国成立后，我国银行业涉农信贷制度历经多次变革，对"三农"的发展产生了重大影响。1978 年党的十一届三中全会召开以来，促进我国银行业涉农信贷发展的历程大致可以划分为四个阶段。

1. 银行业涉农信贷制度的重构与完善（1978—1993 年）

党的十一届三中全会召开后，我国农村经济的商品化与货币化程度都有明显提高。为适应并积极应对农村经济发展的新形势，国家对计划经济体制主导下的农村金融信贷制度进行了完善，通过调整资金和信贷管理体制，力求改变农村资金供给不足的现实情况。通过恢复已有金融机构和成立新的金融机构，推动形成多元化的金融市场发展态势，为推动农业和农村经济发展奠定良好基础。一是以农业银行为主重新组建银行业金融机构，重启农村金融体制改革。中国农业银行于 1979 年 3 月恢复建立，主要面向农业、农村和农民，支持和服务"三农"事业发展。农业银行积极开展以投放农副产品基地贷款、粮棉转产贷款、土地开发治理贷款等为主的专项农业信贷服务，使农业生产的基础环境得到较好改善。随着实践发展，政策性与商业性两种不同性质的信贷业务在农村金融实践中的矛盾日益凸显，农业政策性金融需要单立门户的呼声引起金融管理部门与学界的关注。二是完善农村合作性金融职能。为加大合作性金融对"三农"的支持力度，国家对农村信用社机构设置、业务范围及职能完善等方面的改革进行了初步尝试。1979 年允许农村信用社执行国家金融部门职责，全面办理各项农村金融业务。关于"农信社在业务上受上级农业银行领导"的要求，对农信社的发展形成制约，影响其支农助农金融职能的发挥。1983 年，恢复农村信用社的合作性金融组织身份，取消农业银行的业务指导关系。1986年起逐步组建县级农村信用联社，进一步扩大农信社的自主权，使其充分行使管理、指导和调剂的机构权能。

2. "三足鼎立"的涉农信贷供给体系形成（1994—1997年）

一是组建农业发展银行，进一步完善农村金融信贷供给体系。1994年11月，农业发展银行挂牌成立，主要职责是贯彻执行国家农村产业发展方针政策，以国家信用为"三农"事业发展筹措政策性信贷资金。1996年下半年开始，农业发展银行在县级以下增设分支机构，开展原交由农业银行代理的各项业务，充分发挥政策性金融的信贷支农功能。

二是加快农村信用社改革，使其承担涉农信贷重任。20世纪90年代初，解除农业银行与农村信用社之间的行政隶属关系，推动农信社做实社员自我民主管理，并面向全体社员提供金融服务。在此基础上确立县级信用联社的一级法人地位，赋予其业务管理职能，直接接受人民银行监督管理。经过这轮改革，农村信用社理顺了同农业银行及人民银行的关系，初步形成了"自求发展、自我约束、自主决策"的经营机制，产权结构更加明晰，逐步成为支农主角。

三是农业银行加快商业化改革步伐。1996年农业银行结束了代理政策性金融以及兼顾合作性金融职能的运营模式，转变为国有控股商业银行。此后，农业银行开始探索执行经营目标责任制，推行资金规模化经营模式，实施集中授信审批与风险管控，逐步建立现代商业银行的运营机制，不断加快商业化改革步伐。通过上述举措，我国农村金融供给体系逐步成熟，形成了以合作性金融为主力，商业性金融与政策性金融密切配合、协同作战的"三足鼎立"的农村金融组织架构。

3. 市场化制度变革实质性推进（1998—2003年）

一是农业银行启动商业化改革并逐步撤离农村。20世纪末以来，农业银行加快商业化改革，集中信贷资源推进"两高一优"农业战略，在积极巩固、调整农村业务的同时，推行大力拓展城市业务的经营战略。农业银行对农村金融市场业务的相对减量，虽客观上给农信社腾挪出市场空间，但也使自身对农业和农村经济的支持力度明显减弱。一方面，农业贷款总量及占比皆明显下降。1999—2003年，农业银行农业类贷款占贷款总额的比重从59%左右降至16%，贷款金额也从9100多亿元降至4500多亿元，二者降幅均超过50%；另一方面，农业银行的分支机构撤离乡镇。这期间，农业银行累计撤并县级及以下机构2.7万个，大量机构与工作人员的撤离，削弱了农村金融供给。

二是政策性金融收缩，涉农信贷业务步入专营化运营模式。为顺应国务院推进粮食流通体制改革，农业发展银行自1998年起将工作重心转至粮棉油收购和储备的信贷资金投放管理与收购资金的封闭运行，农业政策性金融由此步入专营化的闭环运营。这一改革保障了粮棉收购资金的有效供给，确保了粮棉生产的顺利供销。但随着粮棉购销市场主体逐步多元化，由农发行提供信贷资金服务的粮棉购销规模锐减，信贷业务量呈下滑萎缩态势。

三是农信社深化改革，成为支农信贷主力军。1998年发布的《农村信用合作社机构管理暂行办法》要求农信社的机构设立、变更和终止由人民银行负责审批和监管。农村信用社的组织和监管架构更加清晰，内部管理更为规范。鉴于农信社与农业银行脱钩后资金实力受到削弱，涉农信贷供给力不从心，人民银行于1999年开始办理支农再贷款业务，对涉农信贷投放达到规定比例但发放资金不足的农村信用社提供资金支持。人民银行的这一基础性货币政策操作工具，在实际运行中较好地壮大了支农资金实力并促进了"三农"经济持续快速发展。2003年《深化农村信用社改革试点方案》落地，国家加大政策扶持力度以消化信用社历史遗留的不良贷款包袱，并放宽贷款利率浮动范围。上述措施有效推动了各地开启农信社体制改革，逐步巩固农信社支农信贷主力军地位。

4. 以工促农新时期（2004年至今）

2004年以来，随着国家发布多个关于加快促进农村经济发展的一号文件，我国跨入以工促农的新的历史发展阶段。伴随民间资本的进入，村镇银行等新型涉农金融机构开始进军农村金融信贷市场，并占有一席之地。农村金融体制焦点由存量转向增量，力求进一步缓解农村贷款难的问题。

一是进一步深化农村信用社改革，壮大支农信贷力量。在加大金融支农力度的同时，为了适应市场竞争需要，农信社系统明确以商业可持续运营为改革目标，不断完善调整与改进优化其组织架构、治理机制及管理模式等。经济较为发达、各方面条件较成熟的地区逐步对经营状况较好的农村信用社进行商业化改造，组建成立农村商业银行和农村合作银行，使支农信贷队伍力量得到进一步壮大。

二是银行业涉农信贷组织体系引入"新鲜血液"。2006年，银监会提出逐步降低农村金融服务供给的进入门槛，引导更多社会资金流向农村，着力解决农村地区日益突出的信贷供给不足、金融服务网点覆盖面窄以及市场竞争不充分等问题。2007年，银监会发布《村镇银行组建审批工作指引》，引导和鼓励条件合适的地区组建村镇银行，为农村金融信贷供给开辟新的资金通道。同年，邮政集团依托原有的营业网点机构成立邮政储蓄银行，利用网点优势向偏远农村提供金融服务，充实了涉农金融机构力量。

三是不断完善银行业支持乡村的配套激励制度。2010年2月1日，中共中央、国务院印发《关于加大统筹城乡发展力度进一步夯实农业农村发展基础的若干意见》，明确指出在贯彻执行支持农村金融发展的信贷政策的同时，应配套落实和完善税收优惠、定向费用补贴及增量奖励等相应的财政税收政策，使其关联耦合、有机衔接。2009年，财政部和国家税务总局印发通知，规定金融企业涉农贷款与中小企业贷款计提的专项损失准备金，可在应纳所得税总额中予以扣除。计提扣除的比例依照《贷款风险分类指导原则》规定的不同类别而设定，关注类贷款计提比例为 2%，次级类贷款为 25%，可疑类贷款为 50%，损失类贷款可全额计提扣减。此后，国务院印发《关于农村金融有关税收政策的通知》，加大对涉农金融机构的政策扶持力度，规定自 2009 年 1 月 1 日至 2013 年 12 月 31 日，对金融机构农户小额贷款的利息收入免征营业税，且按 90% 的比例计缴所得税。2010 年国务院印发《关于鼓励和引导民间投资健康发展的若干意见》，在确保监管有效、经营规范且风险可控的前提下，允许民间资本兴办金融机构，支持其以入股方式参与商业银行的增资扩股、参与农村信用社的改制工作，以此来增加信贷资源的渠道供给。2016 年，为支持金融机构完成金融扶贫任务，人民银行设立"扶贫再贷款"，作为支持贫困地区地方法人金融机构扩大涉农信贷投放规模的专项信贷资金，贷款利率比支农再贷款的优惠力度更大。扶贫再贷款最多可累计展期 4 次，实际使用期限最长可达 5 年，为地方法人机构支持贫困农村地区经济发展提供稳定持久的资金来源。

（二）银行业支持"三农"发展的制度变革特点

一是在主导方式上，属于以政府为主导的制度变迁。从我国农村现实看，一方面，由于市场意识淡薄和市场机制发育不成熟，市场的主导功能未能充分发挥；另一方面，又因政府行政主导的文化还在一定程度上存在，银行业涉农制度变革更多地依赖政府的行政力量。反观我国农村金融体系，农民及农村企业都无力承担农村公共产品的资金供给，唯有政府既有意愿也有能力推动制度变迁。追溯既往，由政府主导的农村金融体制改革，其机构组建更多是以集聚和整合社会金融资源为目的，在解决农村融资难、融资贵问题方面的收效不够明显。

二是在发展方向上，形成由计划到市场的银行业涉农信贷制度变迁。在涉农信贷各利益主体的博弈过程中，一方面，政府作为社会管理者，通过行政指令对涉农信贷借贷行为予以规制，引导利益主体积极配合涉农信贷制度的贯彻执行，以提高金融支农的制度效率，实现规范化与法制化；另一方面，政府从计划经济体制向市场经济体制转型的大局出发，为市场化制度演进进一步创造宽松的社会条件，调控的方式从相对单一的依靠行政手段的直接调控，转向综合运用多种手段和策略的间接调控。从改革开放以来我国银行业涉农信贷制度的变革历程可见，市场化导向极为明显。各类涉农银行从按经济区域实行机构重组到按金融企业化模式的组织构建，到政企剥离，再到后来施行的商业化运营改革等，正是市场化改革的缩影。

三是在变革趋势上，以降低信贷交易费用、提升制度效率为主线。首先，适时减少农村金融市场准入的制度性壁垒。面对全国性商业银行在农村金融市场的逐步退出以及农村信用社本地化经营限定造成的农村信贷实质性垄断格局，2006年监管部门印发相关文件，放宽农村金融市场的机构准入条件，以期丰富农村金融供给的主体，推动实现充分竞争，降低农村金融信贷供给的交易门槛。其次，针对"三农"信贷缺乏抵押担保物的现实，在"三权分置"背景下推出农地经营权抵押制度，以期丰富风险缓释手段，降低交易费用。最后，推进农村诚信体系制度建设，减少信息不对称导致的逆向选择、道德风险以及拒贷、惜贷或信贷错配问题。2012年以来，国务院建立由国家发展改革委和人民银行牵头的社会信用体系制度，推动以"金融信用市（州、县、乡）"为平台的农村信用体系建设，对降低农村金融信贷信息成本和持续改善农村金融生态起到一定的积极作用。

（三）当前"三农"融资仍面临多重挑战

资本作为重要的生产要素，在推动农业农村发展过程中起着关键作用。我国资本要素长期集中在城市，"三农"资金需求难以得到充分满足，农村产业发展面临融资困境。由于城市资金回报率更高，党的十八大以来，金融机构涉农贷款余额占全部贷款余额的比重总体呈现稳步下降态势。随着金融支持乡村振兴政策力度不断加大，2021—2022 年金融机构涉农贷款余额占全部贷款余额的比重有所回升，2022 年末达到 22.5%（见图 6-1）

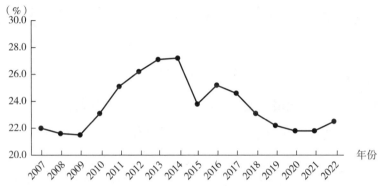

图 6-1　2007—2022 年金融机构涉农贷款占全部贷款余额比重的变化

数据来源：万得资讯。

在我国，"三农"领域长期面临融资困境有其深层次原因。

从宏观层面看，我国长期遵循"城市优先"发展路径。20 世纪 50 年代以来，在中央层面，政策资源、财政资金侧重向城市配置，农村在资源配置中长期处于不利地位；在地方层面，城市产业带是主要财税来源和经济增长点，地方政府有强大动力优先发展城市，进一步放大了"城市优先"政策的末端效应。

从中观层面来说，我国农村融资环境有待改善。一是乡村基础设施相对落后，劳动力素质偏低，要素回报率明显低于城市。二是产业规模较小、分布零散、产业链缺乏有效整合，不利于规模化融资。三是历史征信信息缺乏，失信惩戒力度较低，降低了金融机构支持"三农"项目的信用风险偏好。

从微观视角看，"三农"项目融资具有特殊性。一是项目投资周期长、回报率低、风险较大，与商业资本规避风险、追求短期高额回报的偏好矛盾。二是乡村基础设施建设、环境综合整治等项目具有较强公益社会属性，收益低甚至无收益，单个项目难以获得市场化融资。三是农村土地等各类产权确权、评估、抵质押、流转的政策法规和体制机制不健全，涉农项目缺乏合格担保物和抵押品，且确权登记、价值评估、处置变现等环节面临诸多实际操作约束，难以建立坚实的信用基础。

二、乡村振兴新阶段银行业支持"三农"取得明显进展

近年来，伴随脱贫攻坚战取得全面胜利，我国农业农村取得了长足发展，但乡村融资依然面临内在困境。为解决上述问题，主管部门不断完善银行业支持乡村振兴的政策保障体系，各类银行业金融机构立足自身优势，积极适应新变化，抓住机遇加大对乡村振兴的支持力度，取得一系列新进展。

（一）乡村振兴进入全面推进阶段，顶层设计不断完善

当前，我国乡村振兴已进入全面推进新阶段。一是脱贫攻坚战取得全面胜利。我国如期实现了现行标准下近一亿农村贫困人口全部脱贫、832 个贫困县全部摘帽、12.8 万个贫困村全部出列、区域性整体贫困得到解决等一系列目标。截至 2020 年，贫困地区累计引进各类企业近 7 万家，发展农民合作社近 72 万家，发展家庭农场超过 15 万家，全国建档立卡贫困户人均纯收入由 2015 年的 3416 元提高到 2020 年的 10740 元，年均增幅超过 30%，为全面推进乡村振兴奠定了坚实基础。二是农业农村取得长足发展。首先，粮食产量连续多年保持在 6.5 亿吨以上，2021 年达 6.83 亿吨。其次，种植养殖业、农产品加工业、生产性服务业、生活性服务业、休闲旅游业等蓬勃发展，初步形成"一村一品""一县一业""多县一带"特色产业发展布局。农业农村部已分十批次认定"一村一品"示范村镇 3274 个，支持 1109 个农业产业强镇建设。再次，农业产业化、专业化发展取得重要进展。截至 2020 年底，全国有县级以上龙头企业 9 万家，其中国家重点龙头企业 1547 家。已创建国家级现代农业产业园 151 个，国家级

农业科技园区 295 个，国家农村产业融合发展示范园 374 个。最后，农业农村数字化、数字生活与数字治理全面推进，农业农村加速变革。云计算、物联网、大数据、人工智能、信息遥感等现代技术日益运用到乡村产业发展中，乡村治理方式与农民生活方式正在发生深刻变革。三是乡村振兴战略逐步落地。2017年，党的十九大报告提出乡村振兴战略，2020 年，党的十九届五中全会提出全面推进乡村振兴，2021 年颁布实施《中华人民共和国乡村振兴促进法》。依据党中央对乡村振兴的顶层设计，一系列制度安排与政策体系已经落地，行政推动、政策促动、多方联动全面推进乡村振兴的局面正逐步形成。

（二）银行业支持乡村振兴政策保障体系持续优化

为推动金融机构克服乡村融资困境，更好满足"三农"融资需求，近年来各部门不断完善金融支持乡村振兴政策保障体系，力求增强货币政策、财税政策、监管政策的协同效应。

1. 货币政策

（1）存款准备金率优惠

一是基于机构类别的优惠，对服务县域的农村金融机构执行最优惠的存款准备金政策。2019 年 5 月和 2020 年 4 月，人民银行两次对农村金融机构实施定向降准。加之 2021 年两次全面降准各 0.5 个百分点，2022—2023 年各两次全面降准 0.25 个百分点，2024 年 2 月全面降准 0.5 个百分点，目前农村商业银行、农村合作银行、农信社、村镇银行执行 5% 的存款准备金率，大约比大型商业银行低 3.5个百分点。二是基于业务类别的优惠，继续实施普惠金融定向降准。对包括"三农"在内的普惠金融领域涉农贷款投放规模达到一定标准的商业银行，执行 0.5个百分点到 1.5 个百分点的存款准备金率优惠。三是对农业银行涉农贷款投放较多的县级"三农"事业部执行比农业银行低 2 个百分点的优惠存款准备金率。

（2）支农支小再贷款、再贴现政策

近年来，人民银行优化支农支小再贷款和再贴现的地区结构，加强台账管理和资金投向、利率监测，引导金融机构扩大"三农"信贷投放规模。一是适度下调支农再贷款利率。乡村振兴战略提出以来，人民银行3次下调支农再贷款利率、2次下调支小再贷款利率，截至2022年底，一年期支农支小再贷款利率均为2%。二是完善支农支小再贷款管理体系。明确全部采取"先贷后借"模式发放贷款，加强台账管理，确保"精准滴灌"。三是提高再贷款政策普惠性。要求金融机构合理确定每亿元再贷款支持的经营主体户数，优先对涉农票据、小微企业和民营企业票据贴现。

在实践中，支农支小再贷款和再贴现政策实施进展顺利，通过优惠利率传导，引导金融机构加大对"三农"、小微企业信贷投放力度，推动农村经济发展。截至2022年底，全国支农支小再贷款余额分别为6004亿元和14171亿元（见图6-2、图6-3）。

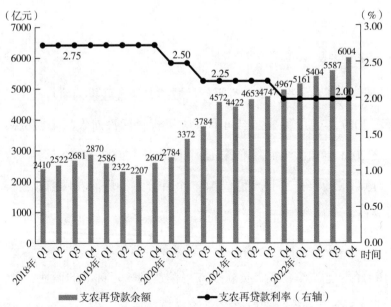

图 6-2　乡村振兴战略实施以来我国支农再贷款利率与余额（2018—2022 年）

注：Q1、Q2、Q3、Q4分别代表第一季度、第二季度、第三季度、第四季度，下同。

数据来源：万得资讯。

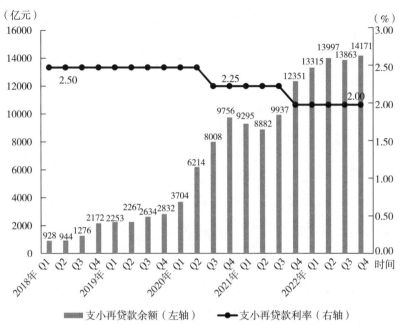

图 6-3 乡村振兴战略实施以来我国支小再贷款利率与余额（2018—2022 年）

数据来源：万得资讯。

2. 财税政策

一是延长相关财税支持政策执行期限。延续实施普惠金融有关税收政策至 2023 年底。具体而言，对金融机构农户小额贷款的利息收入，免征增值税。在计算应纳税所得额时，将利息收入的 90% 计入收入总额。二是完善政策，强化政府融资性担保增信作用。督促地方各级政府融资担保、再担保机构进一步提高支农支小业务占比，确保新增小微企业和"三农"融资担保金额和户数占比不低于 80%，其中新增单户授借 500 万元以下小微企业和"三农"融资担保金额不低于 50%。

3. 银行监管政策

一是落实《乡村振兴战略规划（2018—2022 年）》相关要求，出台金融支持乡村振兴政策制度。2019 年发布的《关于金融服务乡村振兴的指导意见》明确了短期和中长期农村金融体系发展目标，对各类银行业金融机构服务乡村振兴提出差异化监管要求。2021 年发布的《关于金融支持巩固拓展脱贫攻坚成果 全面推进乡村振兴的意见》要求金融机构围绕巩固拓展脱贫攻坚成果等 8 个重点领域，加大金融资源投入力度，涉农贷款不良率高出自身各项贷款不良率年度目标 3 个百分点（含）以内的，可不作为监管部门监管评价和银行业金融机构内部考核评价的扣分因素。

二是引导地方法人金融机构回归本源、回归主业。2019 年 1 月银保监会印发《关于推进农村商业银行坚守定位 强化治理提升金融服务能力的意见》，要求农村商业银行准确把握自身在银行体系的差异化定位，专注服务本地、县域、社区，专注服务"三农"和小微企业，并形成量化考核评估体系。2019 年底，银保监会发文要求村镇银行坚持扎根县域，专注信贷主业，有效提升金融服务乡村振兴的适配性和能力。

三是细化普惠金融差异化考核机制。2020 年 4 月，银保监会发文，要求银行业金融机构单列涉农和普惠型涉农信贷计划，在保持同口径涉农贷款和普惠型涉农贷款余额持续增长的基础上，完成差异化的普惠型涉农贷款增速考核目标。2021 年 3 月，银保监会发文，鼓励 21 家会管银行给予普惠型涉农贷款不低于 75BP 的内部转移定价（FTP）优惠。鼓励设立"三农"金融事业部的商业银行将分支机构乡村振兴相关指标考核权重设置为不低于 10%。进一步加强涉农信贷差异化考核，要求农业发展银行、大中型商业银行力争实现普惠型涉农贷款增速高于本行各项贷款平均增速的目标。

四是落实《中华人民共和国乡村振兴促进法》，出台《金融机构服务乡村振兴考核评估办法》，明确基于定性评价和定量分析相结合的原则，对除进出口银行和外资银行外的所有银行业金融机构，按年度联合开展考核评估，并明确将考评结果与人民银行和银保监会履职政策工具挂钩，对列入勉励档的机构，人民银行、银保监会视情节轻重依法采取约见金融机构主要负责人谈话等措施，督促其限期整改。

五是聚焦金融支持乡村振兴突出问题，推动提升县域存贷比。针对县域存贷比偏低的问题，银保监会在《2021 年银行业保险业高质量服务乡村振兴的通知》中要求各级监管部门制定资金适配性较差县域的存贷比提升计划。鼓励在县域设有分支机构的银行业金融机构明确县域存贷比内部考核要求。

（三）当前银行业支持乡村振兴面临新机遇

一是一系列农业农村重大改革不断推进，制度体系加速形成。农村改革深入推进，进一步完善利益联结机制，补齐农村发展政策短板，为资金向农村流动奠定基础。通过土地、资产入股等方式，建立"农民＋龙头企业""农民＋合作社"等多种形式的利益联结机制，形成经营稳定的联合体。通过财政基金以及农业保险、期货等金融产品创新，建立良好的风险分担机制，构建风险缓冲带。随着大量农业龙头企业不断发展壮大、新型农业经营主体快速崛起、多种业态创新发展，银行业支持农村产业发展的载体更为丰富、更有保障。得益于法律和金融教育活动持续开展，农民的金融素养有所提升，农村金融环境也在不断优化。

二是金融科技快速发展为银行业支持乡村振兴提供前所未有的重大机遇。随着数字中国、数字乡村建设深入推进，数字政务、数字生活、数字商业、数字农业等蓬勃发展，数字化赋能乡村振兴。银行业金融机构可以整合自身客户数据资源，参与智慧政务建设，引入税务、公安等部门数据，加强与外部第三方公司合作，如引入保险数据等。基于此，每个项目、每个客户都能拥有日益丰富的数字档案和数字画像。大数据的应用为银行业解决信息不对称、欺诈、抵押权监测管理等问题提供了新手段，也为银行开展调查、评级、授信、贷后管理等业务提供了新方案，能够有效提升业务效率，有助于解决农村金融效率低、成本高、风险大等长期深层次问题。

（四）银行业支持乡村振兴的新变化与新成效

一是支持主体增多，竞争日益激烈。在政策引导和推动下，各类银行业金融机构立足自身特点，积极投入资源，支持乡村振兴。与征求意见稿相比，2021 年发布的《金融机构服务乡村振兴考核评估办法》的适用范围拓展到城市商业银行和民营银行，覆盖了除外资银行外的所有银行业金融机构。2021 年的中央一号文件鼓励银行业金融机构设立服务乡村振兴的内设机构。大型银行降低利率、下沉网点，银行业金融机构关于提供"三农"金融服务的竞争日趋激烈，特别是农村中小金融机构明显承压。

二是银行业支持模式发生重大变化。首先，资金投入从"补齐短板"向"提升质效"转变。脱贫攻坚目标实现后，金融服务乡村振兴的对象和范围都有大幅拓展，更多面向规模化经营的新型农业经营主体，政策目标从单一的"补短板"托底向更为多元的"提质增效"转变。其次，产业支持模式从"产业扶贫"向"产业振兴"转变。金融扶贫主要通过信贷支持种植、养殖等传统产业的方式实现，多聚焦农户，产业规模化、组织化不足。乡村振兴重在促进产业兴旺，推动小规模经营主体升级为适度规模经营主体，金融需求将从之前的短期、外援性、输血式产业扶贫需求转向长效、内生造血式产业振兴发展需求。再次，产品支持类型从"特惠产品"转向"普惠产品"。金融扶贫主要集中在贫困县域的重点领域、重点项目和薄弱环节；"三农"工作重心转向乡村振兴后，优惠扶持政策逐步被覆盖面更广的普惠金融政策代替，相关精准扶贫类产品转变为支持面更广的普惠类金融产品。最后，服务延伸方式从"基础服务"向"深层服务"转变。乡村振兴背景下的农户、小微企业和新型农业经营主体需要多层次、全方位金融支持，需要各类银行业金融机构尤其是政策性、大型商业银行延伸服务半径，提供对经营主体的深度金融服务。

三是各类涉农信贷实现较快增长。乡村振兴战略实施以来，银行业金融机构在政策引导和推动下，不断加大对全面推进乡村振兴战略的支持力度。一是涉农贷款余额稳步增长，增速连年提高，占各项贷款余额比重降幅收窄，2022年占比有所回升，2022年以来更是持续高于全部贷款平均增速。2017—2022年，金融机构涉农贷款余额从30.95万亿元增加到49.25万亿元，占比从24.6%降至22.5%，降幅逐年收窄，2021年仅下降0.07个百分点，但2022年有所回升。2022年涉农贷款同比增长14%，增速比上年末高3.1个百分点；涉农贷款总额增加6.22万亿元，同比多增1.65万亿元。二是普惠涉农贷款和农户贷款增速高于各项贷款平均增速。2017—2022年，农户贷款余额从8.1万亿元增加到14.98万亿元，连续6年高于各项贷款平均增速。在监管政策引导下，2019年以来普惠涉农贷款增速连续4年高于各项贷款平均增速，余额从2018年底的5.63万亿元增加到2022年底的10.46万亿元。农村贷款余额从2017年底的25.14万亿元增加到2022年底的41.02万亿元，增速高于各项贷款平均增速。农业贷款余额从2017年底的3.9万亿元增加到2022年底的5.06万亿元，2022年同比增长10.7%，略高于各项贷款平均增速（见图6-4）。

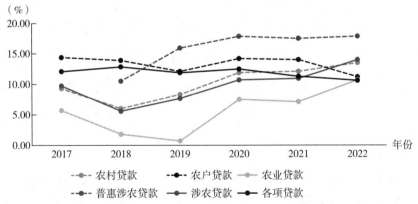

图6-4 2017—2022年乡村振兴战略提出后我国"三农"贷款增速变化

数据来源：万得资讯。

（五）各类银行业金融机构支持乡村振兴的典型做法

乡村振兴战略实施以来，各类银行业金融机构立足自身的比较优势，在监管政策引导和推动下，逐步增加对"三农"的金融资源投入，取得较好效果。

1. 大型商业银行：在明确定位基础上强化服务乡村振兴的体制保障

一是明确各自定位，发挥比较优势。工商银行、农业银行、中国银行、建设银行、交通银行、邮政储蓄银行六家国有控股大型商业银行在我国银行体系中居于主导地位。《乡村振兴战略规划（2018—2022年）》对大型商业银行的总体要求是立足普惠金融事业部等专营机制建设，完善专业化的"三农"金融服务供给机制。其中，农业银行的战略定位是服务"三农"的国家队和主力军。邮储银行网点总量居全国第一，在乡村地区覆盖面广，信贷投放空间大，资金优势明显，且拥有邮银合作网络优势。2019年发布的《关于金融服务乡村振兴的指导意见》要求中国农业银行强化面向"三农"、服务城乡的战略定位，确保县域贷款增速高于全行平均水平，积极实施互联网金融服务"三农"工程，着力提高农村金融服务覆盖面和信贷渗透率；要求中国邮政储蓄银行发挥好网点网络优势、资金优势和丰富的小额贷款专营经验，坚持大型零售银行战略定位，以小额贷款、零售金融服务为抓手，突出做好乡村振兴领域中农户、新型经营主体、中小企业、建档立卡贫困户等小微普惠领域的金融服务，逐步提高县域存贷比并保持在合理范围内。2021年银保监会要求大中型商业银行在服务乡村振兴时在服务对象、服务领域、网点布局、产品设计等方面提升差异化竞争能力，并给予普惠型涉农贷款不低于75BP的内部转移定价优惠，力争实现普惠型涉农贷款增速高于本行各项贷款平均增速的目标。

二是强化服务乡村振兴的体制保障。2019年底，建设银行设立乡村振兴金融部，各级分行基本都已成立乡村振兴金融专门机构，考核评估机制不断健全。工商银行成立"金融服务乡村振兴领导小组""金融服务乡村振兴工作推进委员会"，根据自身科技、综合服务业务等方面的优势，制定城乡联动发展战略，按照以城带乡、城乡互补的思路，推动产业链、供应链、资金链从城市向乡村全面延伸。农业银行持续完善"三农"金融事业部运行机制，做实单独的信贷管理、单独的资本管理、单独的会计核算、单独的风险拨备与核销、单独的资源配置、单独的考评激励约束，形成了"六单管理"运行机制。邮政储蓄银行加大绩效考核力度、实施内部资金转移定价优惠政策、给予信贷额度和经济资本配置倾斜，出台涉农和扶贫贷款尽职免责实施细则，成立乡村振兴审查团队，营造信贷人员"敢贷、愿贷、能贷"的良好环境，通过一揽子政策支持体系完善普惠金融服务模式，激发和释放服务"三农"的内生动力。

2. 农村金融机构：聚焦服务县域，增强支农功能

农村商业银行和村镇银行等农村金融机构是小型银行的主要组成部分，长期以来聚焦服务"三农"，是金融支持乡村振兴的重要力量。与其他银行机构相比，农村金融机构的优势主要有如下四点。一是网点众多，下沉乡镇，总体上优于农业银行和邮政储蓄银行。二是负债成本低，息差空间大。三是作为一级法人，决策链条短，对市场变化反应迅速。四是拥有与乡镇政府和农户熟知的人缘、地缘、业缘优势。当前"三农"政策对农村金融机构的定位较高，2019年发布的《关于金融服务乡村振兴的指导意见》明确要求强化农村中小金融机构支农主力军作用。《乡村振兴战略规划（2018—2022年）》要求推动农村信用社省联社改革，保持农村信用社县域法人地位和数量总体稳定，完善村镇银行准入条件。农村商业银行坚持服务县域、支农支小的市场定位。省联社作为农村中小金融机构的管理机构，积极探索改革路径，淡化行政管理职能，突出专业化服务功能。村镇银行强化支农支小定位，从县域进一步下沉，向乡镇延伸服务触角。强化县域机构业务导向，明确资金投放使用应以涉农业务为主，针对较高的涉农贷款不良率，把防控涉农贷款风险放在更加重要的位置，提高风险管控能力。

近年来，农村法人金融机构大力推进产权制度改革，提升服务乡村振兴实

力。数据显示，截至 2020 年末，全国已有 12 个省市完成农信社改制工作，包括北京、上海、天津、重庆 4 个直辖市及安徽、湖北、江苏、山东、江西、湖南、广东、青海 8 个省份。截至 2021 年末，全国已组建农村商业银行 1596 家，通过改革募集股本超过 1 万亿元，农村金融机构资产规模达到 42.63 万亿元，机构资本和经营实力得到增强。省联社按照"一省一策"要求，建立现代金融企业制度，例如，浙江省农信联社采取由下而上的持股方式，改制为浙江农村商业联合银行；有的省采用省联社、县级联社双层结构；有的省正在分别组建几个农商行板块。

3. 开发性政策性金融：注重早期介入、综合设计

政策性金融主要开展批发类中长期信贷业务。在乡村振兴背景下，开发性政策性金融能够较好地平衡政策调控和市场机制的关系，在项目设计早期阶段介入，优化融资方案，坚持保本微利宗旨，为商业金融后续介入创造良好条件。政策性金融可以提供大额低息长期资金，在农村基础设施和产业发展初期具有难以取代的支持效应。《乡村振兴战略规划（2018—2022 年）》提出明确国家开发银行、中国农业发展银行在乡村振兴中的职责定位，加大对乡村振兴信贷支持力度。2019 年发布的《关于金融服务乡村振兴的指导意见》明确了业务支持侧重点，鼓励开发性、政策性金融机构在业务范围内为乡村振兴提供中长期信贷支持。国家开发银行（简称国开行）侧重培育农村经济增长动力，中国农业发展银行（简称农发行）聚焦粮食安全、脱贫攻坚等重点领域和关键薄弱环节发挥主力和骨干作用。

在实践方面，国开行注重综合设计，构建结构化还款来源，推动项目总体在长周期内实现商业可持续。一是在不新增政府债务的前提下，通过归集项目经营收益、涉农补贴资金、土地增值收益、融资主体公司现金流等，实现项目的全域平衡。例如，湖北潜江"虾稻共作"项目要建设虾稻田等农业基础设施，

厂房冷库等产业配套设施，饮水、幼托、养老等公共服务设施，项目收益难以覆盖贷款。国开行归集种养和销售收益、冷库等资产出租收益、检测和技术指导等服务收益、盘活经营性土地获取的增值收益、公司其他经营性收益、政策性涉农资金对融资主体增资的部分等，最终保证了项目还款来源的稳定性。二是为了弥补分支机构少、管理半径小的劣势，以转贷款模式批量支持农业中小企业和新型经营主体，向商业银行发放贷款并指定用途，再由合作商业银行将贷款转贷给企业或农户。例如，国开行浙江分行推出台州转贷款合作模式；甘肃分行筛选合作中小银行，向农业企业、农民专业合作社、农业大户提供贷款。三是协助编制政府规划方案、推动建设涉农龙头企业、筛选地方特色产业、培育全产业链，关注特色农业经营主体、园区建设。国开行主动对接国家战略，支持高标准农田建设，截至 2020 年末，累计发放贷款 1000 亿元，支持高标准农田建设 200 万亩。

农发行立足农业政策性银行定位，按照"组织领导不减弱、扶持政策不减少、工作要求不减轻、考核标准不降低"的要求，服务乡村振兴。推出粮食收购贷款信用保证基金，由政府和符合条件的粮食企业共同出资设立，按照信用贷款方式支持企业收购玉米、小麦、稻谷、大豆等主粮品种，贷款期限不超过1 年，可周转使用，执行 LPR 利率。围绕土地资源指标进行贷款模式创新，以农村全区域全要素为主要支持内容，以补充耕地指标、城乡建设用地增减挂钩节余指标和集体经营性建设用地改革入市等农村土地资源资产流转交易收益作为主要还本付息来源，有效创新服务乡村振兴战略的模式。探索田园综合体支持模式，支持集现代农业、休闲旅游、田园社区于一体的特色小镇和乡村综合发展。设立种业股权投资基金，助力现代农业发展，截至 2020 年底累计投资32 个项目，累计投资金额 18.34 亿元，所投资企业服务全国 35% 的小麦种植、30% 的水稻种植、20% 的玉米种植。农发行还积极与海南省政府沟通谋划设立南繁育种基金。

4. 中型银行：重点服务农业龙头企业和优势产业

股份制银行、城市商业银行等中型银行虽然业务重心在城市，但立足自身特点，对乡村振兴的金融支持力度持续加强。中型银行服务乡村振兴的主要短板是网点资源集中在城市，个别覆盖县域，乡镇以下几乎为空白。中型银行普遍规模较小，负债成本高于大型银行和农村金融机构。为弥补上述劣势，股份制银行等中型银行积极应用金融科技，立足细分市场，发挥比较优势。《乡村振兴战略规划（2018—2022年）》提出"支持中小型银行优化网点渠道建设，下沉服务重心""创新服务模式，通过互联网和移动终端提供普惠金融服务"。中型银行根据自身业务优势，突出重点支持领域，提升差异化竞争能力，积极创新金融产品和服务方式。

股份制银行积极创新金融产品，服务农业龙头企业。招商银行（简称招行）运用金融科技促进涉农服务全流程改造升级，重点服务涉农企业数字化转型。招行围绕企业生产经营的五大场景推出了"企账通""企服通""捷算通""易融通""跨境通"的"五通"综合服务方案，实现了对涉农企业生产经营的全方位、全场景服务。以个人为借款主体的农业小微企业，可通过招贷App快速融资。招行推出"云闪贴"和"云闪承"业务，支持客户线上询价，快速到账。2021年前三季度，招行分别为348家农业科技型企业和793家农机制造行业客户融资27亿元和119亿元。平安银行运用5G、物联网等技术赋能智慧农业。2020年12月，平安银行定制的金融业首颗物联网卫星"平安1号"顺利入轨，以此为基础积极打造天地一体化的物联网解决方案，探索"物联网＋金融"新道路，有效解决地面、基站无法全覆盖的问题。平安银行还挖掘数字资产价值，利用数据反映企业的真实经营状态，评估经营风险，进而为客户提供多样化的金融服务。兴业银行通过传感器等物联网终端，构建一场景一模型，有效解决农业企业抵押物不足的难题。在安溪，兴业银行基于"金服云"平台推出的"泉茶贷""茶农贷"，解决茶企资金需求难题。兴业银行依托银银平台，推进支付结算服务、金融云等技术输出，帮助村镇银行等农村金融机构，加强金融基础设施建设，拓宽资金来源渠道，加快资产流转。截至2021年底，兴业银行核心系统累计在260余家中小银行上线运营，包括村镇银行186家。

三、银行业支持乡村振兴面临诸多挑战

虽然乡村振兴战略实施以来，"三农"对银行金融服务的需求不断扩大，银行业支持"三农"也迎来不少新的有利条件，但客观来讲，除"三农"面临的生产效率低、风险高、市场主体分散等问题尚未得到解决之外，当前银行体系支持乡村振兴仍面临不少困难和挑战。

（一）农村金融服务仍存在较大供需缺口，县域存贷比低的问题长期得不到解决

以信贷业务这一银行业支持乡村振兴的主营业务为例，实践中面临重重困难。一是涉农领域期限错配问题严重。农业存在明显的周期性和高风险特征，传统信贷方式资金期限短、收益确定性要求高，与农业产业期限长、收益不确定的特征相冲突。二是资金可得性差。以农业基础设施项目为例，资金缺口普遍偏大、投资周期长、准公益性强、现金流不足，传统财政资金投入难以满足项目资金需求。三是缺乏合格借贷主体，全局带动性农业龙头企业数量依然偏少，而信贷审批风险门槛高，难以匹配合格借款主体，金融资源供给与涉农产业需求错配的结构性矛盾突出。四是信用结构搭建困难，农村金融生态和信用体系建设滞后，法规和政策体系不完备，政策性担保体系不健全，农业保险配置不足，风控要求的有效抵质押物缺乏，风险补偿和分担机制有待完善。

上述矛盾在宏观层面表现为农村金融服务相对于城市金融服务仍存在较大供需缺口。从绝对供需缺口来看，由于存在数据缺口，难以准确估算。中国社

科院 2016 年 8 月发布的《中国"三农"互联网金融发展报告（2016）》，综合利用农业增加值、农户贷款额等数据估算得出当时我国"三农"金融供需缺口超过 3 万亿元。该课题组以其构建的农村生产函数测算，农村金融年度供需缺口为 6 万亿 ~ 8 万亿元。从相对供需缺口来看：居民部门方面，利用人民银行住户贷款余额、农户贷款余额等数据估算城乡居民人均贷款获得量，总的来看农村居民人均贷款获得量尚不足城镇居民的一半；企业部门方面，第一产业贷款余额占其增加值比重显著低于第二、第三产业，第一产业的企业户均贷款额也明显低于第二、第三产业。

在中观层面，农村金融服务供需矛盾突出表现为县域存贷比低的问题长期得不到解决。村镇银行、农村合作社和农商行县域存贷比普遍为 65% ~ 70%，低于城市地区约 20 个百分点。大型商业银行、股份制银行县域存贷比更低，部分县域行存贷比甚至低于 50%，表现为"吸水多"而"灌溉少"，农村资金存在外流情况。以湖北省为例，2019 年末全省县域存贷比为 61.05%，低于全省存贷比 25.4 个百分点。各县市之间存贷比不平衡现象突出。有的县市指标超过 100%，而有的县市存贷比不足 40%。2020 年末，全省有 19 个县的存贷比低于 50%，占全省县域总数的 28.8%。从承贷主体看，农村贷款、农户贷款、农业贷款的有效满足率均不超过 50%，部分地区甚至仅为 20%。

（二）不同类别银行业机构的竞争合作关系有待理顺

一是政策性、开发性金融机构与大型商业性金融机构在一定程度上竞争失序。尽管监管部门近年来不断明晰和强化对政策性、开发性金融机构的定位安排和差异化业务要求，但实践中在乡村大型基础设施、保障国家粮食安全重大项目等细分业务领域的中长期融资市场，政策性、开发性金融机构与大型商业银行之间的竞争较为激烈，个别地区甚至存在无序竞争。同时政策性、开发性金融机构内部涉农政策性业务与商业可持续性业务边界仍不够清晰。

二是政策性、开发性金融机构与农村中小银行之间以转贷资金为主要形式的合作仍停留在局部地区试点阶段，规模较小，准入条件与合作期间的权利义务、风险监督机制有待进一步完善。

三是商业性金融机构内部竞争多、合作少，大型银行不断挤压中小银行生存空间。2018年以来，在政策引导、要求下，大型银行普惠小微贷款连续三年量增价降，市场份额由2019年一季度的25.9%提高到2021年末的34.4%，提高8.5个百分点，利率平均下降约一个百分点，成为金融普惠服务小微企业的"头雁"。但"下沉"市场中也出现了"掐尖""挖根"等乱象。个别地区大型银行的分支机构利用成本优势，以极低的利率"掐尖"，利率从3%到5%不等，甚至不能覆盖成本，扎根本土的农商银行运营成本高、风险相对集中，如果以同样低的利率发放贷款就意味着亏损。上述现象客观上扰乱了农村金融市场秩序，挤压了中小银行的生存空间。

（三）大型银行乡村金融服务的触达体系仍不畅通

近年来大型银行虽然注重运用金融科技，加快完善乡村金融服务触达体系，但线下网点缺乏和人员不足等短板使线上线下渠道触达能力弱等问题依然存在，难以便捷地开展各种营销活动并有效提供金融产品和服务。

一是银行网点有效服务时间不足。国有银行提供乡村振兴业务的网点往往位于县域甚至是村镇，离中心城区较远。由于营业网点与支行金库距离较远，为保障业务合规，县域及村镇网点只能"晚开早关"，有效服务时间被压缩。

二是产品和服务以基础业务为主，增值服务能力不足。虽然社区自助银行和自助机具的布放扩大了农村金融服务覆盖面，但与城市金融业务相比仍有较大差距。尤其是对农村合作社、专业大户的培育效果不佳，未能很好地对上述农村大型客户提供专业的金融辅导和咨询服务。

三是缺乏适合农村客户的差异化产品和服务。农村客户的资质与城市客户相比客观上仍存在一定差距，但目前大型银行部分县域及村镇网点工作人员对农村客户群体的筛选和甄别力度不够，商业银行对农村业务配置的资源与投入的人力尚显不足，未能实现精准营销，使服务乡村振兴的产品与农村实际需求不能精准匹配。

（四）农村中小银行金融科技发展存在短板

一是经济社会数字化转型迫使农村中小银行加快数字化转型。数字化技术和互联网经济的发展消除了线下网点面临的物理障碍，既使大型银行和金融科技公司等外部竞争者加快业务下沉步伐，也使农村中小银行的网点、负债成本等方面的先天优势大幅弱化，造成中小银行竞争压力不断加大、生存环境恶化。为顺应数字化发展趋势，未来农村中小银行网点数量会有所减少，业务模式会往线上、数字化方向发展。

二是数字化水平低，数字化转型成本高。金融科技初始投入多，维护成本高，对于农村中小银行来说不仅缺乏必要的技术人才和资金实力，而且难以实现规模经济。不管有没有业务和业务量大小，都要在数字化平台上进行大量投入。对绝大多数农村中小银行而言，数字化技术相关的资源投入负担过重，面临分析能力和运用能力较弱的困境。

（五）政策体系"精准支持"乡村振兴有待进一步加强

一是金融涉农统计口径不够精准。随着我国城镇化的快速发展，"三农"概念发生了很大变化，农业、农村、农民的概念有多种理解视角，因此农村金融界定和统计方面面临诸多问题。首先，实践中多将"涉农县"县域内的贷款全部认定为涉农贷款，非"涉农县"农业相关领域对公贷款也归类为涉农贷款，导致统计不够精准。其次，涉农贷款披露的信息颗粒度粗，用途不清晰。现行涉农贷款统计制度"按用途分类"条目中，未说明具体用途的"其他"项占比过半且持续上升。2020 年"其他"项在全部涉农贷款中占比接近 60%，大量涉农贷款具体投向和用途不透明。最后，数据公布数量少、频次低。涉农贷款相关数据主要通过《中国农村金融服务报告》发布，每两年披露一次，数据发布存在一定滞后性。同时，多数二级指标和所有三级指标均未公布，市场难以把握涉农贷款细节。

二是支持政策与发展目标之间的激励相容度不高，提高金融机构执行政策目标的内生激励亟待增强。近年来，在党中央部署下，财税、金融监管等部门出台了一系列优惠政策，对解决"三农"金融"成本高、风险大"难题发挥了积极作用。但公共政策措施存在政策预期不确定、程序复杂、部门之间政策缺乏协调等问题，导致资金投入负担大而激励效果有所减弱。一方面，国家层面多数税收等优惠政策和资金支持都是面向特定机构的，在一定程度上不利于市场公平竞争，容易形成一定的道德风险。另一方面，财政金融政策的联动、融合、放大效应有待提高。尽管各地在促进财政金融融合支持乡村振兴方面进行了很多有益探索，但已取得显著成效的主要还是金融机构先发放贷款、财政部门后进行贷款贴息和风险补偿这种相对简单的组合模式，"财政＋银行＋保险＋担保＋基金"五位一体、"将各类涉农数据作为信用资源、打通融资堵点"的金融科技赋能等深度融合模式目前尚处于初步开展阶段，有待进一步推进。

三是监管政策差异化程度不高，农村中小银行负担较重。以公司治理监管为例，村镇银行等农村中小银行机构规模小、业务品种简单、经营环境特殊，公司治理的实际需求与大型银行存在较大差异。但在监管制度层面，中小银行要与大型商业银行一样遵循《银行保险机构公司治理准则》的规定，缺少差异化监管政策的落地实施空间。实践中，中小银行需要平衡提升公司治理完备性的收益与公司治理架构落地的成本，既要避免公司治理流于形式、"三会一层"机制不实，也要避免叠床架屋、各类机构小而全。以村镇银行为例，一些法人机构员工不到 50 名，除"三会一层"外还要建立各类专业委员会和内设机构，麻雀虽小五脏俱全，决策流程冗长，治理成本居高不下。

四、政策建议

（一）推进农村法律体系建设，优化金融支持"三农"的外部环境

为有效保障金融服务乡村振兴过程中的各类创新，应以贯彻落实《乡村振兴促进法》为抓手，根据乡村经济发展需求和实践，适时调整和完善农村法律体系，持续优化乡村金融服务的外部环境。

一是在试点基础上，进一步探索农村用地所有权、承包权、经营权分置的有效实现形式，健全和完善农村产权评估和流转交易管理机制，规范农村产权交易市场，健全市场价格形成机制，为农村产权融资提供基础。

二是稳步推动符合法律和政策规定的农业用地成为合格抵押品，结合农村相关产权抵押贷款试点经验，加快推动《中华人民共和国农村土地承包法》等法律法规的修改完善，实现农村产权制度改革与金融服务需求有效对接，为金融机构提供涉农抵押品估值和确权等方面的业务支持，使金融服务乡村振兴有法可依、有据可循。

（二）加强监管和引导，推动形成"多层次、广覆盖、有差异"，竞争有序、合作顺畅的农村金融体系

一是深化开发性、政策性金融机构改革。厘清政策性业务与商业可持续性业务的边界，相关部门在此基础上明确政策性业务范围并落实补贴责任，通过两类业务分账管理或设立子公司实现法人隔离，加强监管。

二是完善开发性、政策性金融机构绩效考核制度，针对服务"三农"的转贷业务制定具体考核办法，落实"严格准入、事中监督、事后评价"全流程监

督，推动转贷等批发型农村金融业务在风险可控前提下有序扩大规模，强化开发性、政策性金融机构与农村中小银行的利益联结机制。

三是引导商业性金融机构错位竞争。提高对大型商业银行普惠小微贷款和信用贷款等的考核权重，尝试对单户信贷业务设置规模下限，避免大型商业银行过度挤压农村中小银行的生存空间。

（三）优化提升大型银行乡村金融服务渠道触达体系

一是坚持商业可持续性与社会服务性理念，强化线下自有渠道的"网＋点"战略布局。在重点县域采取"一县一行"的布局策略；在边远地区、欠发达地区等要秉持社会责任性原则，采取"多县一行"的布局策略，有针对性地解决欠发达地区县域网点无法实现商业可持续性经营的突出困难，提高金融服务覆盖面和可得性。

二是坚持线上一体化与协同有效性原则，强化线上服务渠道的协同一体合作布局。首先，打造平台化的渠道连接，加强与外部互联网平台之间的合作协同，如强化 App 与微信小程序和微信公众号等外部流量平台的功能对接。其次，打造新型涉农信息共享平台，如加快打造乡村地区兴农平台或兴农论坛，触达"三农"客户及供应链上下游企业，实现引流获客与活客功能。再次，加强内部平台政务、产业、消费（GBC）三端的协同合作，加强涉农各渠道间的数据共享、信息互通，实现面向客户的"一点触发、全面响应"的渠道协同。最后，强化远程客户渠道协同，实现远程审核、"三农"客户维护等方面的集约化经营。

三是坚持精细化分层与智能化管理原则，制定差异化、精准化、可持续的乡村客户智慧营销策略。大型商业银行宜结合大数据分析与人工智能技术，围绕自身乡村金融特色品牌与乡村普惠金融服务点推出系列性、精细化的互联网营销活动。

（四）支持金融科技领域的合作赋能，推动农村中小银行数字化转型

构建农村中小银行的中后台和应用场景的科技赋能平台。

一是以省联社、村镇银行等主发起机构为依托，鼓励中小银行建立共同开发、共同享有的金融科技平台或"开放银行"。鼓励省联社建立公共技术服务平台。有条件的省联社可升级为"功能型平台"，履行产品分析、技术供应、服务运维等职能。在此基础上可逐步推进"开放银行"建设，在保护隐私和系统安全的基础上分级共享技术开发成果、业务模块和客户资源。

二是支持单一法人机构、平台等多元化的中小银行行业赋能体系组织模式。大型银行旗下金融科技子公司、IT 公司、新兴科技公司等均可针对具有相同业务特征的部分同类型中小银行设立公共技术平台。中小银行也可联合科技公司共建公共技术平台，如山东省内 14 家城市商业银行和长安银行共同投资组建山东城商行科技合作联盟。设立"小而精"的平台，可应对中小银行的投入困境，提供更精准的技术服务，让不同类型的平台开发主体良性竞争。支持市场化运营的第三方系统和金融科技平台，特别是有场景优势的科技平台为地方法人银行提供服务。

（五）多措并举，提高政策体系支持乡村振兴的精准度

一是以完善乡村振兴金融服务统计制度为抓手，推动《金融机构服务乡村振兴考核评估办法》落地生效，进一步激发金融机构服务乡村振兴的积极性。完善涉农贷款统计制度，持续细化、优化金融机构对乡村振兴工作投入资源的统计指标，设置科学合理的业绩评估体系，有效引导金融机构在"三农"领域发挥"灌溉器"功能。

二是推动政策支持由选择性向功能性转变，增加普适性、竞争性政策支持。

明确政策支持额度标准，任何金融机构开展符合标准的涉农金融服务都可以获得相应的政策支持。建立以支农绩效为主的政策考评机制，改变当前以涉农机构而非支农绩效享受政策优惠的粗放方式。整合现有激励扶持措施，从"补差补机构"转向"奖优奖业务"，强化金融机构的内在激励。

三是完善激励奖惩机制，加大差异化监管引导力度。针对农村中小银行特点推行差异化、适配性公司治理监管。在遵循基本治理原则的前提下，支持中小银行构建更加简单高效的公司治理架构和科学规范的决策授权体系，形成兼顾效率与制衡的经营机制，持续完善具有小法人特色的公司治理制度。对于贯彻国家乡村振兴战略成效突出，在服务"三农"、扶持中小微企业方面主动作为的金融机构，可在资本充足率、拨备覆盖率、存款准备金率等考核指标上给予适度倾斜，适当提高农村地区信贷资产不良容忍度，同时综合运用支农支小、扶贫再贷款、定向降准等政策性货币工具和财务费用激励措施。

参考文献

[1] 中国银行业协会行业发展研究委员会. 2021 年中国银行业发展报告 [M]. 北京：中国金融出版社，2021.

[2] 中国人民银行农村金融服务研究小组. 中国农村金融服务报告 2020[M]. 北京：中国金融出版社，2021.

[3] 张承惠，潘光伟，朱进元. 中国农村金融发展报告（2019—2020）[M]. 北京：中国发展出版社，2021.

[4] 中国银行业协会农村合作金融工作委员会，村镇银行工作委员会. 全国农村中小银行机构行业发展报告 2021[M]. 北京：中国金融出版社，2022.

[5] 许峻桦. 我国银行业涉农信贷制度研究 [D]. 重庆：西南政法大学，2020.

专题报告七 生产、供销、信用"三位一体"综合合作试点的效果、问题和建议

发展生产、供销、信用"三位一体"综合合作，是推动农村生产、流通、信用等要素有机互动、叠加聚力，推进我国新型合作经济发展的重要实践形式；是完善我国农业生产体系、农村经营管理体制的重大创新；是全面推进乡村振兴、实现农业农村现代化的有效途径。我国生产、供销、信用"三位一体"综合合作始于 2005 年 4 月浙江瑞安联合农民专业合作社、供销合作社、信用合作社协同为农民服务的实践。2014 年供销合作总社在浙江开展以生产、供销、信用"三位一体"合作为主要内容的综合改革试点，随后逐步扩大试点范围。2017 年的中央一号文件提出"积极发展生产、供销、信用'三位一体'综合合作"。2021 年中央一号文件要求"深化供销合作社综合改革，开展生产、供销、信用'三位一体'综合合作试点，健全服务农民生产生活综合平台"。本报告在阐释"三位一体"综合合作背景、原理和意义的基础上，聚焦"三位一体"的实践效果，基于近年来供销合作系统在各地"三位一体"综合合作试点中形成的模式和反映出的问题，从培育服务主体、健全组织体系、强化利益联结机制、完善政策支持体系等角度提出政策建议。针对如何补齐信用合作这一"三位一体"综合合作长期实践中的最大短板，建议超越合作金融传统模式，借鉴建设银行、农业银行等机构的成功实践，进一步发挥商业银行金

融科技和资金优势，在信贷和支付结算等业务领域主动嫁接信用合作机制，完善"三位一体"合作经济的金融机制。

一、生产、供销、信用"三位一体"综合合作试点的原理与依托主体

早在新中国成立初期，生产合作社、供销合作社、信用合作社就是我国农村合作经济的主要组织形式。1955 年，浙江省平湖市新仓供销社与农业生产合作社签订购销合同，将农业生产资料销售和农副产品收购有机结合，得到党中央领导的肯定。从此，"新仓经验"从平湖走向全国，掀起了供销合作社与生产合作社合作服务农民的热潮。改革开放后，我国农村实行联产承包责任制，激发了农业生产的活力，农村经济社会实现快速发展。但我国农业生产的零碎化，制约了农业机械、农业科技等要素的投入，难以向规模化、集约化、标准化、品牌化的现代农业转型。在此背景下，农民专业合作社得到快速发展。但随着市场经济和现代农业的发展，农民专业合作社覆盖面不广、服务功能不强、发展水平不高等问题逐渐凸显，农民仍是市场竞争中的弱势群体。开展生产、供销、信用"三位一体"综合合作，符合我国"大国小农"的国情农情，通过有效整合生产、供销、信用三大体系、三重功能，助力农民专业合作社进一步提高组织化程度，实现规模经济，增强竞争能力。

（一）生产、供销、信用"三位一体"综合合作的原理

1.农户开展单一合作的必要性与局限性

农户作为弱势群体在市场中容易受到利益侵害。一方面，他们在畜群、机械、手工技能等方面进行了大量的专用性投资；另一方面，农业生产中的许多

不确定因素如天气、市场等又使他们面临着各式各样的风险。农户通过合作可以形成联盟，在降低交易费用、实现规模经济、规避市场风险过程中实现联盟成员的效益最大化。但是，农民合作社作为一种基于农户合作的农业产业化组织载体，若仅通过生产合作完成种植、灌溉、防治病虫害、收割等生产性活动，或仅通过供销合作获得农村商品流通与仓储服务，又或仅通过信用合作获得合作社内部资金支持，都只能在生产、供销或信用的某一方面形成相对于单个农户的经营优势，不能有效建立较其他市场主体更具竞争力的产业链横向、纵向组织优势。同时，单一合作模式下组织内部的利益联结点较少，很难使社员与合作社之间形成一种长久、稳定的合作关系。过于单一的合作也容易导致合作社与社员之间关系松散甚至合作关系的破裂，从而导致"空壳合作社"或"虚假合作社"出现。对此，中央农村工作领导小组办公室、农业农村部于 2019 年启动了"空壳社"专项清理工作。

2. "三位一体"综合合作的创新与优势

日、韩综合农协体系下的合作社可以为农民提供技术指导、购销、信用、保险等全方位的综合服务，为我国开展生产、供销、信用"三位一体"综合合作提供了经验。大力推进以农民专业合作社为基础、以供销合作社为依托、以信用合作社为后盾的"三位一体"服务联合体建设。以专业合作社为基础，全过程合作和全要素合作两条路径促进单一合作向生产、供销、信用"三位一体"综合合作转变，有利于在异质性社员之间形成更为稳定、更可持续的合作关系，围绕农业产业链上下游和多元要素合作形成具有利益趋同性的共同体（见图 7-1），进而推动农业产业链在横向扩展基础上迈向纵向一体化，同时实现规模经济，提高合作者经济收益。

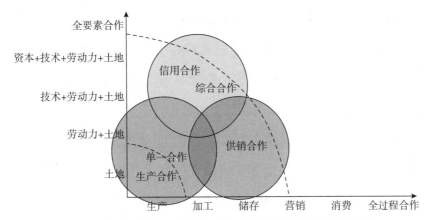

图 7-1 生产、供销、信用"三位一体"综合合作的内在机理

资料来源：朱乾宇、龙艳、钟真：《"三位一体"：从单一合作到综合合作的制度创新》，《农业经济问题》2021 年第 6 期，第 21 页。

3. "三位一体"综合合作的内涵

生产合作与流通（供销）合作具有天生的不可分割性。生产和流通（供销）是人类最主要的经济活动之一，也是农业产业链的有机组成部分，两者相互依存，互为促进。对农业生产来说，最重要的是土地和人力，但是农业生产要真正实现价值，离不开农资投放、农产品收购、农产品运输销售等流通（供销）要素的投入，而生产和流通（供销）要素的投入，又需要资金要素的保障。信用合作一方面有利于促进生产合作和流通（供销）合作，另一方面又必须以生产合作、流通（供销）合作中产生的生产交易为基础，只有三者有机结合，才能实现效用最大化。"三位一体"综合合作实质上是在农业现代化进程中，通过促进农业产业链上的资源共享和协同发展，形成适度规模效应，从而实现农业的降本增效。这是生产、流通（供销）、信用"三位一体"综合合作的内在逻辑和根本目的。

在"三位一体"综合合作中，生产合作是基础，通过生产合作，整合农村的土地资源和人力资本等生产要素，发挥技术优势和规模效应，帮助小农户与现代农业有机衔接；流通（供销）合作是主导，在生产合作的基础上，以流通促进生产成果的转化，实现一二三产业融合发展，为工业反哺农业、城市支持农村架起桥梁和纽带，推动小农户与大市场有机衔接；信用合作是支撑，为生产合作、流通（供销）合作提供资金融通和各项服务，推动农业产业的发展，并通过金融创新，将技术、数据等生产要素纳入体系，进一步提升生产合作和流通（供销）合作的效率，实现更高层次的合作。

如果将"三位一体"类比为一个联立方程，其有唯一解、均衡解和稳定解。"三位一体"，首先是农民专业合作、供销合作、信用合作三类合作组织的三位一体，为此需要促进其发展、规范与改革，加强合作、联合与整合。"三位一体"，又指金融、流通与科技三重合作功能的三位一体，为此需要以合作组织为载体，全面深化农村金融、流通与科技体制改革，提升为农服务的公平性与效率。"三位一体"综合合作中的"一体"，既可以是组织体系的一体化，也可以是服务功能的一体化，不应局限于某一种形式。无论何种模式，只要能将生产、供销、信用等服务功能有机融合，提高农民组织化程度，形成推动农业产业发展、农村文明繁荣、农民持续增收的合力，就达到了"三位一体"综合合作的目的。

4. 信用合作及其形态

信用合作是支撑"三位一体"综合合作的关键，是联系生产合作和供销合作的纽带。我国农村金融长期供给不足，仅仅依靠商业性金融和政策性金融无法从根本上解决农民的资金问题，农村合作金融具有其他形式金融不可替代的价值。信用合作不能脱离生产合作和供销合作，三者合而为一、融合发展方能相互促进。我国的农村合作金融仍有发展空间，尚未成长为农村金融的一支重要力量。究其原因，主要是以家庭为单位、自给自足的小农经济模式缺乏广泛合作的基础。在交易量、交易频率不高的情况下，合作金融难以单独存活。一旦离开了生产合作和供销合作，信用合作必定偏离合作的初衷和方向。这也是一系列中央文件反复强调要"在生产合作和供销合作基础上开展信用合作"的依据所在。

实施乡村振兴战略，必须解决钱从哪里来的问题。要以农民合作为依托，大力发展合作金融组织，走合作性金融、商业性金融、政策性金融协调发展之路。考虑到原有农村信用社已演变为商业银行，从 2008 年至今，中央多次提出发展新型农村合作金融。新型农村合作金融的主要形式，是发展依托农民专业合作社的资金互助业务。从 2004 年全国首个民间自发组织的资金互助社——吉林省四平市梨树县闫家村百信农村资金互助社诞生以来，全国各地涌现的各类农村资金互助组织多达上万个。现阶段以农村资金互助社为代表的农村合作金融组织可概括为五种形态：一是监管部门批准的正规农村合作金融试点，二是扶贫系统开展的扶贫资金互助社试点，三是由农业部门推动、依托农民专业合作社而建立的农村（或农民）资金互助合作社，四是由供销系统主导的农村（或农民）资金互助社，五是农民、各类企事业单位、社会组织开展的农民村社合作金融试点。在此基础上创设出纯合作性金融、合作金融＋商业金融、合作金融＋政策性金融、合作金融＋商业金融＋政策性金融等多种模式。

目前，尚无哪一种模式具有较高的推广价值和可复制性。在某地得到实践验证的一种成功模式，一旦被其他地区借鉴，往往出现"水土不服"的现象。造成这一现象的表面原因在于各地特定的社会经济条件和政策环境差异，而深层次的原因则在于各地合作的基础条件不同，尤其是生产合作和供销合作的基础不同。生产合作、供销合作之于信用合作，犹如皮和毛之间的关系，皮之不存，毛将焉附？如果割裂了信用合作与生产合作、供销合作之间的联系，仅谈信用合作，可能会陷入僵局。因此，更好地处理生产合作、供销合作与信用合作的关系，将三者融为一体、协同发展，才是当前突破各地信用合作发展瓶颈的关键。鉴于此，2021 年中央一号文件明确提出"稳妥规范开展农民合作社内部信用合作试点"。

（二）供销合作社是推进"三位一体"综合合作试点的重要依托

从理论上分析，供销合作不等于原有供销社，信用合作也不等同于原有信用社。供销合作、信用合作都是合作实现的功能形式。实践中，供销合作社作为从诞生之日起就联结生产、流通、消费各环节的综合性合作经济组织，具有开展"三位一体"综合合作试点的天然优势。供销合作社是"三位一体"综合合作的依托。当前，以供销合作社为依托推进"三位一体"综合试点，基础是供销合作社自身拥有的独特优势。一是独有的政治和政策优势。供销合作社作为党领导下的为农服务的综合性合作经济组织，兼具经营性和公益性，是党和政府做好"三农"工作的重要载体，在地方政府和农民群众心目中享有一定声誉，这是供销合作社拥有的无形资产。二是拥有多年来形成的组织网络体系，能够提供"末端服务"。截至 2020 年末，全国基层供销合作社所属的经营服务网点共有 100.5 万个，其中村级综合服务站 42.5 万个，占经营网点总数的42.3%。村级服务站可以为农民生产与生活提供多方面的服务。在很多地区，供销合作系统的经营服务网络覆盖各县（市、区）的乡镇和大部分行政村。三是相当一部分供销合作社具有一定的人才基础和物质基础。改制后，供销合作社保留了一些掌握信息和拥有技术及管理经验的专业人才。自 2015 年启动供销社系统综合改革以来，又有一批优秀管理人员进入供销合作社，使供销合作系统具有一定的人才储备。许多供销合作社还拥有现成的场地和设备等物质资产。专业人员以及保存的房屋土地既是供销社自身深化综合改革的基础，也是推进"三位一体"综合合作试点的基石。

推动"三位一体"综合合作试点，需要有主导力量来创新与完善体制机制、整合农业农村资源、促进资源优化配置，打造农村一二三产融合的一体化发展平台。供销合作社拥有的组织网络、人力资本和物质资产都是基层农民专业合作社、家庭农场、农村经纪人、传统小农户所不具备的。在深化综合改革的进程中，供销合作社完全有条件成为联接农民和市场的纽带和桥梁，成为促进农村一二三产融合、促进"三位一体"综合合作的主导力量。2017年的中央一号文件提出"加强农民合作社规范化建设，积极发展生产、供销、信用'三位一体'综合合作"。2021年的中央一号文件则有针对性地提出要深化供销合作社综合改革，开展生产、供销、信用"三位一体"综合合作试点。供销合作社可以作为推进"三位一体"综合合作方面的重要抓手和载体，通过大胆探索，积累经验，有所作为。这为新时代供销合作社的发展提供了难得的机遇。

二、生产、供销、信用"三位一体"综合合作试点的政策沿革、模式分析与试点成效

（一）生产、供销、信用"三位一体"综合合作试点的政策沿革

2005年4月，浙江省瑞安市率先将供销合作社、政府涉农部门和农民专业合作社联合起来为农服务，这是"三位一体"综合合作的实践萌芽。2006年1月，习近平同志在浙江省农村工作会议上提出农民专业合作、供销合作、信用合作"三位一体"的构想，并在当年12月19日的浙江省发展农村新型合作经济工作现场会上进一步表述为："三位一体"是三类合作组织的一体化，也是三重合作功能的一体化，又是三级合作体系的一体化。

2017年，中央一号文件首次提出积极发展生产、供销、信用"三位一体"的综合合作。2021年中央一号文件进一步提出，深化供销合作社综合改革，开展生产、供销、信用"三位一体"综合合作试点，健全服务农民生产生活综合平台。为落实中央一号文件精神，2021年3月，农业农村部发布的《关于开展2021年农民合作社质量提升整县推进试点工作的通知》提出，鼓励以农民合作社为组织载体发展生产、供销、信用"三位一体"综合业务合作。2021年6月

人民银行等六部门发布《关于金融支持巩固拓展脱贫攻坚成果 全面推进乡村振兴的意见》提出，推动开展生产、供销、信用"三位一体"综合合作试点。同月，中华全国供销合作总社等联合出台《关于开展生产、供销、信用"三位一体"综合合作试点的指导意见》，提出通过培育实施载体、完善服务功能等方式，从 2021 年 7 月开始为期 2 年的试点，到 2023 年 6 月打造若干具有引领示范作用的"三位一体"试点单位。

（二）供销合作社推进"三位一体"试点的主要模式

2014 年，供销合作总社率先在浙江省开展以生产、供销、信用"三位一体"为主要内容的综合改革试点。2015—2016 年，全国多数省份在开展综合改革中提出发展生产、供销、信用等综合服务，其中，浙江、重庆、贵州等地在全省（市）范围内推进"三位一体"综合合作。2017 年，供销合作总社会同中央农村工作领导小组在浙江省瑞安市召开发展"三位一体"综合合作、深化供销社综合改革现场交流会，推动各地发展"三位一体"综合合作，扩大改革成果。目前，浙江、重庆、山东、河北、四川等地供销合作社因地制宜，开展了不同形式的"三位一体"综合合作实践探索，取得了一定成效。

从试点情况看，各地"三位一体"综合合作主要分为复合、外联、内联、平台嵌入四种模式。复合模式主要是浙江省等地探索的依托农民合作经济组织联合会来开展综合合作的模式。外联模式主要是重庆市等地探索的供销合作社、农民专业合作社、农村信用社"三社"融合发展模式。内联模式主要是山东省、贵州省等地供销合作社开展的内部"三位一体"综合合作模式。平台嵌入模式主要是河北省、山东省、四川省等地以农村金融综合服务平台、土地托管服务平台为依托，将平台聚集的各类资源有效整合，为农民生产生活提供服务的模式。

1. 复合模式

浙江省探索的农民合作经济组织联合会（以下简称"农合联"）是具有生产、供销、信用"三位一体"服务功能的新型农业社会化服务体系。它在体制改革基础上，将农民合作经济组织、各类为农服务组织联合起来，共同推进农业经营、农村供销、农村金融、涉农管理等。这种模式在以供销合作社牵头的"农合联"大平台内运行，同时"农合联"各组成部门如供销合作社、农业部门、金融机构又各自独立，具有复合性特征。

"农合联"是在民政部门注册登记的非营利性社会团体，按行政层级设置，以县、乡镇两级为重点，逐步形成省、市、县、乡镇四级组织体系。省、市、县级"农合联"依托供销合作社组建，乡镇级"农合联"依托基层供销合作社或乡镇农业公共服务中心组建。各级"农合联"实行代表大会、理事会、监事会制度，县级以上"农合联"设执行委员会，提供生产生活服务、综合管理服务和合作投资服务。此外，省、市、县三级"农合联"设立资产经营公司和农民合作发展基金，资产经营公司负责下属全资、控参股企业的经营管理；农民合作发展基金主要发展"农合联"的为农服务事业，并优先用于建立和补充农村合作金融风险补偿资金。

"农合联"在拓展生产、供销、金融三大服务内容的同时，通过承接相关部门涉农服务职能，合力构建区域"农合联"通用性服务与产业"农合联"专业性服务衔接配合的新型农业社会化服务体系。一是推进现代农业生产服务体系建设。开展"绿色农资""肥药减量增效"行动和农业废弃物资源化利用等农业绿色生产服务，建立新型农技推广服务体系，提供土地流转、代耕代种、统防统治、农机作业等农业生产作业服务。二是推进农村流通服务体系建设。积极承接农产品批发市场、农贸市场运营管理，引导"农合联"龙头企业投资农产品物流配送企业，推动农产品集采集配、直供直销，推进农村电子商务平台建设，有效对接生产和销售。三是推进农村信用服务体系建设。积极整合"农合联"内外部金融资源，建立健全以农信机构为主，全面覆盖"农合联"成员的授信服务、担保服务、保险服务相衔接的普惠金融服务体系。四是积极承接涉农服务职能。浙江省供销合作社积极与党委政府、相关部门协调，承接政府及涉农部门转移或委托的工作职能以及购买服务。

在信用合作领域，"农合联"重塑了"三位一体"新型农村合作金融体系：以信用为纽带，横向通过"农合联＋合作社＋互助社＋金融机构"模式实现跨机构、跨部门信用合作，纵向通过"农合联＋基层合作社＋合作联社＋合作基金"模式实现跨领域、跨地域信用合作，在"三位一体"合作框架内构建起一张立体式的信用合作网。

2. 外联模式

重庆市等地探索的供销合作社、农民专业合作社、农村信用社"三社"融合发展模式，使相对独立的经营主体通过适当方式进行横向合作。这种模式不是依靠供销合作社内部开展信用合作，而是依托农村信用社、商业银行等外部金融资源开展信用合作。从参与主体的内在联系来看，"三社"融合属于功能性合作。

2018 年，重庆市印发《关于推进"三社"融合发展的实施意见（试行）》，明确市供销合作社负责牵头建立统筹管理、联席会商的运行机制，区县党委、政府作为责任主体，推动"三社"融合发展；2019 年出台的《重庆市农村"三社"融合发展资金管理办法》提出，建立用于基层社改造建设和开展农业社会化服务、农民专业合作社提质增效规范发展、农民专业合作社信贷风险补偿、贷款贴息以及政府购买的各类为农服务活动的发展基金。这两个文件从政策支持和财政保障两个维度全力推进"三社"融合发展。

重庆"三社"融合工作主要从三方面开展。一是改造建设基层社，夯实"三社"融合基础。按照有资产、有能人、有产业、有制度的"四有"建设标准促进基层供销合作社恢复新建、改造完善、提质增效。采取"村社共建"方式建设农村综合服务社，组建农民合作社服务中心，为农民专业合作社和农业经营主体提供全方位服务。二是推动农民专业合作社与基层社融合发展。各地供销合作社立足地方主导产业和特色产品，采取股份合作、生产合作、服务合作等多种形式领办创办农民专业合作社和联合社，共同出资、共创品牌、共享利益。充分发挥供销合作社农资供应主渠道作用，推广农业社会化服务，积极畅通城乡双向流通服务渠道，打造"村村旺"农村电商综合服务平台，促进小农户与现代农业、小农户与大市场的有机衔接。三是推动信用社与供销合作社、农民专业合作社融合发展。加强供销合作社与农村商业银行、中国建设银行等金融机构的共建合作，推动涉农银行、保险机构、担保机构等金融机构在供销合作社网点布设信息化金融设备，为农民提供普惠金融服务。探索开展合作金融服务，以重庆农信集团为龙头打造综合性金融服务平台，在符合条件的区县供销合作社和基层社稳妥开展内部资金互助活动。

3. 内联模式

山东省、贵州省等地在供销合作社或农民专业合作社内部设立生产、供销、信用等服务部门，以产业链为依托，将各项功能串联起来，为农民和涉农主体提供综合服务。其中，信用合作主要通过开展资金互助服务的方式进行。这种模式主要在供销合作社系统内部进行。

自 2014 年山东成为全国农村合作金融试点省以来，山东省社围绕不同领域实现产业链纵向服务功能的联结，通过建立各种实体组织，发展生产合作、供销合作、信用合作，依托供销社自身实体形成"三位一体"的闭环综合服务模式。在种植服务领域，探索形成以"土地托管"模式为核心的农业社会化服务模式，通过"农业服务公司＋为农服务中心＋土地托管"模式实现种植产业链的体系化，延伸服务功能。在养殖服务领域，探索形成"龙头企业＋专业合作社＋基地＋养殖户"的生态农业发展模式。在流通领域，通过线下建设实体经营服务网络、线上发展农村电子商务，发挥实体支撑、龙头企业带动作用，打造集统采分销、物流配送、电子商务、为农服务等功能于一体的现代流通服务体系。在信用合作领域，打造合作社、联合社、小贷公司三大平台，以合作社信用互助和联合社资金调剂为主，以小贷业务为补充，为供销合作社开展生产服务、流通服务提供资金支持。

4. 平台嵌入模式

河北省、四川省等地供销合作社以搭建的农村合作金融服务平台、土地托管服务平台为依托，聚集政府、供销合作社、金融机构、涉农单位等各类主体，将生产、供销、信用功能嵌入平台，为涉农主体提供综合服务。

河北省供销合作社作为综合改革试点，根据 2015 年中央一号文件有关要求，结合自身实际，谋划创建了具有河北特点的农村合作金融服务平台，在原有投资管理公司、担保公司、农产品电商公司、小贷公司、村镇银行、保险代理公司基础上，新创办了可提供农村产权交易、金融租赁等服务的公司，形成了以 9 个业态为主的农村合作金融服务体系。同时，为实现省、市、县、乡上下贯通，各金融企业合作、互联、共赢，省社建立合作金融大厦，市、县建立金融服务中心，乡镇建设供销金融超市，村建设助农服务站，五级联动。河北省供销合作社创建的农村合作金融服务平台扎根农村、连接农业、贴近农民，让农业经营主体产权能流转、抵押够条件、融资有渠道、担保有平台、生产有保障、风险能化解、产销能衔接，为现代农业发展提供产前、产中、产后的全过程金融服务。

5. 比较分析

总的看来，复合模式是推进"三位一体"综合合作较为理想的模式，但无论是搭建"农合联"体系，还是有效整合涉农资源，都需要政府的大力支持和强力推动。浙江省委、省政府对"三位一体"综合合作高度重视，高位推动，分别于 2014 年、2016 年、2019 年召开三次现场会，先后以省委省政府和省委办公厅名义出台文件、部署工作，由省农办牵头主导协调推动工作，为"三位一体"综合合作顺利推进提供了坚强领导和有力保障。外联模式借助外部金融机构能够较好地解决内部信用合作短板，如重庆市的"三社"融合，推进供销合作社、农民专业合作社、信用社完善功能、相互支持、融合发展，特别是通过市财政拨款以风险补偿、贷款贴息等方式帮助供销合作社、农民专业合作社解决融资难题，取得了较好成效。实际上，整合三重合作功能、三类合作组织、三级合作体系的难度较大。目前，"三社"融合更多的是工作协同，有"三位"而无"一体"。内联模式在供销合作社内部运行，容易实现资源整合，效率最高，但需要供销合作社具有一定的资产基础、较强的经营能力和融资能力。采取内联模式的山东省、贵州省等地，大多具有开展信用合作的基础，但也存在一定的风险隐患。平台嵌入模式是"三位一体"综合合作的有效创新形式，但多数地方供销合作社不具备这方面的条件和能力。

（三）推进"三位一体"综合合作试点的成效

开展"三位一体"综合合作试点，有助于全面推进乡村振兴、实现农业农村现代化、更好践行为农服务宗旨。

一是从国家"三农"工作全局看，"三位一体"综合合作是完善我国农业生产关系和农村经营管理体制的重大创新，也是实现乡村振兴和农业农村现代化的有效途径。改革开放后实行的家庭联产承包责任制，是我国土地制度的一次重大创新，实现了农村经济的第一次飞跃。2016 年，中央推行土地所有权、承包权、经营权"三权分置"，通过经营体制的改革推进适度规模经营，改进农业生产方式，提升农业生产效率，但要真正实现农村经济的第二次飞跃，必须配套解决农业生产组织形态、运营机制及管理体系等方面的问题。发展"三位一体"综合合作、打造新型合作经济体系，能够更好地提高农民组织化程度，促进生产、流通、金融各类资源要素良性互动融合，进行集约化配置，推动一二三产业紧密联动、协同发展，实现农业产业链的延伸、农业生产效率的提升和农民增收致富。可以说，"三位一体"的构想切合中国实际，既是对农业合作的国际经验取长补短，又可对计划经济时期就已形成的供销社、信用社进行改造利用。

二是有利于优化农村资源要素配置，改进农业生产方式，提升农业生产效率。发展现代农业，既需要以资本、技术等现代生产要素投入农业，又需要以规模化、集约化、标准化、品牌化的现代生产方式改造农业。发展"三位一体"综合合作，能够促进各类资源要素在产业之间良性互动和渗透，进行跨界集约化配置，使农业生产、农产品加工和销售、农村金融服务等有机融合在一起。此外，"三位一体"综合合作的发展模式不仅可以让农民获得初级农产品生产的收益，还能使普通农户社员分享农资提供、农产品加工和流通环节的利润，有助于打破农资提供和农产品加工业寡头垄断的市场格局，优化市场结构。

三是有利于构建农村新型合作经济体系，创新农业经营体制，完善农村生产关系。加快农村基本经营制度创新是农村市场经济发展的现实需要，也是深化农村综合改革的必然要求。发展"三位一体"综合合作，可以帮助农民专业合作社进一步提高组织化程度，完善服务功能，提升发展水平，增强竞争能力，并通过生产合作与流通（供销）合作、信用合作的融合，打造新型合作经济体系，在坚持和稳定农村统分结合的双层经营体制的基础上，进一步丰富双层经营体制中"统"的内涵，为家庭生产经营进一步走向市场、走向现代化打开新的空间。可以说，这是农村生产关系和农业经营体制的一种创新。

四是有利于推动政府农业管理职能转变，创新农业管理体制，更好地支持农业发展。在现实的经济社会活动中，农业生产、供销流通、资金融通是在交融促进中共同发展的。但在现行的行政管理体制下，农业部门抓生产、商业部门抓流通、金融部门抓信用，其他相关部门提供相应的管理和服务，无形中将生产、流通、信用分割开来，不仅影响了农业产业链条各要素的良性互动，导致农业产业发展缺少协同性，摩擦成本增加，也不利于农业支持和保护政策的有效落实。发展"三位一体"综合合作，可以在充分发挥市场配置农业资源主导作用的同时，进一步理顺各部门职能关系，改进农业行政管理方式，更好地发挥政府的作用，使农业发展资源高效地实现跨领域调配和整合。

五是有利于深化供销合作社系统综合改革，健全农业社会化服务体系，助力乡村振兴战略实施。2015年的中央一号文件要求全面深化供销合作社综合改革，把供销合作社打造成全国性为"三农"提供综合服务的骨干力量。党的十九大提出实施乡村振兴战略，对供销合作社深化综合改革既提供了更为有利的环境，也提出了新任务、新要求。通过发展"三位一体"综合合作，可以推动供销合作社进一步深化综合改革，提升生产、流通、信用等综合服务能力，构建为新型农业经营主体和小农户等提供协同服务的新型农业社会化服务体系，更好地推进乡村振兴战略实施。可以说，开展"三位一体"综合合作，是供销合作社深化综合改革、服务乡村振兴的重要抓手和工作载体。

三、当前生产、供销、信用"三位一体"综合合作试点存在的主要问题

（一）思想认识不到位

从地方政府角度看，由于农业增加值在GDP和税收中所占比重越来越低，而个别地方政府注重追求GDP，重视工业化和城市化的推进，农业存在被忽视

的问题。当前社会各界对"三位一体"新型农村合作体系建设的重要性认识不到位。这项改革是政治任务、政绩工程还是惠民工程，干部群众对此存在不同认识。有些地方对推动这项工作仍持观望态度，主动性不够。从基层农民层面来看，许多人仍不清楚什么是"三位一体"新型农村合作体系。"三农"问题的本质是农民权利问题，如果不顾农民意愿推行合作试点，无论从哪个角度看，最后都是不妥的。

（二）一些地区新型农村合作体系发展基础薄弱

农民专业合作社是"三位一体"新型农村合作体系发展的基础。我国的农民专业合作社虽然数量多，但存在规模小、实力弱、示范带动能力不强等问题，难以进一步提高合作社规模化、专业化水平和社会化服务能力，也制约了农业标准、技术、品牌、销售等方面的统一。

供销合作社合作制属性淡化，与农民的利益联结不够紧密。目前供销社系统基层社大多还是集体所有制企业，农民社员数量不足，合作制原则没有得到充分体现，联合合作不够，整体优势难以发挥。目前供销合作社资产分级所有，资源分散在各级供销合作社，难以实现有效整合，无法形成合力。对于信用合作这一规模效应特别明显的行业而言，零散的小规模经营无法获得规模效益，同时也不利于监管，增加了供销合作系统开展信用合作的难度。

信用合作是"三位一体"综合合作试点开展的核心和短板，试点过程中反映出如下问题。一是农业风险补偿机制不完善，商业性金融机构难以放手给予支持。二是信贷产品和服务创新不足，抵押担保物缺乏。三是信用环境建设需要进一步完善。在农村信用体系建设工作推进过程中，各部门参与程度不同，政府部门参与少、金融机构参与多的问题较为突出。在农户信用信息档案采集和评定过程中，主要依靠人民银行县支行指导农信社等涉农金融机构推动工作，但因农户配合度不高问题以及农户维权意识的增强，信息采集的难度较大。四是农村信用互助组织的运营管理水平需进一步提高。如农村资金互助会资金托管合作亟待明确，部分农村资金互助会未在民政部门办理民办非企业单位登记手续，不具备法人资格；部分农村资金互助会挂靠专业合作社并以专业合作社名义开设资金结算专户，存在资金结算账户混合使用问题；部分农村资金互助会未建立准备金制度，未严格实行投放限额管理制度，未建立严格的贷前调查、贷中审核、贷后跟踪等机制。此外，部分县（市）对农村资金互助会监管指导不够深入，甚至存在监管缺失的现象。

（三）存在"小马拉大车"的情况，整体推进动力不足

在"三位一体"新型农村合作体系构建过程中，"三位"是前提，难点在于信用合作，关键在于"一体"，症结在于部门协同。"统"仍是农村改革的软肋。开展"三位一体"综合合作试点当前遇到的最大问题是"小马拉大车"，后劲不足。在基层，这项工作主要由较为"弱势"的供销部门落实，其他涉农部门热情不高、动力不足、推进乏力。

一是对"三位一体"认识不统一，缺少推进的组织和制度保障。"三位一体"涉及面广，系统性强，供销部门这匹"小马"难以拉动这架"大车"。最近几年，各级政府加大了"三农"投入力度，但"三位一体"试点工作方案、制度、组织形式一直没有明确。由于涉农部门认识不统一，试点工作陷入制度供给不足、发展动力不够的困境。

二是组织融合涉及部门职能转移，部门既有利益难以触动。推进"三位一体"综合合作需要政府相关部门的专业合作指导、资金互助监管、信用合作组织等职能转移，由联合会等组织进行整合，但这会触动部门既有利益，难以得到其支持。以资金互助、信用合作为例，这本是最受农民欢迎、最能解决农村资金需求的金融形式，但监管部门为防控风险已经停止审批该类业务。

三是为农服务资源分散，综合性合作服务体系难以"综合"。目前支农资

金、项目分散在各职能部门，农业产业链各个环节由多个部门"分兵把守"，三类合作组织联合设立的综合服务平台难以整合资源、发挥合力。有农民专业合作社负责人表示，拥有支农项目、资源的部门都直接实施，很少通过农民专业合作、供销合作、信用合作建立的综合服务平台，结果是这个综合体系有平台无资源，难以"综合"。

（四）人才短缺制约"三位一体"综合合作质效

农民专业合作社建设在推进乡村振兴中具有重要作用，需要大量学农、爱农、专农的各类专业人才。由于工作环境艰苦、待遇差，专业合作社人才稀缺。目前，合作社理事长层面也存在思想不够解放、思路不够开阔等问题。尤其需要指出的是，农村金融合作组织如果没有熟悉法律法规和金融专业知识的人才，将是很危险的。另外，多数地区现有的农民培训政策尚未向"三位一体"新型农村合作组织倾斜，不利于提升社员的服务能力和自身的组织管理水平，更不利于农村信用环境建设。

对供销合作社而言，人才缺乏也是突出问题。整体上看，供销合作社系统干部队伍相对老化，知识结构不够合理，尤其是县级以下供销合作社，经营实力有限，人才引不进、留不住，而信用合作等金融业务对专业化的要求比较高，因此不少地方供销合作社开展信用合作有心无力。

（五）信用合作可持续发展面临挑战

以瑞安试点为例，"三位一体"信用合作取得一定进展，农户"首贷率""申贷获得率"与信用贷款占比均有一定提高，但信用合作进一步发展仍面临一系列挑战。一是在组织机构上，农民合作经济组织联合会仍存在较明显的行政化特征，组织一体化和服务一体化效果不理想。与农户和新型农业经营主体的多元化金融需求相比，农村金融服务体系功能仍较为欠缺，尤其是银行服务"三位一体"的切入点需要找准、金融专营机制等仍有待完善。二是合作金融发展滞后。截至 2020 年 10 月末全国范围经原银保监会批准的农村资金互助社仅有 41 家[①]，经营成本高、盈利空间小，实际运营中贷前调查、贷中贷后管理不到位等问题较为突出，作用发挥有限。三是信贷融资产品不足。契合新型农业经营主体需求的信贷产品和服务仍较稀缺。对农民受托资产的确权登记、价值评估、处置变现等约束较多，降低了资产的可交易性，增加了交易费用。同时，受托代管融资的授信主体目前仅限于农户等单一主体，未向农民合作社延伸。四是担保增信缺口较大。以瑞安为例，作为供销社系统政策性涉农担保公司，农信融资担保公司注册资本仅 2000 万元，实力有限，严重限制了银担合作和普惠担保业务的开展。五是农业保险产品体系单一、保障范围小、保障水平不高。

四、完善生产、供销、信用"三位一体"综合合作试点相应的政策建议

（一）准确把握"三位一体"综合合作内涵

"三位一体"不是三"社"一体、归大堆，也不是现有各种合作社形式上的松散联合。既不能简单地将"三位一体"农村新型合作经济组织理解为由农民专业合作社解决农业生产发展问题，由供销合作社解决农资供应和农产品销售问题，由信用合作社解决农业生产和农资供应、农产品销售资金问题，也不能简单地理解为成立一个行业性农民专业合作社联合会，代替农民专业合作社提供综合服务的合作制联合体，而是要充分发挥整合三类合作组织、强化三重服务功能、构建三级合作体系的作用。

---

① 张文律：《"三位一体"信用合作：浙江瑞安例证》，《当代农村财经》2022年第6期，第56页。

"三位一体"综合合作，不能仅局限于"三位"，而应突出综合合作，以合作经济为形式和载体，积极融入各种涉农资源，打造开放包容的为农服务大平台。这需要统筹推进农民合作组织、农业生产、农技推广、农资供应、农产品流通、农村金融服务、乡村环境治理、涉农行政管理、公共资源配置等方面的体制机制配套改革，加强涉农服务资源内部聚合协同、外部联合协作，使"三位一体"真正成为发挥农民主体作用、集聚各方资源力量的重要渠道，成为党政机关、社会团体、事业单位、工商企业、金融机构等服务"三农"的有效平台，成为推进乡村振兴战略实施的重要抓手，成为党和政府密切联系农民合作经济组织及农民群众的桥梁和纽带。

（二）培育服务主体，夯实"三位一体"综合合作基础

"三位一体"综合合作的根本宗旨是为农服务，首要的问题就是小农户与现代农业的有机衔接，这离不开"三位"的自身发展与壮大，要通过促进农民专业合作社、供销合作社和各方金融机构不断完善发展，夯实生产合作的基础、发挥供销合作的支撑和信用合作的助力作用，共同服务"三农"。

一是提高农民组织化程度，做好小农户与大市场对接工作。小农户是市场竞争中的弱势群体，要在激烈的市场竞争中谋求发展，必须联合起来，提高自身组织化程度。应加快实施"小农户入社""家庭农场入社"行动，围绕种植养殖、农产品加工等环节，应用土地、劳动、资本、农业技术等生产要素，以产权融合、业务连接、项目扶持等方式，将数量多、规模小、分布分散、竞争力较弱的小农户及分散经营的家庭农场组织起来，通过适度集中形成规模优势，推动小农户与现代农业发展有机衔接，让更多小农户参与分享合作红利和全产业链增值收益。

二是规范引导农民专业合作社发展，夯实综合合作产业根基。农民专业合作社是"三位一体"综合合作的产业基础和前沿阵地，要加快领办、创办农

民专业合作社，做好引导带动和规范提升工作。充分调动村"两委"、农村能人、返乡创业人员等力量，以农民为主体，领办、创办农民专业合作社，切实提高农民专业合作社发展质量。加强农民专业合作社规范化建设，以创建示范社为抓手，加强内部管理，优化体制机制，拓展服务功能，扩大经营领域，清理"空壳社""挂牌社"，保护入社成员利益，增强合作社的凝聚力和带动力。有条件的农民专业合作社可以将产权作为纽带联合起来，组建农民合作社联合社，为成员社、小农户和其他新型农业经营主体提供更高层次和更广领域的服务。

三是全面推进供销合作社综合改革，做好综合合作引领带动工作。供销合作社是"三位一体"综合合作的组织基础和支撑力量，要通过综合改革全面提升其综合实力和为农服务能力，使其成为服务"三位一体"发展的中坚力量。首先，要理顺供销合作社治理机制，建立健全"三会制度"，按照"三位一体"发展的新要求，不断推进组织体系、经营体系、服务体系创新。其次，要通过提升、改造、新建等形式，分类推进基层社改造建设，密切与农民的利益联结，逐步提升基层社持续经营和为农服务能力。再次，要深化社有企业改革，健全现代企业制度和法人治理结构，完善与绩效挂钩的激励约束机制，加强社有企业间产权、资本和业务联系，促进联合发展，增强社有企业为农服务实力和社会影响力。最后，要不断加强人才队伍建设，加大干部职工教育培训力度，加强重点领域高精尖人才引进，建立适应市场化和合作经济组织特点的人才管理机制。

四是完善基础设施建设，构建金融通道，发挥金融支撑作用。金融服务是"三位一体"综合合作的重要组成部分和支撑力量，要充分调动社会各方的金融资源，不断升级农村金融基础设施，激活农村金融市场各参与主体为农服务动力，共同服务好"三农"。应完善考核激励机制，加强政策性融资担保服务，激励商业银行增加涉农资金投放力度。支持互联网科技服务公司依托大数据等技术优势，与"三位一体"综合合作相结合，共同服务"三农"。规范引导资金互助组织结合产业情况开展信用合作，鼓励有条件的地区建立农村金融服务综合体系，通过发展中小银行、村镇银行、农村产权交易所以及承担小额贷款、融资租赁、融资担保等业务的企业，增加农村金融服务供给。

五是建立利益联结机制。供销合作社、新型农业经营主体和金融机构要本着平等互信、相互支持、合作共赢的原则，坚持以市场为导向，以利益联结为手段，切实加强生产合作、供销合作和信用合作，发展一体化经营模式，建立产权联结纽带和利益共享机制，提高为农服务综合能力。鼓励供销合作社、新型农业经营主体和金融机构在资金、产权、服务、人才等方面加强联合合作，共建项目、共享成果，实现优势互补、共同发展。

（三）进一步完善"三位一体"综合合作政策支持体系

"三位一体"综合合作涉及涉农管理部门、供销系统、金融系统、新型农业经营主体和小农户等，是全方位、多层次、广覆盖的农业经营制度改革探索。如果缺乏强有力的产业和资金支持，"三位一体"综合合作只能停留在部分地区自我探索的阶段。要落实中央一号文件要求，进一步完善政策支持体系，加强基层党委、政府对"三位一体"综合合作的领导。

一是加强党和政府特别是县（市）、乡党委、政府对发展新型农村合作经济的统一领导。我国涉及城乡居民的任何一项改革，离开党和政府的统一领导都是办不成的，也是办不好的。要吸取过去大搞"合作化"的教训，对农民组织合作不能包办代替。创办农民合作社要符合农民根本利益，充分调动农民合作社带头人的积极性。但是，对农民发展合作社，只提"提倡""引导""支持"还是不够的。县级党委和政府对农民发展新型农村合作经济应承担领导责任。编制新型农村合作经济发展规划，制定扶持政策，培养典型，逐步推广。建议省级政府逐步设立农村合作经济干部管理学院，有关省辖市逐步设立合作经济经营管理培训中心，为县、乡发展培养新型农村合作经济党政领导干部和农民合作社的理事长、主任。鼓励大学毕业生，特别是农科大学毕业生到农民合作社任职、创业。

二是推进农业经营管理体制改革，丰富综合合作服务内容。应推动厘清各涉农部门的职能定位、责任领域和业务范围，合理优化涉农部门的行政管理、公共服务和经营性服务三类职能，鼓励各涉农部门作为理事会成员单位加入"三位一体"综合合作组织，形成共抓共管、共同参与的格局，促进涉农资源合理高效配置、涉农部门紧密配合、涉农产业稳妥健康发展，降低农业生产经营成本。强化涉农部门对"三位一体"综合合作组织运行的指导、管理和监督职能，逐步剥离涉农部门事业单位的配方施肥、农机作业、统防统治、收储加工、产品促销、信用担保等生产经营性服务事项，并优先由"三位一体"综合合作组织承担，以委托或购买方式将区域公共品牌运营、农产品品牌培育、农产品展示促销、农业实用技术推广、农产品质量安全检测、农民职业技能培训、农产品经纪人培育、动植物疫病防控、农业废弃物综合利用、农村公共设施维护及环境综合治理、城乡生活垃圾分类处理等涉农公共服务事项转由"三位一体"综合合作组织或其他主体承担。

三是加强立法保障，明确职能定位。加快推动"供销合作社条例"制定出台，明确供销合作社性质、定位，将供销合作社领办的农民合作、消费合作、资金互助等业务及"三位一体"综合合作内容纳入法律调整范围，将供销合作社纳入实施乡村振兴战略的主体单位之一，解决各地供销合作社普遍面临的注册登记难、监管落实难、话语权缺乏、发展阻碍较大等问题，为供销合作社系统各项业务开展提供法律依据。在发展到一定阶段后，推动"三位一体"综合合作立法，以法律保障农合组织作为公法社团的地位，形成公办民营的综合性农民合作社。

（四）探索新型信用合作机制，补齐"三位一体"综合合作的最大短板

"三位一体"综合合作实践中的最大短板是信用合作。商业银行与合作金融在推进信用合作过程中各有所长，而不是非此即彼甚至对立的关系。大型商业银行受传统体制机制制约，难以持久地深入农村。合作金融有利于确保农民主体地位，具备草根优势，但过于弱小和分散，容易成为监管盲区。宜超越商业银行思维定式和合作金融的传统组织架构，找准利益联结点，探索新的合作模式，更好发挥大型商业银行资金和金融科技优势，嫁接信用合作机制，补齐信用合作短板。

在信贷业务创新方面，一是依托合作经济组织开展征信评级及互助联保、反担保增信业务，从商业银行视角来说即所谓"助贷"模式。信用评级要有"含金量"，最理想的是与担保结合，起到增信作用。这种模式下，合作经济组织是客户与银行之间的中介，既不与银行争夺市场和存款，又可帮助银行扩展营销网络，客观上起到助贷机构的作用，在不违反监管政策、有效控制风险前提下放大农村信用，反过来又可巩固自身存在的基础。二是支持合作经济组织成员开展资金互助，由银行全流程托管。这种模式下，不设资金池，钱款不再经合作社之手以保证安全；通过银行账户走账，便于交易计量和分红；将资金保持在银行体系内部流转，避免了农村金融恶性竞争；由合作社承担贷款审批责任和风险，借贷关系发生在社员、合作社之间。三是银行对资金互助社提供"批发资金转贷"。《推进普惠金融发展规划（2016—2020年）》鼓励开发性政策性银行以"批发资金转贷"形式与其他银行业金融机构合作。这种"转贷"方式对于商业银行涉农业务同样适用，合作经济组织完全可以成为其首选伙伴。例如农业银行曾专门向具有合作经济性质的扶贫小额信贷组织提供批发贷款。

在支付结算业务创新方面，一是发挥商业银行传统资金簿记功能，推进合

作经济组织内部股金、积分、储值三大账户体系与外部银行账户绑定和联动，实现支付便利化和交易结算、分账返利一体化。二是推出分账系统，提供"支付＋资金清账＋二清合规"的一揽子解决方案，在保障平台资金安全的前提下，为平台提供记账、对账、分账等功能。三是为未来体系化、集团化的合作经济组织提供类似合作集团财务公司的代理结算和现金管理等服务。

总之，金融机构深入拓展合作经济的应用场景，最佳切入点在于提供数字化支持。当务之急是梳理和整合生产、供销、信用三大服务链条，发挥协同效应和规模效应。维护合作经济的本质特征，引导和鼓励互助合作。利用金融科技优势，提供软件支持和支付结算、资金托管、委托贷款等服务，发展数字农业与平台经济。通过新型合作经纪平台，大量、高频、快速撮合交易，显著扩大合作经济的规模优势、提高运行效率，特别是在一定程度上，破解小农经济难以突破的困局。完善分账返利机制，更有效地促进和规范合作经济的发展。例如，中国建设银行打造推广的"裕农通"乡村振兴综合服务平台，功能强大，集智慧政务、农资服务、农户信贷、金融服务、技术培训、政策宣传等综合服务于一体；通过提供资金、信息、技术等，有效促进生产、供销、信用"三位一体"综合合作。在此基础上，建行正在研发基于合作经济原理的系统集成平台，有望打通产业链、供应链和信用链，同时促进乡村信用体系建设。相关成功实践经验值得总结推广。

参考文献

[1] 陈国胜 ."三位一体"新型农村合作体系建设的困境与对策 [J]. 南方农业，2014（8）.

[2] 中华全国供销合作总社金融服务部 . 供销合作社农村信用合作实务读本 [M]. 北京：中国商业出版社，2019.

[3] 李涛 . 我国生产、供销、信用合作社共生理论与实践 [M]. 北京：经济管理出版社，2020.

[4] 徐旭初，金建东，吴彬 ."三位一体"综合合作的浙江实践及思考 [J]. 农业经济问题，2018（6）.

[5] 稳步开展生产、供销、信用"三位一体"综合合作试点　全面推进乡村振兴 [N]. 中华合作时报，2021–6–25.

[6] 崔长彬，潘长风，张正河.中国新型农村合作金融：历史镜鉴与体系架构 [J].经济问题,2022（2）.

[7] 中国社会科学院农村发展研究所课题组."三位一体"综合合作与中国特色农业农村现代化 [J].农村经济，2021（7）.

[8] 伊玫瑰，李龙."三位一体"的农村电子商务流通体系实证分析 [J].商业经济研究，2022（7）.

[9] 陈林."三位一体"合作经济的金融构造：商业银行嫁接信用合作机制 [J].农村金融研究，2022（3）.

专题报告八　农业保险支持"三农"的进展、问题和建议

一、我国农业保险支持"三农"的进展

（一）我国农业保险体系发展迅速

我国农业保险发展迅速。财政部公布的数据表明，2005—2021年，我国农业保险保费收入年均增长32.91%。到2020年底，承保品种超过270个，三大主粮覆盖率接近70%[①]。2021年，我国农业保险保障金额达4.78万亿元，实现全国全覆盖。中央财政补贴从2007年的5个品种、21.5亿元发展到2021年的16个大宗农产品、60余个地方优势特色农产品、333.45亿元，补贴力度逐年加大。2021年，农业保险赔付金额达527.91亿元，三大主粮收入保险试点范围扩大至13个省。根据相关统计，2015—2019年，我国扶贫类农业保险保额从18.63亿元增加到1.13万亿元，参保贫困户从40.57万户次增加到443.28万户次。

建成多层次农业保险体系，形成涵盖中央财政补贴险种、地方财政补贴险种和商业性险种的多层次农业保险产品体系。据中国保险业协会统计（下同），2016—2020年中央财政补贴型保险提供风险保障6926.21亿元，覆盖6142.17万农村人口。地方财政补贴型保险提供风险保障7997.30亿元，覆盖3894.63万农村

[①] 按面积计。

人口。商业性保险产品提供风险保障 1234.06 亿元，支付赔款 25.82 亿元，覆盖 1140.69 万农村人口。按产品数量计算，2016—2020 年保险行业的中央财政补贴型保险产品、地方财政补贴型保险产品、商业性保险产品所占比重分别为 28.35%、45.87% 和 25.78%。全国累计开发农险产品 2808 个，覆盖 1.12 亿农村人口，提供风险保障 16157.57 亿元，赔款 159.12 亿元。其中，保障生产风险的农业保险产品为 2320 个，包括成本保险 2228 个、产量保险 14 个、气象指数保险 78 个；保障市场风险产品合计 488 个，包括价格保险 233 个、收入保险 158 个、期货保险 97 个。

当前，我国农业保险进入深化发展阶段。我国于 2003 年提出要建立政策性农业保险制度，并于 2004 年进行试点。2007 年，《中央财政农业保险保费补贴试点管理办法》出台，财政政策为农业保险提供持续动力。2016 年，我国启动收入保险、天气指数保险试点，扩大"保险＋期货"试点范围。2018 年，我国农业保险保费收入达 573 亿元，2004—2018 年的年复合增速约为 43%，同期产险年复合增长 25%。党的十九大提出实施乡村振兴战略，要求设计多层次保险产品，开展三大主粮收入保险试点和气象指数保险、价格指数保险以及贷款保证保险试点，探索"订单农业＋保险＋期货（权）"试点。2019 年 5 月，中央全面深化改革委员会第八次会议审议并原则同意的《关于加快农业保险高质量发展的指导意见》提出，到 2022 年要基本建成功能完善、运行规范、基础完备、与农业农村现代化发展阶段相适应、与农户风险保障需求相契合、中央与地方分工负责的多层次农业保险体系，稻谷、小麦、玉米三大主粮作物农业保险覆盖率达到 70% 以上，农业保险深度（保费／第一产业增加值）达到 1%，农业保险密度（保费／农业从业人口）达到 500 元／人。2021 年，我国农业保险的保费收入同比增长 19.8%，达到 976 亿元。

（二）农业保险助推我国农业稳步发展

2005—2021 年，全国粮食种植面积从 10427 万公顷增加到 11763 万公顷；

粮食产量从 48401 万吨增加到 68285 万吨，增产 41.1%。其中，夏粮产量从 10627 万吨增加到 14596 万吨，增产 37.3%；早稻产量从 3179 万吨调整为 2802 万吨，减少 11.9%；秋粮产量从 34595 万吨增加到 50888 万吨，增产 47.1%。棉花种植面积从 506 万公顷减少到 303 万公顷，但棉花产量从 570 万吨增加到 573 万吨，维持了原有产量水平。糖料种植面积从 156 万公顷减少到 146 万公顷，减少 6.4%，但糖料产量从 9551 万吨增加到 11451 万吨，增产 19.9%。油料种植面积从 1431 万公顷调整为 1310 万公顷，减少 8.5%，但油料产量从 3078 万吨增加到 3613 万吨，增产 17.4%。肉类产量从 7700 万吨增加到 8887 万吨，增长 15.4%。水产品产量从 5100 万吨增加到 6693 万吨，增长 31.2%。

回顾发展历史，可以看出我国农业结构逐步优化，抗风险能力逐步增强。一是粮食生产总体实现稳中有增，保障了粮食安全。农田水利基础设施持续完善，有效灌溉面积和节水灌溉面积逐年增加。再加上农业科技创新与应用推广，粮食产量持续稳定增长。包括政策性农业保险在内，中央各项支农惠农政策有效保护了农民种粮积极性。二是农业技术应用增加了土地产出。在推动粮食产量显著增加的同时，我国在棉花、糖料、油料等经济作物种植面积减少情况下，通过提高亩产实现了总产量增长。在此过程中，农业保险配合中央政策促进农产品价格稳定，发挥了正向激励作用。三是我国的居民膳食结构持续优化，除了增加肉类进口量，我国养殖业在政策支持下持续发展，产量稳步增加，有效满足了国内居民的消费需求。农业保险为养殖业发展提供了风险保障支持。

（三）农业保险促进了三大主粮生产稳定

粮食安全事关国家命脉。我国粮食流通体制经历了从统购统销到逐步放开的改革进程。在推动农业保险发展的同时，我国深入推进粮食购销体制改革。2004 年，我国全面放开粮食购销市场，同年，对水稻实行最低收购价；2005 年，对小麦实行最低收购价；2008 年，启动玉米收储政策。根据 2004 年国务院《关于进一步深化粮食流通体制改革的意见》，粮食收购价格受市场机制影响，国家在此基础上进行调控，目的是在粮食供求发生重大变化时，稳定粮食供应，即通过实行最低收购价格来保护农民利益，以保障国内粮食生产供给。在最低收购价格政策激励下，我国粮食产量稳定增长，国内粮食的市场价格也稳中有升，波动性较小，与国际粮食价格的大幅波动形成了反差。但值得注意的是，在这种格局下，国内粮食的市场价逐步超出国际市场价。二者价差扩大会对限制粮食进口造成压力，可能冲击国内市场。由此，对提升粮食生产的国际竞争力提出了更高要求。

从维护农户利益角度看，农民收入与农产品产量和价格相关，在稳定价格的基础上，还需要帮助农户应对产量波动带来的风险，例如病虫害、自然灾害等导致的减产带来的损失。与财政直接补贴农户的受灾损失相比，通过农业保险渠道进行补贴的效率更高，同时有助于抑制潜在的道德风险。例如，财政补贴农业保费，由保险机构为农户提供相应的损失赔偿，这样有助于提高财政资金使用效率。从国际趋势看，农业保险是管理这方面风险的有效途径，财政实力强的发达国家在这方面积累了较多历史经验。从 2007 年到 2018 年，我国逐步扩大农业保险覆盖面，为粮食生产提供成本保险。在各地实践中，这类粮食种植险属于政策性保险，但以覆盖直接物化成本为主，与实际成本有较大差距，不到实际生产成本的一半。大灾风险分散机制也有待健全。这些意味着其在维护农民利益方面的作用相对有限，不利于更好地保障粮食安全。

为此，2018 年中央一号文件提出，要开展三大粮食作物的完全成本保险和收入保险业务。2018 年 8 月财政部、农业农村部、银保监会印发《关于开展三大粮食作物完全成本保险和收入保险试点工作的通知》，强调要基于种子、化肥等物化成本和地租成本，增加劳动力成本和服务费用，覆盖农业生产全部成本，或者直接开展收入保险，以保障农户粮食生产积极性。该险种覆盖全体农户，包括规模经营农户以及小农户等。2018—2020年，在内蒙古、辽宁、安徽、湖北、山东、河南分别选择4个粮食主产县开展完全成本保险或收入保险试点。在补贴标准方面，农户自缴比例不低于30%，中央财政对中西部地区和东北地区补贴40%、对东部其他地区补贴35%，取消县级财政保费补贴。支持地方政府对建档立卡贫困户的保费自缴给予减免。2021年，财政部等四部门发文，要求把三大主粮的完全成本保险和收入保险试点推广到河北、内蒙古、辽宁、吉林、黑龙江、江苏、安徽、江西、山东、河南、湖北、湖南、四川等13个粮食主产省份的产粮大县，到2022年实现全覆盖；要求省级财政补贴保费比例不低于25%，中央财政对中西部及东北地区保费补贴45%，对东部地区补贴35%。

这些措施有效调动了农户种粮积极性。近年来，全球粮食产量及粮价波动加剧，部分地区出现饥荒。乌克兰危机进一步推动了全球粮价上涨。我国自2018年以来推进三大主粮的完全成本保险和收入保险试点，为保障粮食安全发挥了重要促进作用。

（四）特色农产品目标价格保险业务发展迅速

我国东中西部以及东北地区的地理、气候条件差异较大，各地特色经济作物和特色养殖产品对当地农业产业发展具有重要意义，事关农民增收和共同富裕。但总体而言，各地特色农产品的种类较多，且生产规模差异大，不同于三大主粮等大宗农产品，一般具有较强的区域化特点，因此需要调动地方政府的积极性，因地制宜促进特色农产品目标价格保险业务发展。

安信农业保险股份有限公司于2006年在上海探索蔬菜价格保险，并于2010年推出绿叶菜综合成本价格指数保险。安华农业保险有限公司于2013年在北京推出全国首款生猪价格指数保险。这些试点工作的推进带动了相关省市农产品价格保险业务发展，2014年全国参保农户达77万户，保费收入为2.79亿元，地方财政共提供补贴 2.18 亿元，占总保费的 78%，提供风险保障 62 亿元[①]。在此基础上，2014 年中央一号文件提出，要探索粮食、生猪等农产品目标价格保险试点。同年，国务院印发《关于加快发展现代保险服务业的若干意见》，提出中央支持保大宗、保成本，地方支持保特色、保产量，有条件的保价格、保收入原则，要求开展农产品目标价格保险试点，探索天气指数保险等新兴产品和服务。这些政策为地方发展特色农产品目标价格保险提供了指引。例如，自 2014 年之后，山东省以蔬菜、生猪为重点推行特色农产品目标价格保险业务，帮助农民规避市场价格风险。到 2019 年年中，参保蔬菜种植面积累计近 1000 万亩、生猪 80 多万头，保费总额超过 12 亿元，其中省级财政补贴 7 亿余元，总赔付约 17.5 亿元，为农民提供风险保障近 200 亿元。其间，财政部于 2016 年印发《中央财政农业保险保险费补贴管理办法》，按政府引导、市场运作、自主自愿、协同推进的原则，鼓励各地补贴农业保费，支持范围覆盖种植养殖业、林业以及藏区品种、天然橡胶等。其中，对种植业，在省级财政至少补贴 25% 的基础上，中央财政补贴中西部地区和东北地区（不含大连市）40%，补贴东部地区 35%；对养殖业，在省级财政补贴至少 30% 的基础上，中央财政补贴中西部地区 50%，补贴东部地区 40%；对森林和藏区品种、天然橡胶的政策与此类似。在此基础上，中央财政对省级财政补贴比例超过上述 25% 或 30% 基数的部分分担一半，此外还对产粮大县和中西部地区补贴进一步提供优惠。补贴范围主要覆盖粮油棉、马铃薯、糖料、能繁母猪、奶牛、育肥猪、公益林、商品林、青稞、牦牛、藏系羊、天然橡胶等品种。这一政策实践为下一步探索特色农产品的保险补贴机制奠定了基础。

2019 年，财政部发布《关于开展中央财政对地方优势特色农产品保险奖补试点的通知》，对地方优势特色农产品保费按比例奖补。在省级及以下财政至少

---

① 据不完全统计，2014 年已有 26 个省（区、市）开展农产品目标价格保险试点，试点品种主要包括水稻、小麦、玉米、马铃薯、糖料蔗、生猪、蔬菜、中药材、水果、花椒、鸡、鸡蛋、肉牛、生鲜乳等。16 个省（区、市）相继开展生猪价格指数保险试点，10 个省（区、市）开展蔬菜目标价格保险。见肖雄、施海波、栾敬东：《我国农产品目标价格保险发展现状及未来政策选择》，《长春理工大学学报（社会科学版）》2018 年第 1 期，第 31 页。

补贴35%的基础上，中央财政对中西部地区补贴30%，对东部地区补贴25%。未被纳入《财政部关于印发〈中央财政农业保险保险费补贴管理办法〉的通知》和财政部、农业农村部、银保监会《关于将三大粮食作物制种纳入中央财政农业保险保险费补贴目录有关事项的通知》补贴范围的特色农产品均可申请该项以奖代补支持。试点在内蒙古、山东、湖北、湖南、广西、海南、贵州、陕西、甘肃、新疆10地进行，为期一年，每省选两个地市，上报两种保险产品。到2020年，试点范围扩大到20个省份，每省可上报的保险产品增加到3种。2021年中央一号文件要求该项政策覆盖全国。2022年初，财政部修订出台《中央财政农业保险保费补贴管理办法》，在优化大宗农产品保费补贴机制的同时，进一步完善地方特色农产品保险保费补贴方案，补贴中西部和东北地区棉花、马铃薯、油料作物、糖料作物、天然橡胶等农作物保险的比例统一提高到45%，并规定政策性农业保险综合费用率不得超过20%。

这些政策对地方特色农业发展起到了积极促进作用。从补贴比例看，中央财政分担部分已提到50%左右，加上农户分担部分，省级财政分担压力相对有限，县级财政的分担压力基本消除。中西部及东北地区是我国重要的农业产区，特色农业对当地经济发展具有重要意义，但当地财力有限，农业大县的财政往往依赖转移支付，省级财政实力也相对较弱。中央财政大幅度分担保费补贴，对于促进当地特色农业保险发展具有重要作用，也调动了农民积极性，有利于促进当地特色农业产业发展。

（五）农业保险在脱贫攻坚中发挥了风险保障作用

在脱贫攻坚战略实施过程中，产业扶贫是关键切入点，高附加值种植养殖业是其重要载体。农业农村部统计数据表明，截至2019年9月全国有92%贫困户已参与到带动作用明显的特色优势产业发展之中，其中有67%脱贫人口主要通过产业帮扶实现脱贫。但这类农业产业从生产、加工一直到销售环节都面临诸多风险，需要外部为之提供风险保障，而农业保险在风险保障方面发挥了重要作用。2020 年，农业保险提供贫困户风险保障 1932 万户次，保障金额 1009 亿元；赔付贫困户 289.67 万户次，合计 21.5 亿元，在"三区三州"等深度贫困地区赔付 3 亿元。2016—2020 年共为建档立卡贫困人口提供 0.3 亿人次服务。

此外，2016—2020 年农村健康保险、意外保险以及农村财产险为脱贫攻坚提供了重要保障。除了大病保险，面向建档立卡贫困人口，商业医疗保险覆盖 2896 万人次，农村意外险覆盖 794.79 万人次，农房保险覆盖 225.83 万人次，防贫保险覆盖 599.07 万人次。

具体来看，根据 2018 年《中共中央 国务院关于打赢脱贫攻坚战三年行动的指导意见》，除了提供基本医疗保险、大病保险、养老保险，我国还开发贫困地区的特色农业险种，开展扶贫小额贷款的保证保险等业务，发展价格保险、产值保险，以及物流仓储、设施农业、"互联网 +"等险种。产业扶贫是我国推进脱贫攻坚的关键切入点，我国把实施贫困地区的产业提升工程作为带动贫困户增收的重要途径，重点建设特色种植养殖基地和良种繁育基地，发展绿色食品、有机农产品，并建设配套的冷链设施。

根据中国保险行业协会发布的《保险业服务乡村振兴蓝皮书（2021）》，脱贫攻坚以来，涉农保险累计为建档立卡贫困户和不稳定脱贫户提供 2.3 亿户次服务，提供风险保障 3.5 万亿元。除全国推行的政策性农业险种，保险业还根据当地农业种植养殖特色产品开发适合保障贫困地区生产发展的大枣、核桃、肉牛、肉羊、鸡肉等特色农业险种。地方政府与保险公司联手，提供"基础 + 补充"的普惠性农险。针对一些地方特色农业产业的多品种、高投入、高收益、高风险特点，开发多层次、高保障的扶贫保险产品。在部分深度贫困地区提供综合收入保险。在此基础上，银行与保险机构联动，在农产品保险基础上授信，解决贫困户的融资难问题。

为巩固脱贫攻坚成果，保险业还面向非贫低收入户和非高标准脱贫户推出

"防贫保"等产品。例如太平洋财产保险股份有限公司通过"政保联办、群体参保、基金管理、阳光操作"的创新扶贫模式,为全国983个区县上亿人口提供风险保障22万亿元。农业保险为我国实现全面脱贫和巩固脱贫攻坚成果发挥了重要保障作用。

二、农业保险正处于加快转型升级阶段

(一)全球保险业转型发展

1. 开展以客户为中心的生态系统竞争

保险生态系统在平台上集成相关服务,基于核心业务整合不同产品,连接服务提供者和需求者,将保险产品和服务嵌入客户生活场景和生产环节。在此过程中,通过产品整合促进相关服务机构的业务协同。这一过程有助于保险公司增加收入来源,形成新的销售渠道,降低推广成本,增强客户黏性,并帮助客户加强风险防控意识。通过吸引提供不同服务产品的企业共同参与,开放式保险生态协同体系可以为客户提供综合服务。这种商业模式能使各方共同受益,达到共赢效果。例如,保险公司投资医疗、养老、金融科技等产业,参与产业链上下游业务深度融合,促进产业链协同发展。

在此过程中,信息科技支撑的共享经济模式为业务协同提供了条件,促使金融生态系统加快发展。共享商业模式对数据获取、管理和使用具有较高要求,需要共享和管理保险相关数据。基于战略协同,促进功能和服务重组、实现合作伙伴业务流程的安全无缝对接,是顺应这一发展趋势的关键。与之相应的概念是"开放金融"与"开放保险",即基于核心产品或枢纽平台提供多样化的金融产品和服务。

2. 借助科技人才推进保险业务转型

在全球经济社会数字化转型的背景下,数字化支撑的人工智能、大数据分析为保险业务转型提供了动力。这种转型不仅有助于实现传统业务在线化、自动化，更有助于形成更高层次人机互动机制，具体包括两方面。一是借助数字化技术推进传统业务流程在线化、智能化，从而替代人工，有助于保险公司控制成本并升级服务，增强服务能力。例如基于大数据分析及多维建模，针对客户实行逐一精算和逐一定价。这种替代也涉及辅助业务，如行政工作。二是创新业务模式，包括重新设计业务流程，整合更多数据资源。这有助于促进保险与相关行业的功能互补、流程对接、资源共享，形成战略协同效应；也有助于创新服务模式，推动保险业务向新的领域渗透。在此过程中，需要人工智能、大数据分析等领域的技术专家，也需要适应大规模智能化、数字化保险业务的骨干人才。这些人才对于保险生态系统建设及业务转型来说具有重要意义。

3. 强调社会责任的价值理念

围绕实现碳中和目标，发达国家大型保险公司正在采取切实措施落实环境、社会和公司治理（ESG）责任，重点是推动承保业务转型。例如，气候变化尤其是极端天气相关的财务损失推动保险公司转变业务。可再生能源成本逐步下降，以及数字化、智能化、在线化解决方案逐步普及，为保险业务提供了新的增长点。其中，环境因素是关键。如生态恶化导致气候因素造成的损失会逐年增大，而这属于系统性风险，难以通过商业保险得到有效管理，即使大型保险公司也面临挑战。这种格局不仅对保险公司的综合实力提出了更高要求，也需要政府与保险公司之间加强合作，共同应对气候挑战。

对保险公司而言，将 ESG 纳入业务管理流程，有助于稳定收益并维护声誉。例如，推出相关举措应对气候变化，运用大数据分析、人工智能、物联网等先进科学技术开发适应 ESG 要求的新产品。

在监管领域，各经济体也推出了相应规则和机制。例如，《欧盟分类法》旨在制定针对气候变化和环境可持续活动的分类标准，以识别环境标准合规情况。

《欧盟低碳基准条例》对《欧盟基准指数监管条例》作出了修订，引入新基准。这些条例的具体规定从 2021 年起陆续生效。

新加坡金融管理局于 2017 年 7 月发布考虑环境风险等新兴风险的新指引，并于 2018 年将气候变化纳入行业压力测试。2019 年 11 月，该局推出总计 20 亿美元的投资计划，为重点关注绿色投资的资产管理人提供资金支持。2020 年 6 月，新加坡加入了国际可持续金融平台，并发布《环境风险管理指南（征询意见稿）》，为风险管理和环境风险披露制定标准。

德国联邦金融监管局于 2019 年发布《可持续发展风险应对指南通知》，推广优秀实践成果，并于 2020 年为可持续发展风险管理监督制定策略。

英国审慎监管局要求保险公司在压力测试中量化 ESG 因素影响，报告测试结果，并通过举办论坛的形式介绍经验。

澳大利亚审慎监管局于 2020 年 2 月推出审慎实践指引，关注与气候相关的金融风险并评估气候变化带来的金融脆弱性。

（二）我国农业保险业加快转型升级

随着我国农业现代化进程持续推进，农业领域的财政投入力度不断加大，农业保险服务深度渗透到农业产业链，农业保险覆盖面持续扩大。我国经济社会的数字化转型为这一过程提供了重要动力，并推动农业保险服务转型升级。在这一背景下，我国农业保险在各级政府和信息与通信技术的推动下顺应时代发展趋势，围绕支持乡村振兴对保险业务的需求，深化服务。我国农业保险业重点演变趋势包括以下几个方面。

1. 向保价格、保收入发展

从国际经验看，发达国家普遍对农业实行扶持政策，通过财政、金融渠道提供支持，帮助农户降低生产成本、应对经营风险，财政补贴对稳定农户收入发挥着基础作用。2021 年，我国农林水领域财政支出约 2.21 万亿元[①]，相当于第一产业增加值的 26.59%，发达国家则能达到 50% 以上；农业保险保费收入相当于农业增加值的 1.16%，而发达国家可达 5%，这些都存在较大提升空间。

从发展趋势看，我国农业财政预算支出与农业增加值之比将进一步上升，财政支出压力随之增大，要促使财政政策与金融服务相结合，增强财政补贴的激励效应。例如，政府通过推动收入保险发展，使其深度覆盖农业生产各领域，使财政激励杠杆效应得到充分发挥。我国对农业的财政投入力度逐年加大，通过补贴农业保险稳定农民收入是助农增收的重要途径。

由于涉及逆向选择和道德风险，收入保险对财政补贴有较高的要求，在发达国家覆盖面较大，在发展中国家则受制于财政补贴能力，覆盖范围相对有限。现阶段我国推行收入保险，总体上以主粮为突破口；价格保险则以期货市场为依托。在此基础上调动地方政府积极性，鼓励地方财政发展地方特色农产品的价格保险，提供中央财政的配套支持。部分发达地区探索地方特色农产品的收入险，发展方向是以财政补贴保费为依托，为包括经济作物在内的农产品生产提供收入保险。但总体而言，尤其是在原集中连片特困地区，特色农产品种植养殖业价格保险仍是稳定农户收入的现实渠道。根据 2020 年发布的《关于扩大中央财政对地方优势特色农产品保险以奖代补试点范围的通知》，20 个省级政府参与推动地方特色农产品目标价格保险试点建设工作，形成了各具特色的经验模式。

2.地方政府、保险、银行、担保等相关方跨行业协同支农

从内在功能看，保险、银行、融资担保等行业的金融机构围绕农户风险管理各具特色优势，需加强互补，以更好地管理风险。例如，围绕农产品的价格

---

① 资料来源：财政部《2021年财政收支情况》。

波动风险，保险公司可以发挥服务网络的全面覆盖优势，整合农户需求，期货公司可以利用期货市场的期货期权产品对冲价格波动风险。由此，农户生产经营风险得到有效管理，信用风险得到化解，在此基础上银行可以发放信贷，降低对农村抵押担保物的依赖，从而理顺农村融资渠道。围绕这一过程，各级政府部门可发挥重要支持和激励作用。各级政府通过公共服务平台促进信息整合、汇集、共享，可以减少信息不对称问题。同时，各级政府还可以发挥资源组织优势，促进金融机构跨行业合作，包括提供财政补贴，启动关键合作项目。

其中典型的是保险与相关金融服务整合，例如"保险＋期货"的形式。目前已涵盖玉米、大豆、豆油、豆粕、淀粉、鸡蛋、棉花、白糖、苹果、天然橡胶等品种，价格避险效果较好。中央已多次通过一号文件要求推广该模式。我国已初步形成了农产品价格风险管理的市场化机制，为农产品提供价格避险渠道。"保险＋期货"的补贴主要来自交易所和地方政府，交易所可减免交易手续费。保险公司一般向农户提供期权。在通过期货交易构造期权产品的过程中，有的期货公司未能完全转移风险，相应的保费包含交易手续费和风险补偿支出。这种合作机制关键在于保险公司整合了农户需求，实现了规模化，期货公司则利用市场化渠道对冲价格风险，帮助保险公司转移风险，二者形成功能互补，为农户提供管理价格风险的市场化渠道。

例如，大连商品交易所（简称大商所）与人民财产保险股份有限公司合作，在内蒙古通辽为玉米种植收入保险提供附加价格保险，承保玉米产量55.3万吨，大商所全额补贴875万元保费[①]。2020年郑州商品交易所的苹果"保险＋期货"总保费为7364万元，其中地方政府补贴1045万元，交易所补贴4641万元，承保产量17万吨。

从发展趋势看，化解风险是支农相关方协同的关键切入点。除了保险机构和

---

① 大商所共开展6个品种的"保险+期货"试点，2018年对农户补贴保费已达3亿元。

期货公司，各级政府促进生产经营的组织化也可以增强抗风险能力。发挥政府部门及相关公共服务平台的信息整合、共享功能，进一步减少信息不对称，促进金融支农。例如，全国中小企业融资综合信用服务平台具有涉农服务功能，为银行和融资担保机构提供信息共享和金融供需撮合服务，发展潜力很大。地方政府、保险公司、期货公司、银行机构、担保机构、农民合作社、供销合作系统以及部分地区的农民合作经济组织联合会等，存在彼此互补、协同支农的空间。

3. 数字化转型助推保险深度支农

经济社会的数字化转型可从两个方面促进保险向农业领域深度渗透：一是数字化转型积累了大量保险业务相关信息，这类信息共享的便利化程度不断提高，潜力还有待深度挖掘；二是数字科技推动保险业务核心环节提升效能，涉及产品研发、销售、核保、售后等阶段。以与农业信贷相关的农业生产保险为例，气候异常往往导致农业歉收，因此与小规模生产对应的小额农业保险具有重要意义。但小额农业保险业务成本偏高，业务推广较难，需要借助信息技术降低成本。同时，气象监测、高分辨率卫星遥感等信息科技手段有助于提升天气灾害的预测能力。

2018 年的《中国保险服务标准体系监管制度框架（征求意见稿）》，2020 年的《关于规范互联网保险销售行为可回溯管理的通知》《推动财产保险业高质量发展三年行动方案（2020—2022 年）》《互联网保险业务监管办法》，2021 年的《保险中介机构信息化工作监管办法》《保险公司客户服务中心基本要求》，提出要构建数字保险，加强全流程溯源，利用大数据分析、云计算、区块链、物联网、人工智能等技术推进数字化、智能化转型；对信息化工作的建设、治理、安保以及业务流程、数据管理、产品研发提出要求。

从保险公司内部看，电子签名、移动支付、电子保单签发、自动核保、智能输入、线上回访等全业务环节数字化升级有助于打通业务链条，提升效率，改善客户体验。从企业外部看，建立不同机构之间有效链接的数字化生态系统，能够实现产业链创新升级。这有助于解决不同机构之间的业务协作效率低、成本高等传统问题。平台经济加速发展，推动生产模式和消费模式转型，更多向线上发展，线上渠道和行为影响力增大，为保险业务的线上化转型提供了条件和推动力。

从技术角度看，信息通信等前沿技术在持续创新突破，为保险业务的数字化、智能化发展提供了重要动力。从长期看，信息科技在驱动行业数字化转型的同时，成为保险业重要生产力，例如为精准营销提供重要渠道。

从实际进展看，传统保险企业如中国人保、中国人寿、中国平安、太平洋保险等正在以技术创新为依托，积极迎接数字化转型时代。互联网科技平台也充分利用自身流量，促进场景营销，形成独特优势。从核保业务这一核心环节的数字化升级来看，提升线上自核率、时效性，改善用户体验的成效明显。同时，数字化也简化了流程，提升了风险控制能力。

一是发展在线化、智能化农业保险产品有助于提质增效，在促进农业保险高质量发展的同时，提升保险服务成本效率，增强服务便利性、可及性，从保险领域促进农村普惠金融发展。二是改善风险管理效果。利用气象预测、卫星遥感、无人机勘察等技术，可以更好地提高灾害预警、损失理赔等环节的风险管控能力，从而有效降低业务风险和成本。三是数字化转型带来的跨行业协同，可以形成综合服务功能，使保险与信贷、产品营销、质量溯源等相互促进，有助于促进保险业务向农业领域深度渗透。

（三）我国农业保险领域支农重点

中国人民银行、原银保监会等监管部门先后就金融及保险行业高质量发展、全面推进乡村振兴提出具体指导意见。中国保险行业协会成立乡村振兴专业委员会，发挥自律组织的平台服务和促进作用，为农业产业、农民健康、民生保障提供基础支持。截至 2021 年底，各类备案的扶贫农业保险产品已达 1099 个，涉农保险累计为建档立卡贫困户和不稳定脱贫户提供 2.3 亿次服务，提供风险保障 3.5 万亿元，让利 15.2 亿元 [①]。按"中央保大宗、保成本，地方保特色、保产量，有条件的保价格、保收入"的原则，推广政策性险种，发展特色险种，并通过商业保险与地方政府联保共办，发展"基础＋补充"的普惠性农险。

为更好切合乡村振兴发展需求，保险领域积极推进创新发展。一是提供优惠。例如，针对原深度贫困地区，在扶贫保险的费率优惠基础上，再下调 10%~30% 保费。二是发挥科技支撑作用，塑造"保险＋科技"创新产品。保险服务结合农产品线上平台协销、区块链溯源技术，促进农民增收。三是基于因病致贫创新保障模式，推出针对重大疾病的"扶贫保"，降低申请门槛、简化业务流程，便利弱势群体。四是针对因灾致贫现象，推出面向山区、库区农户的住房保险等产品。五是针对返贫问题推出"防贫保"。通过"政保联办、群体参保、基金管理、阳光操作"模式，发挥政府资金的杠杆作用，扩大保障覆盖面。

保险业通过深度参与支农，对推进乡村振兴发挥了独特作用。一是通过优化资源配置，促进产业兴旺。保险业通过融资增新，促进资金融通，破解"三农"融资难问题，助推农业规模化、机械化、信息化融合发展。二是发挥杠杆调节作用，促进生态宜居。通过发展绿色金融保险，促进绿色农业发展，加强黑土地保护、耕地地力保护，并发展农产品品牌，保障农产品质量，通过环境责任险促进农村绿色发展，促进保险资金流向农村基础设施以及农业项目。三是促进社会治理，提升乡风文明。保险业依托自身渠道优势，为农户提供信息咨询、培训服务，为银行业务提供信用识别支持，并通过参与民间调解、治安维护、民意沟通等工作促进乡村公共治理。四是为共同富裕提供风险保障，包括稳定收入、促进灾后重建、提供健康保障等。

---

① 参见中国保险行业协会发布的《保险业服务乡村振兴蓝皮书（2021）》，下同。

（四）我国农业保险的创新案例

1. 北京市推进政策性农业保险监督与业务流程线上化

截至 2021 年底，北京市共有政策性农业险种 60 余个，为农林牧渔业提供了全面保障。重点是借助卫星遥感、互联网、大数据分析等技术推进农业保险全流程数字化改造，提升服务效率，化解财政资金监督难、保险业务成本高、客户服务体验差等问题。一是发挥大数据监测功能，监督财政资金使用情况。在线采集承保理赔数据，上传至北京市农村金融与风险管理信息平台，逐笔监测校准，避免重复投保和虚假理赔。引入电子耳标、电子围栏、GPS 定位、卫星遥感等技术。二是全线上办理业务。提供线上投保、理赔、公示以及增值服务。农户通过手机 App、微信小程序、电话等渠道，完成从投保到赔款支付等流程。三是以科技提升效率。在理赔环节，投保养殖险农户线上全流程自助理赔，实时查看理赔进程，无需等待查勘员进入养殖场舍，平均理赔时长缩短近 50%。[①]

2. 广东省探索政府与金融业联手的"农险+"支农模式

广东通过"保险＋期货""保险＋信贷""政银保"等形式支农。其中，农业合作贷款模式被列入省普惠金融"村村通"试点，全省 18 个地市开展了"保险＋期货"试点。2021 年，37 个生猪价格"保险＋期货"试点提供风险保障金 3 亿元，支付保险赔款 502 万元。

在"生猪活体抵押＋保险保障＋银行授信"模式下，由保险公司为养殖企业提供生猪养殖保险，银行是保单第一受益人并据此进行授信。此外，保险机构探索将农业保险嵌入农业全产业链。例如，在汕头市澄海区溪南镇，平安财险专业合作社生产的火龙果基于区块链技术可以溯源，消费者通过扫描二维码可追溯火龙果的生长、运输和销售过程。

---

① 陈婷婷、胡永新：《北京银保监局：政策性农业保险充分利用互联网技术不断优化服务流程，实现数据"多跑腿"、农户"少跑路"》，《北京商报》2022年4月27日。

3. 广西探索糖料蔗价格指数保险

广西壮族自治区政府于 2016 年支持糖料蔗价格指数保险。该险种以白糖市场价为基准，在糖价上涨时赔付蔗农，在糖价下跌时补偿糖企，由蔗农自愿投保。具体而言，当白糖的平均售价低于 5500 元 / 吨时，保险公司按每亩 18 元标准补偿种植户。当白糖的平均售价达到 5500 元 / 吨时，每上涨 100 元则每亩赔付金额增加 30 元，最高不超过 90 元。当白糖平均售价低于 5400 元 / 吨时，每下降 100 元，按每亩 30 元累加赔付糖厂，下不封底。每亩糖料蔗保险费为 180 元，蔗农缴纳 10%，糖厂补贴 10%，自治区财政补贴 80%。广西推出的糖料蔗价格指数保险获评"第二届全球减贫案例征集活动"最佳减贫案例。

4. 农业农村部与建设银行联合推出"险贷直通车"模式

农业农村部与建设银行于 2022 年联合推出"农业保险 + 信贷"产品。建设银行与保险机构通过农业保险信息管理平台获取农户的农业经营数据，对农户进行信用评级和授信。该产品重点面向适度规模经营、参加农业保险的农业经营主体，如家庭农场、农民合作社、国有农场及农业职工等，重点支持粮棉油肉糖胶林及地方优势特色农产品。其特点是用保单数据构建信贷决策模型，如依据农业保险保额测算对客户授信额度，可降低对抵押担保物的依赖，形成以信用评估为基础、业务流程线上化的授信模式。

在产品应用过程中，通过加强各级政府农业农村部门、建设银行分支机构的协调联动，依托信贷直通车促进"政银保农"对接，共享数据，引导农业经营主体通过线上渠道申请，探索"农业保险 + 信贷 + 担保 + 风险补偿机制"模式，促进风险和收益共担共享，提升整体效能。

5. 中原农险探索"投、建、保、管"四位一体服务模式

河南省新乡市延津县是我国唯一的优质小麦产业化示范县，但常年春旱少

雨，井水灌溉抗旱任务重。2021年，中原农险在延津县开展高标准农田"保险+建设+管护"的试点，试行"投、建、保、管"四位一体的综合服务模式。中原农险与延津县政府签订了《保险服务乡村振兴战略合作协议》，出资380余万元建成254眼机井、254座井台，可灌溉耕地约20万亩，覆盖12个乡镇、90个行政村；并提供农田水利设施工程质量保险、投标履约保险、农民工工资支付保险产品，化解水利设施损毁、工程质量缺陷、施工责任纠纷等风险。村集体建立惠农专员队伍，负责常态化巡查、出险报案、现场协助查勘等工作。通过这一机制，中原农险为农田水利设施建设及后期损毁风险兜底，稳定农业生产。

此外，中原农险还推出包含减灾救助体系的"五优五心"服务[①]，在新乡、鹤壁、焦作等地开展农技、防疫、气象、遥感等春耕保障服务，覆盖2000余个村的200万亩小麦。例如，2022年3月，中原农险在河南焦作市武陟县调用植保无人机对1万余亩小麦进行喷防，并请专家传授农事管理技术，确保防灾减损见实效。

6. 中国人寿财险实行生物特征智能识别模式

中国人寿财险基于AI识别技术，实行"养殖户+保险公司+畜牧防疫部门"信息共享模式，全线上操作，最快10分钟完成审核理赔。安徽宿州将识别技术引入养殖保险，精准承保，精准理赔。牛脸识别技术分四个模块。其中，脸部识别模块通过手机App扫描牛的面部特征，完成多角度数据采集，采用AI识别技术进行登记，用于鉴别唯一性；实时监管模块通过安装摄像头，对圈舍内肉牛进行360°无死角监控，管理牛只动态、人员行为、车辆活动、外来生物活动等，降低养殖风险；精准点数模块通过摄像头清点牛只，查看存栏情况，并实现异常报警，通过手机App直接推送信息给监控人员。

---

① 指"优选连心、优惠贴心、优创恒心、优助暖心、优控放心"。

三、农业保险支持"三农"面临的主要问题

（一）我国农业保险与发达国家相比尚有差距

2020 年，我国农业保险保费收入为 814.93 亿元，同比增长 21.18%；农业保险参保户次 1.89 亿户，同比降低 1.14%；农业保险保障金额为 4.13 万亿元，同比增长 8.57%[1]；购买保险产品和服务的成年人占 39.19%，农村地区占比为 32.41%；我国保险深度为 4.45%，同比增长 5.24%，全球平均为 6.13%，发达国家平均为 7.76%，经合组织为 7.18%；我国保险密度为 468.17 美元／人，比上年增长 0.15%，全球平均为 649.8 美元／人，发达国家平均为 3516.7 美元／人，经合组织为 2752.6 美元／人。全球保险业承担的自然灾害和人为灾害损失比例为 44.6%，中国为 27%[2]。总体而言，我国农业保险发展空间较大。发达国家中，以美国为例，其主要粮食作物[3]保险覆盖率为 87%，农业保险保障水平为 55%，收入保险占全部农业保险的比例达 80%，这些指标均处于领先水平。

（二）不同农产品保障水平不均衡

我国农业保险在低保障、广覆盖的政策取向下，包括商业性和政策性农业保险在内累计承保的农产品超过 270 种，但仍以中央财政补贴的 16 类政策性农业保险品种为主，其中以粮食为主的大宗农作物保险保费占农业保险保费收入的 80% 以上。推广三大主粮完全成本保险和收入保险有助于提高保障水平，经济作物和地方特色农产品的保障水平有待进一步提高。

---

① 资料来源：《中国普惠金融指标分析报告（2020 年）》，中国人民银行网站。
② 《"十四五"时期中国保险业的变革与发展》，中央财经大学，2021 年 7 月。
③ 指三大主粮：水稻、小麦和玉米。

（三）各省份农业保险发展不平衡

我国各省份农业保险发展不平衡，主要体现在两方面。一是不同省份农业保险保费收入差异较大。以新疆、黑龙江、内蒙古、宁夏、重庆、天津6个省份为例，根据万得资讯数据库信息，2008—2020年，新疆、黑龙江、内蒙古的农业保险保费收入较多，宁夏、重庆、天津的农业保险保费收入较少。新疆农业保险保费累计收入为天津的16.7倍。二是各省份农业保险深度差异明显。农业保险深度较高的省份为上海、北京、西藏、湖北、广东和福建，其农业保险深度均值分别为4.55%、3.92%、2.57%、0.29%、0.29%和0.20%，上海的农业保险深度是福建的22.75倍。

（四）农业保险年度运营状况差异较大

虽然全国范围内农业保险每年盈余，但在某些年份部分省份亏损较严重。2006—2021年，除2013年外均有不同数量省份出现亏损，年均亏损省份数量为3.13个。2006年和2010年亏损的省份均达到8个（见图8-1）。2018年，内蒙古亏损1.07亿元；2020年，黑龙江亏损1.92亿元。

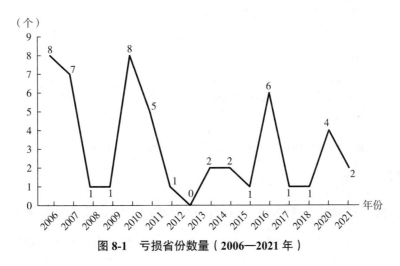

图8-1　亏损省份数量（2006—2021年）

资料来源：万得数据库，作者整理。

（五）中小保险公司和专业农险公司压力大

根据国泰安数据库的信息，2006—2019 年，共 108 家保险公司曾开展农业保险业务。其中，中小保险公司和农险专营公司面临较大经营压力。主要原因有以下三个方面。

一是中小保险公司很难获得规模效应。2005—2019 年，以保费收入计，第一大保险公司平均业务占比为 47.16%，前三大保险公司业务占比为 76.52%（见图 8-2）。近年来，提供农业保险服务的小保险公司数量一直维持在较高水平，但其业务占比一直较低。2019 年 62 家中型保险公司的农业保险业务占比为 4.71%。

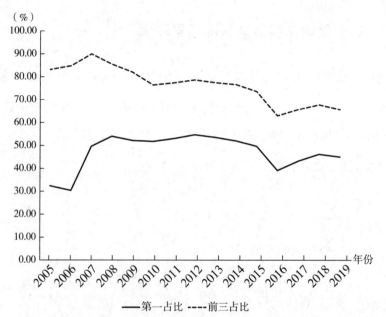

图 8-2　第一大保险公司、行业前三大保险公司农业保险平均占比（2005—2019 年）

资料来源：国泰安数据库，作者整理。

二是区域经营或专业经营导致保险公司难以在空间或业务上平滑风险。规模小一般会导致抗风险能力弱。根据国泰安的数据，2021 年 364 起保险公司农险业务省级亏损中，中小保险公司 [①] 占 85.17%。

三是专业化农业保险公司业务占比逐渐走低，面临较大的业务转型压力。据国泰安数据库数据，专业农业保险公司 [②] 业务占比持续走低。从 2005 年到 2019 年，其保费收入占比由 45.32% 下降至 16.62%，赔付支出占比由 42.63% 下降至 18.31%。

（六）巨灾保险等配套制度发展滞后

发达国家均以巨灾保险作为补充，而我国在部分地区启动的巨灾保险试点覆盖范围相对有限。以粤港澳大湾区为例，和实际损失相比，巨灾保险的赔付金额较少，赔付比例较低。2015 年以来，大湾区内地（不含深圳）完成赔款 10 亿元，赔付比例不足 10%，与发达国家的差距明显。例如 2018 年，台风"飞燕"造成东京湾损失约 160 亿美元，巨灾保险赔付比例为 79.71%。

四、推动农业保险支持乡村振兴的政策建议

（一）进一步加强收入保险试点工作

2020 年初以来，国际粮价进入逐波上升通道。虽然全球粮食总产量总体上保持稳定，但全球粮食安全面临的挑战显著增大，全球粮食安全状况恶化。《2021 年全球粮食危机报告》显示，2020 年有 55 个国家和地区超 1.55 亿人面临粮食危机，同比增加约 2000 万人。全球粮食安全受多方面因素影响。美国等发达国家实行宽松的货币政策，导致全球性通胀，引发原油等基础商品价格上

[①]　这里的中小保险公司指除人（中国人民保险）、太（中国太平洋保险）、平（中国平安）外其余的保险公司。

[②]　国泰安数据库中的专业农业保险公司包括安华农业、阳光农业、安信农业、华农财产、国元农业、中原农业保险。

涨，通过燃料价格等直接影响农业。除了生产成本上升，粮食运输成本也在明显上升，国际海运价格尤其如此。自 2020 年底起，拉尼娜现象持续到 2022 年，诱发干旱、洪水、飓风和热带气旋自然灾害，影响全球粮食生产。例如索马里、埃塞俄比亚和肯尼亚等地面临历史性干旱，意味着潜在的粮食减产风险。值得注意的是，全球部分地区粮食危机凸显出全球粮食生产与分配的结构性矛盾且这一矛盾逐步显性化，由此推动粮食贸易需求增大，进一步形成粮价上涨压力。若成本上升与产量下降、贸易需求增大等几方面因素叠加，全球的粮食安全情况将进一步恶化，表现为全球出现粮食危机的地区数量增多，全球粮食价格快速上涨。

乌克兰危机使全球粮食安全面临的压力进一步增大。从市场反应看，小麦等部分品种的国际价格在冲突爆发后迅速上涨。从国际政治机制看，欧盟等国家对全球粮食贸易、运输、储备问题较为敏感，通过各种渠道发声施加压力。总体来看，稳定全球粮食产量的难度明显增大，而全球粮食生产的成本、风险等很难得到有效控制。这种格局意味着未来全球粮食价格与粮食安全问题的复杂性将会进一步增强，粮食进口需求量大的国家所面临的压力将会逐步增大。

我国是全球第三大粮食出口国，出口粮食以水稻、小麦、高粱为主；但也是全球第一大粮食进口国，进口粮食以大豆及豆制品、油料为主。在全球粮食安全压力逐年增大的情况下，促进国内粮食生产稳定对于更好保障我国粮食安全具有战略意义。

我国于 2022 年实现 13 个粮食主产省份产粮大县完全成本保险和收入保险全覆盖。考虑到我国当前面临的复杂国际形势，进一步夯实国内粮食生产基础有助于更好应对输入性风险压力，要进一步加快主粮生产的成本保险和收入保险推广步伐，在上述基础上加快向全国其他省份推广。适时推进主粮完全成本保险和种植收入保险全覆盖。

同时，可考虑进一步扩大国产豆、油、糖等基本农产品价格保险覆盖面，适时开展完全成本保险和收入保险试点。

（二）完善巨灾保险机制

2006 年以来，各地在中央指导下探索农业巨灾风险管理机制，通过设立农业巨灾风险保障基金、再保险、提供农业巨灾风险准备金等方式分散巨灾风险。中央一号文件多次强调，探索农业巨灾风险分散机制。除了北京、上海、江苏、浙江和黑龙江等地开展巨灾保险试点外，2012 年，云南省构建巨灾风险的再保险机制，设立农业巨灾风险保障基金。2013 年，深圳市探索巨灾救助保险。2013 年，财政部印发的《农业保险大灾风险准备金管理办法》提出，只有农户损失赔付率超过 75% 时才能使用中央层面的农业大灾风险准备金。2014 年，中国再保险集团发起成立中国农业保险再保险共同体，面向全国开展再保险业务，在全国范围内分散风险。2016 年，广东省 10 地试点巨灾指数保险。2017 年，海南省和湖南省试点巨灾保险。2017 年国务院《政府工作报告》提出，要加快建立农业巨灾保险机制，随后印发《粮食主产省农业大灾保险试点工作方案》，在 200 个产粮大县推行符合各县特色的农业巨灾保险，以满足农业大户对保险的需求。2020 年，中国农业再保险公司成立。2021 年，江西省试点农业巨灾保险。

我国农业再保险的市场化运行机制在实践中逐步发展，形成覆盖全国的服务体系，但全国层面农业巨灾风险管理机制尚待建立。从试点地区看，农业巨灾损失补偿总体水平仍然较低，难以应对波及面广的系统性风险，保险机构的自主经营、自负盈亏经营模式面临潜在风险压力，积极性不足。其原因在于，系统性风险无法通过再保险的分散机制得到充分化解。在实践中，再保险协议对巨灾超赔的触发条件较高，意味着超赔风险无法由再保险机制有效分散，保险公司仍面临较大经营风险。因此，需要政府分担巨灾风险。目前地方财政分担巨灾风险的途径主要有出资成立农业巨灾风险保障基金、提供农业巨灾风险准备金。然而从实践看，即使在经济比较发达的东部地区，地方财政也难以承受超赔风险压力。无论是江苏省的地方政府与保险公司"联办共保"模式，还是浙江省的保险机构"共保体"模式，保险和再保险机构只能分担有限风险，因此对地方财政形成风险兜底要求，否则业务将难以为继。随着全球气候风险逐步加剧，地方财政面临的压力明显增大。例如，有的省份共保体实际经营亏损严重，积极性不高；地方财政对超赔风险按 5 倍以上进行兜底的机制难以为继，地方财力难以承担超赔责任。这些导致损失赔偿与农户期望形成矛盾。实际上这些做法借鉴了发达国家的经验。例如在美国，超过 500% 的超赔再保险由联邦农作物保险公司承担，后者则由财政支持进行风险兜底。这说明，我国现阶段的经济发展水平、财政实力与发达国家仍存在差距，依赖财政兜底超赔风险的时机尚未成熟。在实践中，防灾机制、定价模型、科技支撑等方面的问题也影响业务开展。例如，存在定位精准性、标的真实性、损失准确性，道德风险、逆向选择等问题。

针对这些关键问题，结合国际经验，我国可考虑以试点方式探索以下措施。一是通过资本市场分散风险，与再保险机制形成互补。例如，发行巨灾保险期货、风险交换、巨灾债券等产品。以巨灾债券为例，本息偿还与巨灾风险关联。典型做法是由保险公司设立专门机构发行债券，约定触发条件和债券利率。如约定期限内未出现巨灾风险等触发条件，则如期支付本息；如果出现巨灾等触发条件，则先赔偿债券发起人损失，巨灾债券投资者损失利息甚至本金。二是加强科技应用，减少信息不对称，更好应对道德风险和逆向选择。例如应用人工智能、气象预测、卫星遥感、GIS、物联网、区块链、大数据、云计算等技术加强数据采集能力，完善信息共享机制，校验校核数据。在此基础上改进巨灾风险管理的预测模型并提高定价能力。三是完善税收优惠等政策激励机制。政策性农业保险业务的收入往往难以覆盖成本和风险，因而需要政府补贴来激励保险公司。完善税收优惠政策机制，比先征后补更能提高财政收支运行效率，包括在会计准则领域将巨灾风险的证券化产品界定为再保险产品。四是完善农业减灾机制。就根本而言，完善风险分担机制并不能有效防范灾害发生，以农业基础设施为重点加强投入、提高抗灾能力，才是关键之举。加强这方面的政府投入，可以更好地提高财政资金投入的产出效率。

（三）完善推广"保险+期货"模式

自 2016 年以来，中央一号文件多次提及"保险＋期货"模式并要求予以推广，但实践中尚面临一些问题和障碍。2022 年的中央一号文件要求优化完善"保险＋期货"模式。

我国农产品期货品种覆盖生猪、白糖、棉花、小麦、稻米、菜籽、菜籽粕、苹果、红枣、花生等，豆粕、玉米、白糖、棉花、菜籽粕已形成期权产品。"保险＋期货"价格避险机制是适应我国国情的创新模式，涵盖玉米、大豆、豆油、豆粕、淀粉、鸡蛋、棉花、白糖、苹果、天然橡胶等品种。"保险＋期货"模式一般由商品交易所组织农业保险公司与基层政府商谈，由商品交易所和地方政府提供补贴。交易所通过减免交易手续费方式进行补贴，地方政府向保险公司提供保费补贴，中央财政参与有限。其中，保险公司一般向农户提供期权，如果农产品到期价格低于约定值，则按约定算法向农户进行补偿。同时，保险公司向期货公司的风险经营子公司购买对应期权产品，后者则通过期货交易组合等方式转移风险。但有的公司未能完全转移其中风险，因而保费包含交易手续费，也包含相应风险补偿以及人工成本等支出。农业主产区的县级财力多数较弱，一般依赖于财政转移支付，县级政府财政补贴能力有限，欠发达地区尤其如此，往往心有余而力不足。有些地方县级政府不熟悉"保险＋期货"业务，更不愿意提供补贴。此外，一些农产品的价格波动较大，保险产品保障水平较高，收取的保费也高，影响其业务推广。如果要求商品交易所在减免交易手续费的基础上，进一步提供额外的保费补贴也不现实，反过来还会影响"保险＋

期货"业务的推广，因为商品交易所全部业务收入规模与之并不匹配。从理论上看，通过期货、期权渠道补贴农业生产，是更好发挥财政投入杠杆效应的有效途径，由上级财政如中央和省级财政取代县财政的补贴主体地位是必要的，也是可行的。从实践经验看，发达国家对农户的农产品期货期权交易补贴多数由中央财政支持；我国特色农产品目标价格保险保费以奖代补激励的原则，也是由中央财政出大头，再由省级财政分担一部分，尽可能减轻县级财政压力。

从我国农业现代化以及金融体系的市场化、现代化进程看，农产品期货期权市场应该为稳定农产品价格发挥应有的保障作用。从现实基础条件看，农产品商品市场、期货市场在逐步发展完善，进一步提升支农服务水平的时机成熟，完善政策激励机制，可以为稳定农产品价格发挥更大支撑作用。为此，建议从两方面优化"保险＋期货"模式的内在机制。

一是增加农产品期货、期权交易品种。国际市场农产品期货覆盖果汁、活牲畜、牛肉、羊肉、乳制品、可可、咖啡等品种。我国部分地区省级政府在逐步推进与商品期货交易所的战略合作，探索增加大宗经济作物、畜牧产品的期货交易品种。可根据国内消费升级和农业转型发展需要，结合交易规模，拓展农产品期货、期权品种范围，使期货机构较少采用期货交易组合方式构造期权，降低期货公司交易成本和交易风险，从而有效降低"保险＋期货"保费，实现多方共赢。在加强市场监测和风险处置的前提下，针对重要特色农产品扩大期货、期权交易品种范围，优化审批流程。结合国际经验，在农户熟悉相关业务后，探索为合作社等农业经营主体提供农产品期权交易平台，在农业生产决策阶段提供农产品收获季节的报价，更好地发挥期货市场的价格避险和市场稳定功能。

二是优化"保险＋期货"中央财政补贴机制。一方面应完善产品的市场化定价机制，增强竞争力，根据国际经验优化保障水平设置机制，降低保费支出压力。另一方面，由于商品交易所通过减免手续费提供的补贴占保费的 60% 以上，可在扩大品种范围的同时，在减免商品交易手续费基础上再由中央财政提供 20% 左右的保费补贴，同时加上农业生产经营主体的自缴保费，使地方财政的压力得到缓解，有助于解决阻碍"保险＋期货"模式推广的关键问题。考虑到不同农产品"保险＋期货"模式的交易成本以及手续费占保费比例的差异，在实践中可结合具体品种实行差异化的补贴机制。

专题报告九　加大资本市场对乡村振兴的支持力度

　　全面推进乡村振兴是推动我国经济高质量发展、推动共同富裕取得实质性进展、开启全面建设社会主义现代化国家新征程的关键环节。金融作为现代经济的核心，应深度参与乡村振兴建设，并在农业现代化建设、农民增收致富、农村基础设施建设和人居环境改善等乡村发展的各个方面给予有力支持。其中，资本市场具有配置资源、分散风险、传导信息和管理预期等功能，更应在服务乡村振兴、支持乡村产业发展方面发挥积极的引导作用。近年来，在监管政策的引导和推动下，资本市场在服务乡村振兴方面的作用愈加凸显，资金规模不断扩大，发行主体趋向多元化。但同时存在支持工具不足、支持力度不够、支持机制不完善、地区差异较大等问题，尚无法完全满足农村金融服务新需求。建议通过健全政府投资与金融、社会投入相关联动机制，撬动更多金融资源投向农业农村，丰富金融工具箱，推动农村土地证券市场发展，并给予民营资本和欠发达地区更多政策倾斜。

一、资本市场支持乡村振兴的主要政策

（一）中央文件

　　2017 年党的十九大报告提出"实施乡村振兴战略"以来，2018—2023 年

的中央一号文件分别指出了各阶段乡村振兴工作的重点，包括扎实推进乡村发展、乡村建设、乡村治理等。2021 年颁布的《中华人民共和国乡村振兴促进法》把金融服务乡村振兴上升到了法律层面。同年的《金融机构服务乡村振兴考核评估办法》则通过考核的形式保证各项政策在执行过程中不会偏离政策目标。在这个基础上，人民银行等部门也颁布了金融支持乡村振兴的具体文件。尤其是在资本市场支持乡村振兴方面，各项法规政策多次提到发行地方政府一般债券和专项债券、推广"保险＋期货"模式、设立乡村振兴相关引导基金和发挥多层次资本市场支农作用（涉农企业上市、新三板挂牌和融资、并购重组等）。可见，这些金融产品和服务在保障农户稳收增收、推动乡村产业健康发展、助力乡村振兴方面发挥了促进作用，将是下一阶段我国资本市场支持乡村振兴的重点。

（二）地方文件

随着中央多项顶层法规和政策出台，2019 年以来，地方政府陆续颁布金融支持乡村振兴相关配套文件。总体上看，有些省（市）以转发中央文件和发布原则性文件为主，有些则提及了具体支持措施。例如，重庆市支持民营涉农企业债券融资，按发债额每年给予 2% 的贴息；广东省完善广东股权交易中心"广东乡村振兴板"，为涉农企业提供个性化、专业化服务；山东省对在主板、中小板、创业板、科创板、新三板、区域股权市场及境外资本市场等上市挂牌的企业，省财政按规定给予不超过 200 万元的一次性奖励。预计未来将有更多地方配套措施实施。

二、资本市场支持乡村振兴的现状

近年来，在政策的引导和推动下，我国资本市场发挥其融通资金、分散风险的功能，在精准扶贫、助力农村脱贫攻坚过程中发挥了积极作用。然而，相较于传统的银行贷款，资本市场融资在乡村地区仍处于起步阶段。

（一）债权融资：资本市场支持乡村振兴的主要方式

发行乡村振兴债券目前是加大金融支持乡村振兴力度的重要途径之一，能为加速乡村振兴建设起到重要支撑作用，不仅可以为农村减贫和致富提供资金支持，也可以在农村基础设施建设、农业产业化发展和农村大型项目建设方面提供支持。

1. 乡村振兴债券

乡村振兴债券从狭义上来说包括有"乡村振兴"贴标的地方政府乡村振兴专项债、乡村振兴票据、乡村振兴专项公司债和部分金融机构的"三农"专项金融债①。其中，地方政府乡村振兴专项债券募集资金主要用于农产品生产基地、高标准农田、农村水利设施及宽带网络等新老基建投资。乡村振兴票据募集资金主要用于乡村建设等。乡村振兴专项公司债券募集资金用于基础设施建设，"三农"专项金融债券募集资金多用于乡村振兴重点领域贷款。其中，乡村振兴票据和"三农"专项金融债券在银行间市场交易，乡村振兴专项公司债在交易所交易，地方政府乡村振兴专项债在两个市场均可交易。

根据万得资讯数据，截至 2023 年 3 月 10 日，主要存续的乡村振兴债券总规模达到 2289.48 亿元，地方政府专项债、乡村振兴票据和专项公司债的规模分别约为 959.94 亿元、756.00 亿元和 353.99 亿元（见表 9-1）。乡村振兴债券呈现出种类丰富、针对性强的特征。此外，根据中国货币网数据，截至 2023 年 3

---

① 应注意的是，乡村振兴债券的发行规模并不等于直接投向乡村振兴项目的金额，除地方政府乡村振兴专项债和少部分专项信用债为"专款专用"外，乡村振兴票据和乡村振兴公司债券所募资金也可用于非乡村振兴用途，例如银行间市场交易商协会要求乡村振兴票据"首期发行额度中募集资金拟用于乡村振兴用途的占比应大于30%"，证券交易所要求乡村振兴公司债券"确定用于相关项目的金额应不低于募集资金总额的70%"。

月底，存续的金融机构发行"三农"金融专项债总规模约为 782 亿元，其中农商行发行数量超过六成（见表 9-2）。多数"三农"金融专项债在 2021 年发行。

表 9-1　　　　　　　　　截至 2023 年 3 月乡村振兴相关债券情况

债券品种	上市平台	债券只数（个）	债券总规模（亿元）
地方政府专项债	银行间 / 交易所	76	959.94
票据	银行间	79	756.00
专项公司债	交易所	59	353.99
资产支持证券	银行间（票据）/ 交易所（证券）	34	93.35
定向债务融资工具	上交所	18	64.20
短期融资券	上交所	11	62.00
合计		277	2289.48

资料来源：万得资讯。

表 9-2　　　　　　　截至 2023 年 3 月金融机构"三农"专项债情况

银行类别	只数（个）	总规模（亿元）
农商行	32	230.5
城商行	18	401
全国性股份制银行	2	150
合计	52	781.5

资料来源：中国货币网。

除了以上四类明确贴有"乡村振兴"标签的债券，由发改委推出的县城新型城镇化建设专项企业债券和农村产业融合专项债券募集资金多用于"三农"，同样发挥着支持乡村振兴的作用。根据中证鹏元发布的报告，2022 年，新型城镇化专项债发行数量大幅增长，共发行 52 只，发行规模 335.90 亿元，同比分别增长 271.4% 和 237.2%；农村产业融合债券发行 14 只，发行规模 46.60 亿元，同比分别增长 55.6% 和 56.9%。相比于乡村振兴票据和乡村振兴专项公司债，发改委企业债品种需要明确捆绑具体项目，且不能借新还旧，因此对于项目质量要求较高。

此外，更广泛意义上的新型"涉农"债券也对推进乡村振兴起到了重要作用。例如高成长债和绿色债券（含碳中和债券）支持农村建设和生态环境治理保护，以及发展绿色现代农业项目的部分。

乡村振兴债券发行主体在全国分布广泛，遍及绝大多数省、直辖市、自治区和特别行政区，江苏省、四川省和江西省的存量排名较靠前。发行主体以地方政府为主，金融机构、中央国企、地方国企、民营企业等各类主体也积极参与。其中，信用类乡村振兴债券以国有企业为主导，民营企业融资规模较小。

2. 乡村振兴债券指数

2022年2月，农业银行与中央国债登记结算有限责任公司联合编制开发的"中债—农行乡村振兴债券指数"发布。该指数是市场首个乡村振兴领域银行定制债券指数。指数成分券包括境内公开发行且上市流通、发行量不低于3亿元、剩余期限为1个月至5年（包含1个月和5年）的"三农"专项金融债以及募集资金用于支持乡村振兴的政策性金融债及公司信用类债券。截至2022年12月31日，中债—农行乡村振兴债券指数的成分券数量为106只，指数总市值约为13787.09亿元，平均久期为1.56年，平均到期收益率为3.56%，平均待偿期为1.93年，平均派息率为3.38%。

（二）股权融资：多层次资本市场支持"三农"企业融资

目前我国的股权融资市场包括主板市场、创业板、科创板、北交所、新三板、区域股权交易中心以及其他场外交易市场。借助国内多层次股权融资市场，涉农企业可通过首发上市（IPO）、新三板挂牌等方式募集资金，拓宽融资渠道，降低融资成本。股权融资可以帮助企业提高竞争力，促进涉农资源有效配置，带动农业产业链整体转型升级，激活农业农村内生发展动力。证券公司也可以提供承销保荐、并购重组、财务顾问等服务，为涉农企业在公司治理等方面提供专业咨询服务。对于欠发达地区企业，证券公司通过定点帮扶等方式协助其上市交易。根据证券业协会 2023 年第 1 号公告，共有 103 家证券公司结对帮扶 357 个脱贫县。其中，60 家证券公司结对帮扶 93 个重点帮扶县。

1. 沪深北交易所上市和增发募集资金

沪深北交易所市场主要服务农业类优质企业或龙头企业，降低涉农企业上市成本，并持续提供后期融资指导服务。根据中国证券业协会数据，2016—2021 年，证券公司共服务 36 家贫困地区企业通过首次公开发行股票（IPO）"绿色通道"政策上市，累计募集资金 252.45 亿元；2022 年证券公司服务脱贫县企业 IPO 共 10 家，融资 70.45 亿元。根据艾格农业报告，2022 年我国农业和食品行业[①]IPO 事件 29 个，总募集金额 153.26 亿元。

2. 新三版挂牌

新三板市场主要服务具有一定规模且尚处于发展初期的农业类中小企业，帮助其转型升级。同时，新三板市场帮助涉农企业完善法人治理结构、规范财务管理、改善经营机制。截至 2022 年末，证券公司服务涉农企业通过新三板市场股票发行融资 29 次，融资金额超 23 亿元[②]。

3. 区域股权市场

区域性股权交易中心主要服务处于起步阶段、规模较小的农业类中小微企业或是新型农业经营主体。区域性板块通过提供挂牌托管、改制辅导、培育孵化等服务，引导更多金融资源流向农村经济重点领域和薄弱环节，并帮助涉农企业规范发展。截至 2023 年 11 月底，全国共有 5 个股权交易所已设立或拟设

---

① 包括食品饮料、生物农业、农业相关餐饮及供应链和电商物流零售、农业科技与服务、农林牧渔业初加工和农业生产资料等。

② 徐昭、周璐璐：《以梦为马 证券业积极践行新发展理念》，《中国证券报》，2023 年。

立"乡村振兴板",涉及河北、广东、山东、新疆和重庆等地。这些"乡村振兴板"依托平台聚集资源,为涉农企业提供有针对性的融资服务,帮助农业企业拓展融资渠道、增加融资方式、强化资本运作,提升农业企业创新融资业务能力。

(三)农产品期货和"保险+期货"模式:创新金融产品

农产品期货作为风险管理工具,能够帮助涉农企业、农业合作社和农户分散市场价格波动风险,减少灾害带来的损失,增加农业相关主体抗灾的韧性。

1.农产品期货期权

我国农产品期货和期权产品主要在郑州商品交易所(郑商所)、大连商品交易所(大商所)、上海期货交易所(上期所)交易。根据中国期货业协会的数据,截至2022年底我国共有农产品期货产品26个,期权产品11个,较2022年初增加了5个期权产品[①]。农产品期货和期权主要在郑商所和大商所交易,上期所仅2项(纸浆和天然橡胶)。2022年,成交量和成交额排名前三的农产品期货为棕榈油、豆油和豆粕,主要在大商所交易(见表9-3)。其中,豆粕和棕榈油期权成交额排在期权产品的前两位(见表9-4)。

表 9-3　　　　　　　　2022 年主要农产品期货成交量和成交额情况

期货产品	交易场所	累计成交量（手）	成交量占全国比重	累计成交总额（亿元）	成交总额占全国比重
棕榈油	大商所	241582846	3.6%	225174.21	4.21%
豆油	大商所	183506353	2.7%	180583.83	3.38%
豆粕	大商所	325094536	4.8%	127865.57	2.39%
菜籽油	郑商所	94429320	1.4%	110082.59	2.06%
天然橡胶	上期所	79639372	1.2%	104382.94	1.95%
一号棉 CF	郑商所	128291424	1.9%	101547.79	1.90%

---

① 分别是郑商所的菜籽油期权和花生期权,大商所的豆油期权、黄大豆1号期权和2号期权。

期货产品	交易场所	累计成交量（手）	成交量占全国比重	累计成交总额（亿元）	成交总额占全国比重
纸浆	上期所	81158408	1.2%	55101.05	1.03%
白糖 SR	郑商所	91351434	1.4%	52540.02	0.98%
菜籽粕 RM	郑商所	144878541	2.1%	46214.56	0.86%
苹果	郑商所	47538645	0.7%	41556.47	0.78%
玉米	大商所	134357515	2.0%	38054.83	0.71%
生猪	大商所	8279307	0.1%	2429.57	0.46%
黄大豆 1 号	大商所	34858320	0.5%	20616.62	0.39%
花生 PK	郑商所	31615403	0.5%	15417.83	0.29%
玉米淀粉	大商所	46197613	0.7%	14576.05	0.27%
鸡蛋	大商所	25070310	0.4%	10960.96	0.20%
黄大豆 2 号	大商所	16482200	0.2%	8366.13	0.16%
其他		7916683	0.1%	4577.40	0.09%

资料来源：中国期货业协会网站。

表 9-4　　　　　　　　2022 年主要农产品期权成交量和成交额情况

期权产品	交易商所	成交量（手）	成交量占全国比重	成交总额（亿元）	是否 2022 年新上
豆粕期权	大商所	53407941	0.8%	347.80	否
棕榈油期权	大商所	26708730	0.4%	344.31	否
一号棉期权	郑商所	17668282	0.3%	218.37	否
白糖期权	郑商所	20508700	0.3%	106.80	否
玉米期权	大商所	30429497	0.5%	85.26	否
菜籽粕期权	郑商所	7989933	0.1%	47.94	是
豆油期权	大商所	3407664	0.1%	30.09	是
菜籽油期权	郑商所	2594210	0.0%	21.81	是
花生期权	郑商所	2239366	0.0%	12.16	是
黄大豆 1 号期权	大商所	1826413	0.0%	6.15	是

资料来源：中国期货业协会网站。

2022 年，我国农产品期货期权在全球农产品成交量排名中表现突出。根据中国期货业协会发布的《2022 年度期货市场发展概述》，2022 年国内农产品期货和期权产品包揽全球前 10 名，在全球前 20 名中占有 16 席（见图 9-1）。

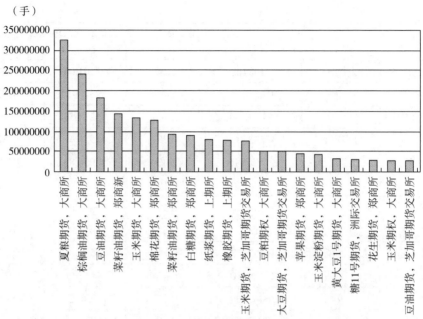

图 9-1　2022 年全球农产品期货和期权成交量（前 20 位）

资料来源：中国期货业协会，《2022 年度期货市场发展概述》。

2. "保险+期货"模式

"保险＋期货"模式是我国期货市场服务"三农"的创新金融模式。2015年，中国证监会指导大连商品交易所在玉米期货方面首创了"保险＋期货"模式，"保险＋期货"试点正式拉开帷幕。随着试点的品种数量和范围不断扩大，"保险＋期货"模式涉及的农产品种类不断丰富，规模不断扩大，地域覆盖面不断拓宽，成为除乡村振兴债券之外，资本市场服务乡村振兴的另一个重要模式。"保险＋期货"模式连续 8 年被写入中央一号文件，为加快农业农村现代化建设注入了新的力量。根据中国期货业协会统计数据，截至 2022 年末，期货经营机构通过"保险＋期货"模式为天然橡胶、玉米、大豆、鸡蛋、苹果、红枣、花生、棉花、白糖等品种提供了价格保障，承保货值约 1078.18 亿元，为涉农实体机构或个人提供合作套保、点价、场外期权等风险管理服务方案 208个，名义本金约 40.01 亿元。

在"保险＋期货"模式下，涉农企业或农户等购买保险公司发行的期货价格保险产品，可以减少产量波动和价格波动带来的风险。保险公司根据产品情况向期货公司购买相关期货或期权，达到分散、转移风险的目的；涉农企业或农户通过购买保险公司和期货公司的农产品期货和期权，充分利用期货市场价格发现和风险管理的基本功能、保险市场分摊损失和经济补偿的基本功能，以及金融机构自身的专业能力和网点优势，将集中的风险分散至更大的市场，帮助涉农企业和农户提前锁定农产品的售卖价格，进而提前确定利润。"保险＋期货"模式也逐步拓展为"保险＋期货＋第三方／工具"模式，例如"保险＋期货＋银行""保险＋期货＋交易所""保险＋期货＋订单"等。将创新金融工具延伸至农业产业链的上下游，扩大参与主体，在提高保障能力的同时，提升金融创新支持乡村振兴的综合质效。

大商所、郑商所和上期所是"保险＋期货"模式的主要交易平台。大商所作为第一家试点机构，2015—2021年在"保险＋期货"项目上累计投入资金约9亿元，共引导70家期货公司、12家保险公司、10家商业银行开展了600个"保险＋期货"项目，覆盖玉米、大豆、生猪等品种现货量1866万吨、种植面积2892万亩，惠及全国31个省（自治区、直辖市）的近160万农户，总计赔付12.65亿元。2022年全年，大商所引导64家期货公司联合保险公司共开展362个项目，包括11个大豆振兴专项、19个生猪专项、23个地区专项和309个养殖分散项目，实现总理赔约3.5亿元。郑商所立足品种优势，在相关品种主产区持续推进"保险＋期货"试点工作，2016年开展"保险＋期货"试点项目。截至2022年底，郑商所累计开展"保险＋期货"试点项目148个，涉及白糖、苹果、红枣、花生、棉花5个品种，保险理赔金额累计4.96亿元，推动承保相关品种种植面积520.09万亩，服务参保农户41.43万户。上期所虽然只有天然橡胶和纸浆两个期货产品，但截至2022年10月，已累计投入专项资金近5.8亿元，保障天然橡胶现货产量超67万吨，覆盖云南、海南的31个市、县，使近 46 万户胶农受益。2022 年，上期所继续通过"保险 + 期货"模式、"期权稳产行动"等服务乡村振兴战略，在云南、海南地区分别投入 1.38 亿元开展天然橡胶"保险 + 期货"项目，并投入 3100 万元与云南农垦、海南农垦以及广东农垦合作开展"期权稳产行动"。

（四）乡村振兴基金：引导社会资本参与乡村振兴建设

面对推进乡村振兴过程中出现的财政支农资金不足、投融资渠道单一、资金投入难以形成合力等问题，各地纷纷设立乡村振兴基金。乡村振兴基金一般指各级财政或政府投资基金通过单独出资或与社会资本共同出资的方式设立，并围绕乡村振兴战略，以农业供给侧改革为主线开展投资，重点支持乡村产业发展的私募股权投资基金。乡村振兴基金采用更市场化的方式，推进城乡产业的对接融合，培育农业产业可持续盈利能力，吸引资本与劳动力要素扎根乡村，最终提升乡村劳动生产率。2022 年 4 月，农业农村部办公厅、国家乡村振兴局综合司联合发布《社会资本投资农业农村指引（2022 年）》（以下简称《指引》），指出社会资本是全面推进乡村振兴的重要支撑力量，需要加大政策引导撬动力度，扩大农业农村有效投资。《指引》鼓励社会资本探索通过全产业链开发、区域整体开发、政府和社会资本合作、设立乡村振兴投资基金、建立紧密合作的利益共赢机制等模式，稳妥有序投入乡村振兴。

目前，我国主要省市均设立了不同规模的乡村振兴基金。根据艾格农业发布的《2022 年乡村振兴基金绿皮书》，截至 2022 年 12 月 26 日，全国范围内的乡村振兴基金累计设立数量为 192 只，总计管理规模为 1239.82 亿元。有 23 个省份设立了乡村振兴基金。除国投创益管理的央企农村投资基金外，设立乡村振兴基金规模前五名的省份分别是广东、安徽、山东、江苏、贵州。其中，安徽、山东、江苏的乡村振兴基金总管理规模已超过百亿元，广东的乡村振兴基金总管理规模更是已经超过了 300 亿元。从发行的数量看，广东、江苏、山东、浙江、湖南和安徽排在前列，发行数量均超过 10 只（见图 9-2）。

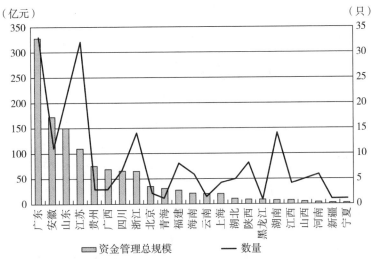

图 9-2 主要省份乡村振兴基金管理总规模和数量情况（截至 2022 年 12 月 26 日 ）

资料来源：艾格农业，《2022 年乡村振兴基金绿皮书》。

从各地实践看，当前乡村振兴基金运营有如下特点，一是经济发达地区设立的乡村振兴基金较多。浙江省较早为乡村振兴基金设立提供政策支持。2019 年 10 月，浙江省财政厅印发了《浙江省乡村振兴投资基金管理办法》。广东省是民间资本参与乡村振兴基金最活跃的省份，2022 年底累计撬动社会资本逾 130 亿元。相比之下，中西部地区的乡村振兴基金大部分是 2021 年中央一号文件明确提出后才设立的。二是集中为农业农村基础设施建设项目与重大农业产业化项目提供支持。作为国投全资企业的国投创益，受托管理欠发达地区产业发展基金、中央企业乡村产业投资基金、大同贫困地区产业能源发展基金、安康乡村科技振兴发展基金、创益盛屯新能源产业投资基金、影响力产业基金、影响力种业基金、影响力新能源产业基金、海南穗达股权投资基金。这些基金直接或间接与推进乡村振兴相关，为重大项目和优势产业提供支持，总规模 483.63 亿元。全国首只由银行金融机构参与的省级乡村振兴基金——广东省农恒

241

乡村振兴基金规模达 50 亿元，重点支持粮食产业链龙头企业、优质育种企业、农业科技企业、农产品稳产保供重点企业和生猪规模养殖加工企业。三是初步建立了多元主体参与的合作机制。浙江省成立了规模达 100 亿元的省级乡村振兴基金，与农业龙头企业、投资机构等合作，采用定向基金、非定向基金等子基金和直接投资模式运作，为农业农村基础设施项目与重大农业产业化项目建设提供资金支持。江苏省乡村振兴投资基金的出资方包括省、市、县三级政府，社会资本出资方则囊括新希望集团、正邦科技等多种所有制主体。全国首个村级乡村振兴基金——安徽省凤阳县小岗村的小岗乡村振兴基金由安徽省、滁州市、凤阳县三级政府平台和小岗村、春光里资本集团共同出资组成，农村集体经济也被纳入乡村振兴基金运作范畴。

三、资本市场支持乡村振兴的不足

（一）资本市场支持乡村振兴规模有限

虽然资本市场通过债权、股权、期货和基金等多种类产品为乡村振兴提供金融支持，但与银行体系相比，乡村对直接融资资金的利用水平有待进一步提高。整体看，乡村地区金融体系发展尚不完善，融资模式仍以间接融资为主，直接融资较少。农村信用社、农村商业银行、农村合作银行以及村镇银行等在乡村的网点较多，是农村金融机构的主体。证券、基金和信托等机构在乡村的网点相对较少，无法直接服务于乡村的客户需求。此外，乡镇企业也以中小企业为主，在公司治理、资产质量保证、盈利能力等方面相对较弱，与上市标准有一定距离。除股权融资外，债权融资规模也较小。我国高收益债市场发展不足，市场投资者更偏好高评级的信用债，对低评级债券的投资意愿较小。这也成为经济欠发达地区的企业通过发行债券等方式募集资金的阻碍之一。

（二）乡村振兴专项债相关机制不健全

乡村地区相关项目普遍具有周期长、成本高、地理位置分散等特点，其收益稳定性较差，现金流波动较大，项目的投资产出效果难以评估，仅靠市场力量无法满足项目需求。因此，对乡村振兴的金融支持必须加强不同层级的统筹协调，建立有效的沟通机制和政策支持体系，并在项目识别和发行配套方面建立一套完整的流程，帮助投资者对项目的收益和还款能力进行识别和比较，确保资金投入到能带动乡村振兴的重要区域、重大项目中去。同时，乡村振兴专项债作为资本市场支持乡村振兴的主要手段，发挥作用有限。2021 年，中共中央、国务院颁布的《关于全面推进乡村振兴 加快农业农村现代化的意见》提到，支持地方政府发行一般债券和专项债券用于现代农业设施建设和乡村建设行动，制定出台操作指引，做好高质量项目储备工作。但目前各地乡村振兴专项债券发行工作的管理制度仍不完善，发行程序相对烦琐，便捷性不足。同时，地方政府更倾向于将专项债有限的额度用于对当地经济社会支撑牵引作用显著的重大基础设施项目，影响了乡村振兴债发行速度的提升和发行规模的进一步扩大。此外乡村振兴基金尚处于起步发展阶段，各地区操作和管理经验不足，缺乏高级别的统筹和协调，难免出现各地区"各自为政"的现象。全国性的乡村振兴基金仅国投创益旗下的 9 只基金，总规模有限，国家相关部门尚未就国家级乡村振兴基金出台相应政策。

（三）期货市场创新金融工具不足，规模有限

期货市场金融工具创新能帮助涉农企业和农户分散、缓释市场波动及灾害造成的损失和冲击，增强农业产业抗灾韧性。2022 年，我国期货市场主要产品在成交量方面已位居世界前列，为我国农业发展提供了重要的风险缓释渠道。

然而，与发达国家相比，我国农产品期货和期权创新工具仍有待增加，支持规模与农业总产值之比有待提升。例如，面对全球气候及环境变化，境外金融机构尝试推出更复杂的期货和期权工具，芝加哥商品交易所推出巨灾期货——卡维尔飓风指数期货（CHI）。该期货主要购买者为保险公司、能源公司或巨灾高发地的公共事业单位，通过期货产品实现经营风险的有效对冲。再如，美国2016年使用期货（或期权）等衍生品交易对冲价格风险的规模占其农业总产值的近11%。近年来，我国小麦产量均在1.3亿吨左右，但2022年相关产品的成交量合计不到5万手。而美国水稻和小麦产量不到我国一半，芝加哥期货交易所小麦主力合约单日成交量可超万手，甚至达到十万手。

（四）社会资本、民营企业参与不足

推进乡村振兴战略的资金需求量极大，仅靠财政、村集体和个人难以满足资金需求，亟须撬动金融资本、社会力量参与。然而，农村项目低集约化、低产业化、低市场化运作的特点，令社会资本难以形成合理预期。而相关支持体系和考核体系不够完善，社会资本参与的积极性与可持续性不高。我国乡村振兴基金设立主体也以地方政府为主，尽管有龙头企业加入，但吸引的社会资本仍然有限。此外，从公司债发行方性质看，目前我国乡村振兴公司债主要由国有企业主导发行，民营企业融资规模较小。近年来，我国债券市场发生多起违约事件，导致机构投资者信用风险偏好降低，增加了民营企业在债券市场上的融资难度，降低了民营企业在推进乡村振兴过程中的参与度。

（五）农村土地证券化市场有待发展

从资本市场支持乡村振兴的国际经验看，农村土地证券化市场是与农产品期货和农业产业发展基金并列的主要支持方式。农村土地证券化，即在保留农民土地产权的前提下，以土地收益权作为担保发行证券，通过资本市场筹措资金用于农业生产。农村土地证券化一般采用农场和农业房地产投资信托基金（REITs）方式，具有较好的流动性。我国目前尚无专门针对农村集体土地的REITs，但有底层资产为农村集体土地的项目。2022年9月，华夏基金管理的华润有巢租赁住房REITs公布招募说明书，公开其底层标的情况，其中一处项目所用土地为农村集体土地。该REITs在2022年12月于上交所上市。目前我国农村土地证券化市场尚处于萌芽状态，市场相对发展不足。

（六）经济欠发达地区资本市场融资较少

从地域看，经济欠发达地区需要更大的资金支持和更好的金融服务作为支撑，但普遍存在信用体系建设不完善、企业融资渠道单一、投资者对资本市场接触较少的问题。涉农企业从资本市场融资的规模有限，需求和供给不匹配。一是上市的涉农企业多集中在一线城市及周边省会城市，经济欠发达地区的上市企业往往较少，部分地区甚至没有上市公司。二是由于乡村振兴基金需要地方财政出资引导，财政实力较强的东部沿海地区往往有能力有意愿设立乡村振兴基金，社会资本也有动力参与，形成良性循环。而经济欠发达地区因经济发展水平不高，地方政府财力不足，社会资本规模有限，乡村振兴基金建设相对落后。三是公司类信用债也向北京、广东、上海、江苏和浙江等地区倾斜，欠发达地区发行规模较小。

四、政策建议

资本市场可以继续立足自身专业优势，在服务"三农"、推动乡村振兴方面发挥更显著的作用。

（一）完善相关配套机制和措施，发挥协同效应，鼓励市场创新

发挥乡村振兴各类金融产品的协同效应，包括绿色债券的低成本效能和普惠金融平等可持续的特点，结合支农支小贷款等，涵盖乡村振兴的短期、中期、长期发展目标，有针对性地解决推进乡村振兴面临的融资问题。健全政府投资与金融、社会投入联动机制，完善农业农村基础设施融资项目库，吸引更多资本投向农业和农村。同时，以系统性、协同性为原则，提升产业链和供应链内生性投资能力和数字化水平。鼓励评级机构将乡村振兴相关金融产品纳入投资者社会责任评价框架体系，利用其示范效应和带动效应引导投资者完善投资理念，建立正向反馈。

（二）推动多种乡村振兴金融工具发展，更好撬动社会资本

继续加大对乡村振兴各类金融工具的宣传力度，提升其社会影响力，提高农村地区对直接融资的认知程度，吸引更多资本参与合规的涉农项目融资。探索整合政府和社会资本合作模式（PPP）与专项债两类工具，建立与两类工具相关的重大项目社会资本投融资模式，发挥专项债的资金成本优势和PPP项目管理优势，引导更多社会资本投资农业农村现代化建设。可设立乡村振兴专项债重大项目库。提升乡村振兴概念债券示范效应，盘活二级市场流动性。通过推广"保险＋期货"模式，适度考虑增加社会资本参与度，激发民间资本投资兴趣。在风险可控前提下，扩大"保险＋期货"覆盖面，丰富期权、期货种类，为"保险＋期货"模式提供更多保障。给予社会资本一定的税收减免政策，在财政上给予适当补助，激发市场机构参与的积极性，发挥政府和市场的双重作用，共同促进乡村振兴。

（三）充分利用我国多层次资本市场

帮助乡村企业充分利用国内多层次资本市场，大力支持更多农林牧副渔涉农企业上市。给予上市企业技术支持，并持续提供后期融资指导服务以及资金补贴政策，有效提升上市企业的公司治理能力和治理水平。鼓励乡村地区企业更多地在新三板、区域性股权市场融资。鼓励上交所、深交所、北交所等资本市场进一步发展乡村地区企业上市的"绿色通道"，扩大相关优惠政策的适用范围，如继续减免相关企业的挂牌费用、加大在当地的政策宣传力度等。根据实际情况出台优惠、奖励政策吸引私募股权基金、风险投资，拓展投资者范围，共同搭建针对乡村地区的风投融资平台等。统筹推进农产品期货和现货市场建设。积极探索通过抵偿股份制改造费用、挂牌费用等形式，将政府涉农补贴、奖励资金与企业规范性挂钩，引导农业产业基金优先投资农业板块企业。

（四）对经济欠发达地区给予更多政策支持

针对经济欠发达地区乡村振兴金融支持相对较弱、上市涉农企业较少、乡村振兴基金建设相对落后、公司类信用债发行规模占比较低的特点，在政策方面给予更多的倾斜。应看到，欠发达地区更需要金融支持，金融支持乡村振兴仍有较大的发展空间。例如，内蒙古、青海、宁夏、山西等尚未发行过乡村振兴基金。可出台专门的金融政策，引进证券公司、基金公司等金融机构，促进当地金融资源集聚，优化金融产业布局。对于在当地设点的金融机构可以酌情给予税收减免优惠，或一次性给予财政补贴。在经营中按照对当地经济发展的贡献度给予资金奖励。同时，出台相关政策吸引金融人才，为进入当地的金融专业人才提供税收优惠、住房补贴等。

专题报告十 金融科技支持乡村振兴的思路和政策

金融是实现乡村振兴的重要支撑，相比于脱贫攻坚，全面推进乡村振兴更注重经济社会发展，对金融资源的需求规模更大，涉及的环节也更多。虽然农村金融供给总量近年来持续增长，但相比于实现乡村振兴的目标仍有缺口。未来金融支持乡村振兴，既要扩容又要挖潜，金融科技是重要途径。要积极消除农村地区应用金融科技的制约因素，增强金融服务乡村振兴的能力。

一、金融科技为金融支持乡村振兴提供有效途径

近年来，金融主管部门通过调整监管指标、创设结构性货币政策工具等多种方式，积极引导金融资源支持"三农"。但需要看到，金融支持"三农"成本高、风险大的问题仍然存在，需要在商业性和可持续性之间保持平衡。在金融资源总量有限的前提下，提升金融支持乡村振兴的效率是重点方向。金融科技为提升金融支持"三农"效率提供了有效途径。金融科技的发展有助于消除金融支持乡村振兴面临的多方面限制。

（一）金融科技增强金融服务乡村振兴能力的主要机制

第一，金融科技可以增强农村客户信息透明度。中国地域广大，人口众多，

依靠传统单一的金融信息收集渠道难以获取客户的准确信息，尤其是各县、乡、村的金融网点数量较少、分布不均，不利于开展客户信息收集工作。金融科技可以有效解决传统征信模式下信息主体的风险信息甄别盲区问题，为金融机构风险甄别提供了数据信息支撑。

第二，金融科技可以降低农村金融服务成本。在传统金融模式下，县乡级金融业务发展需要依靠金融机构设置物理网点。受人口密度、地理位置影响，金融机构在县域以下提供金融服务的成本高、收益低。与传统金融模式不同，基于新兴技术的金融科技应用能够大幅降低金融服务成本。

第三，金融科技可以满足多元化服务场景需求。针对县乡级的市场，金融机构更多关注生产场景，如农户购买农资以及农业产业链上的小微企业物流、信息流、资金流等，通过场景金融，将生产信息转化为量身定制的信贷产品，满足农户融资需求。金融机构能够通过场景金融充分挖掘县乡级潜在客户，在规模效应下，县乡金融服务成为金融服务新的增长点。

第四，金融科技可以赋能农村产业发展。金融机构利用数字化平台，与农业和农村二、三产业上下游企业形成利益共享、协同运作的乡村开放数字化生态圈，通过发展供应链金融等途径，逐步消除乡村产业发展面临的资金、技术、人才方面的制约。

（二）金融科技促进金融支持新型农业经营主体和农户

借助金融科技，金融机构积极探索多种途径来满足新型农业经营主体的金融需求。（1）金融科技增强大型商业银行下沉基层服务乡村能力，某国有银行打造推广"裕农通"乡村振兴综合服务平台，通过提供资金、信息、技术等服务资源，打通产业链、供应链和信用链，促进乡村信用体系建设。（2）金融科技提高新型农业经营主体信贷可得性。广东省建立健全新型农业经营主体名单发布制度，依托"粤信融""中小融"等融资服务平台推进信息共享，促进银农对接。

利用金融科技克服种植业、养殖业融资缺乏抵押物的困难。银行和保险公司积极合作，探索生物活体抵押贷款业务，避免活体重复抵押，形成"生猪活体抵押＋保险保障＋银行授信"的服务模式。（3）以金融科技改善农业保险服务。某财险公司基于 AI 识别技术，实行"养殖户＋保险公司＋畜牧防疫部门"信息共享，将牛脸识别技术引入养殖保险，实现精准承保、精准理赔、全线上操作。

依托金融科技，金融机构为返乡创业者和进城务工人员提供多元化金融服务。例如，山西省积极支持金融机构创新针对农民创业者的信贷产品，开展"农富贷""冷链贷"等创业试点项目。银行依托网购平台搭建农村电商专区，销售农产品，开辟了农产品流通的新渠道。以金融科技丰富农民投资渠道，推动金融产品和服务下乡。湖南省金融机构探索建立"国债服务直通车"，通过金融科技手段助力提升农村国债销售量，丰富农村居民投资渠道。东部发达地区积极为农户和进城务工人员完善基础性金融服务。广州市花都区创建"农户信用绿码"，建立了域内共享的涉农主体信用信息数据库，构建了涉农主体综合评价模型。

（三）金融科技促进金融支持农村产业

金融科技推动农业抵质押贷款融资创新，助力缓解农业融资难问题。如，内蒙古根据农牧区特征，推出温室大棚使用权抵押贷款、养殖圈舍抵押贷款、活体牲畜抵押贷款、存货质押贷款等新产品，切实解决了种植、养殖大户缺乏有效抵质押物的问题。广东省建立动产融资统一登记公示系统，为涉农市场主体提供农业设施装备、存货、牲畜水产活体等各类动产融资服务，完善大型农机具、农业生产设施和加工设备金融租赁服务。

金融科技赋能农业保险服务。2021 年，三大主粮的完全成本保险和收入保险试点推广到 13 个粮食主产省份的产粮大县。特色农业险种加快发展，例如，某国有财险公司浙江分公司推出 80 多个特色农业品类的 140 多款保险产品；已推出杨梅、茶叶等 10 余个品种的气象指数保险，覆盖 40 多个县区。基于农产品大数据，探索推广蔬菜、生猪等多品类农产品保险。山东省以蔬菜、生猪为重点推行特色农产品目标价格保险业务，帮助农民规避市场价格风险。加大保险产品研发投入，推动保险与期货等相关金融服务整合。"保险＋期货"模式已涵盖玉米、大豆、豆油、豆粕、淀粉、鸡蛋、棉花、白糖、苹果、天然橡胶等品种，价格避险效果较好。大连商品交易所联合保险公司推出"保险＋期货＋订单农业"项目。

利用供应链金融助力乡村工业发展。广东供销社积极发挥连接新型农业经营主体与金融机构的桥梁作用，鼓励金融机构创新产品和服务、加强与供销社对接、开展"粤供易贷"等农村普惠金融服务和农产品供应链产业链融资服务。山东省创新"供应链＋农业＋金融"服务模式，依托农业产业龙头企业，推动金融科技在政府采购涉农场景中的应用。

依托金融科技释放乡村服务业发展潜力。发展乡村服务业是壮大乡村产业、完善现代农业产业体系的重要途径。乡村电商领域推出直播卖货、移动菜篮子、"无接触配送"等新模式，发挥了强大的带货作用。广东省某农商行推动贷款流程线上管理，实现农村电商贷款业务"抵质押物价值认定、贷款审查审批、贷款发放"三大关键环节集中处理。广东农村信用联社推出"企电贷""电商创业贴息贷""好融易"等专属产品，为农村电商企业提供多元化融资途径。政府推动电子商务进农村综合示范项目，整合邮政、供销、商贸流通等方面的资源开展共同配送。截至 2020 年上半年，示范项目在全国支持建设县级电商公共服务和物流配送中心超 2000 个、乡村电商服务站点超 13 万个，乡村电商为农村发展提供了巨大动力。

金融科技助力乡村旅游设施开发建设。某国有银行建设乡村旅游产业数据库，推广"数字文旅""智慧旅游"等新型服务模式，推动惠农通服务点互联网化升级，进一步改善乡村旅游金融服务环境。保险机构针对乡村旅游游客特点开发特色保险产品。广东清远银行保险机构积极推出"金融＋文旅"模式，结合当地旅游业特点，创新推出"民宿贷""文旅贷""特色小镇贷""美丽乡村贷"等信贷产品，并采用纯信用、景点收费权质押、门票收入账户监管等多种金融科技工具，解决贷款抵押担保难题，积极推进金融科技和智慧旅游相结合。

二、乡村应用金融科技面临的主要障碍

当前乡村地区发展金融科技仍面临多方面困难和制约因素。与金融支持城市化和支持制造业相比，金融支持"三农"存在显著不同，面临的障碍也有差异。当前，金融支持农户和新型农业经营主体主要面临以下四大难点。

（一）数字鸿沟制约金融科技在乡村地区应用

乡村居民和农村就业人员对金融科技工具熟悉度不高，主要原因有四个。第一，乡村地区仍然是金融基础设施的薄弱环节，互联网覆盖率低于城市，支撑移动支付等新型金融工具的基础设施不足。第二，针对农村居民的数据收集和利用度不足，大数据优势难以在农村发挥。大多数农村居民未进入征信系统，农村居民征信数据长期缺失，可获得的农民的大数据信息不足。第三，因数据安全、部门分割等原因，涉及农民的政府公共数据的开放与共享还有很大困难，农村人口流动、各类补贴发放、社保医保等数据具有很大金融价值，但数据标准不同、开放共享程度低，难以发挥作用。特别是打赢脱贫攻坚战工作中形成的大量建档立卡数据有丰富的金融价值，但还没有得到充分利用。第四，与银行等传统金融机构相比，金融科技公司等新型金融主体的品牌与信任度较弱，在乡村地区的认同度相对不高，乡村居民对金融科技和互联网的认知仍需要较长转变过程。

（二）农村基础设施对金融科技应用的支撑不足

近年来中国农村基础设施建设有较大进步，但与城市相比仍有欠缺。多数在乡村地区营业的金融机构网点提供的服务较为单一，金融产品供给不足，覆盖面有限。部分村镇银行、农商行对金融科技的应用有限，与电商、支付结算等第三方平台缺乏合作，信息占有和数据共享程度还不高。很多地方政府积极推动相关部门提高数据开放共享程度，打通数据壁垒，建设地方信用平台，但多数地方社会信用系统仍面临信息采集范围小、权威性不足、实际应用不多等困境。基础设施不完善限制农村金融科技应用。目前多数农村地区的物流系统落后，物流基础设施不足以实现供应链监控目标，物流对乡村商品流通的促进作用仍不达预期，是农业现代化进程的重要短板。

（三）金融科技企业的战略重心和资源布局以城市为主

互联网等领域的金融科技巨头普遍将基础设施、关键节点布局在大城市和中心区域，对农村地区的重视程度相对不足。传统金融机构是金融科技的重要应用者，但近年来，部分金融机构收缩基层网点、向城市和发达地区集中的趋势较为明显。除一些国有大型商业银行、政策性银行、农村金融机构外，其他金融机构的业务重心普遍放在城市地区。金融机构和金融科技企业支持农村动力不强的重要原因是农村存在集聚程度低、资产权利不足、区域差异大的地域特性。农业具有经营规模小、主体多、市场波动大的产业特性，导致金融支持农村的意愿不强。农业属于弱势产业，对自然条件依赖性高，受气候、市场波动、自然灾害等不可控因素影响大，银行信贷风险不能得到有效分散，加剧了银行惜贷现象。

（四）金融支持农村的政策力度有待增强

风险和收益不匹配是制约金融支持乡村振兴的重要因素。支持乡村振兴，金融机构需要付出较高的综合运营成本，存在资产质量下降、坏账增加的风险。近年来人民银行通过提供再贷款和再贴现、定向降准等方式，支持服务农业农村的金融机构。财政部门加大支农资金投入力度，对符合条件的贷款进行财政贴息。但是，激励金融机构服务乡村的监管指标仍有优化空间。例如，部分金融机构在小微贷款发放中存在"垒大户"问题，对最需要金融支持的农户、微型企业等支持不足。适应农村经济社会需求的共性技术研发不足。大部分金融技术，在研发初期多以人口密度高、反馈迅速、效益回报快的城市为目标，成熟后才会逐步扩散到农村地区，与乡村地区的匹配度有时不足。部分地方政府部门数据共享阻力大，农业公共数据资源难以获取和得到有效利用。

三、金融科技支持乡村振兴的思路和建议

金融科技支持乡村振兴宜遵循"产业优先、强化基础、增强协同、商业可持续"的思路。金融科技在乡村应用的主要目标是推动乡村产业发展，着力提升农业和农村二、三产业运行效率，助力实现乡村产业振兴目标。当前农村地区应用金融科技主要受基础设施不足的制约，要加强乡村数字基础设施建设，支撑金融科技在乡村深化应用。金融科技作为共性技术手段，可以对银行、保险、证券等各类金融机构共同发挥支撑作用，形成金融支持农村发展的协同效应。金融科技支持乡村振兴，应以商业可持续为原则，吸引金融机构和科技企业长期支持农村发展。

（一）将生产性主体作为金融科技支农的重点

金融科技应重点支持能够提升农业生产效率的市场主体，主要包括合作社和家庭农场等规模化经营主体、农村生产加工企业、农村服务业企业等。通过支持生产性主体，推动农村产业发展、带动农民增收、增强乡村振兴的内生动力。支持地方法人金融机构探索促进金融科技应用于本地的有效途径，对接农村发展的资金需求；利用本地信息资源，深度分析挖掘客户的潜在需求，创新金融产品，满足农业、农村和农户日益增长的金融需求。利用互联网大数据进行风险筛选和预授信，降低信贷成本，提高融资效率。提高涉农保险的供给数量和质量，深化惠民惠农政策，加大对涉农保险保费的补贴力度，促进保险行业创新涉农保险服务，提高金融机构开发涉农保险产品的积极性，鼓励农户、合作社等各类农业产业主体投保，努力实现涉农保险"扩面、增品、提标"，缓释农业生产经营的高风险，破解制约农村创业和农业企业经营的瓶颈。

（二）完善支撑供应链金融发展的技术和商业环境

围绕农村重点产业链，加强金融产品创新，协调银行机构、经销商、收购商、农业经营主体等利益相关方利害关系。优化金融机构对农产品生产和收购的风险分担机制。鼓励龙头企业作为收购商为农业经营主体提供融资担保，探索多种风险管理机制。支持金融机构为龙头企业、流通服务企业提供资金贷款。提升产业链信息化程度，记录农户的农产品交易对象、交易时间、交易数量等历史数据，并对金融机构开放，鼓励银行基于数据为农业经营主体发放信贷资金。加强产业链协同，完善农业产业链的产业生态体系。发挥合作经济组织的协调作用，组织协调农业生产经营上下游相关方利益，完善交易信息整合机制，梳理农业产业链上下游信息、资金、产品的流动机制，形成一体化协同模式，实现信息共享、流程对接、信用共建，并开发配套的数字化管理系统。增强地方政府的促进作用，整合地方公共服务平台的农业交易信息，鼓励银行等专业服务机构提供相关信息。经过脱敏处理之后，在提供数据的金融机构之间共享信息、合作支农。

（三）创新适应农村电子商务需求的金融科技产品

针对乡村服务业重点业态和新兴业态，加大金融科技应用力度。适应电商轻资产运营模式，创新符合农村电商特点的产品，如电商小额贷款、农户联保贷款、存货抵押贷款等。吸引社会资本，募集专项基金，推进农村电商项目投资，促进农村电商发展壮大。推动构建成熟的农村电商担保体系，鼓励国家支持的担保机构为农村电商经营者增信，提供财政补贴，提高金融机构发放贷款的信心。适当放宽担保物范围，针对农村电商资产特点，出台相关细则，将预收款、存货等纳入担保物范围。根据数字金融发展的需要，及时完善法律法规，开展普法教育活动，增强农村电商经营户的法律意识。

（四）加快升级农村数字化基础设施

加快推动农村数字基础设施建设。将移动互联网、物联网等信息基础设施作为乡村基础设施建设的重点，提高乡村地区通信基站覆盖率，拓宽网络带宽，为乡村地区应用5G、大数据、人工智能等提供基础支撑。积极提升手机号码支付、条码支付的普及程度，推动建立高效的农村支付服务体系，提高农村支付效率。支持金融机构和金融科技企业下沉乡村，建设无人银行、智慧柜台等，打通金融支持乡村振兴的"最后一公里"，鼓励中小金融机构加快数字化转型。推动农业市场信息服务、农资供应服务、农业绿色生产技术服务提质增效，促进各类乡村服务业经营主体规模化、集约化、组织化、专业化发展。增强数字基础设施对农村物流体系的支持力度，依托数字技术帮助乡村地区延伸产业链，实现集农村资源开发、农产品生产、农产品再加工、农产品出村物流、农产品销售等于一体的多元复合产业链。加强农村地区金融科技知识的科普宣传，增进农户和农村企业对金融科技手段的了解，提升其应用金融科技的积极性。

创新农村基础设施的中长期投融资机制。完善乡村物流和道路设施，推动县乡村基础设施一体规划、建设和管护，加快推动农村基础设施现代化，促进城乡融合发展。进一步增加乡镇级物理网点数量，实现贷款权限下放、规模扩大，解决当前农村金融机构物理网点数量少、贷款审批周期偏长、资本规模偏小的问题。根据实际需求适当增加 ATM 机、自助发卡机、自助网银机等金融基础设备以及服务人员，缓解农村获取金融服务不便的问题；金融主体也能够掌握电商资金流向，缓和信息不对称状况，提高双方的积极性。

（五）积极完善金融科技标准体系

完善金融科技标准体系，建立农业物联网应用标准，在现代农业中推广使用物联网技术，增强集成应用。在农业数据传输协议、数据存储、融合应用等方面形成通用标准，提升互联共享程度，推动技术产业化应用。推动涉农数据整合，由核心企业与政府部门建立数据共享机制，加强乡村生产经营主体的数据开放共享，为农业农村经营主体融资提供增信支持。加大金融科技示范应用力度。鼓励金融机构开展乡村振兴科技创新项目，选择具有代表性的农业经营主体开展合作，加强技术改造，配置软硬件设施。推动适应乡村工业和服务业特点的技术研发和应用下沉，利用信息化手段打破分散农户间的物理隔离，促使小农户和现代农业发展有机衔接。

（六）利用金融科技提升农村金融风控水平

积极运用金融科技手段，提高农村信贷资金风险的发现、监控、预警和处置能力。利用生物识别、物联网、传感器等工具，探索活体抵押贷款业务，实现对种植、养殖大户的精准金融支持。金融机构要发挥长久根植农村形成的人缘、地缘优势，借助信息优势，利用大数据、风控模型等工具，实现信息编码化、结构化，将信息转化为决策依据，做到风险控制与业务营销的紧密结合。注重利用科技手段增强风险控制能力，实现决策支持，如利用卫星遥感技术预估农作物产量、评估洪涝干旱等自然灾害影响，利用气象预测技术预测农产品类大宗商品价格走势等。

扎实完善农村信用体系、支付体系等金融服务环境。完善乡村地区征信体系，扩大覆盖群体范围。金融机构应该积极接入地方征信体系，加强与不同机构之间的征信数据互联共享。持续完善征信体系。借鉴美国等发达国家依靠独立第三方征信评级机构的经验，适当改善我国主要依靠中国人民银行提供征信服务的现状。在确保数据安全的前提下，积极利用独立第三方征信机构的大数据优势和金融机构的资金优势，推动完善农村信用评价体系，为农村融资需求提供更全面的征信服务。健全乡村地区信用担保体系，增加农村中小企业信用担保机构的数量，建立联合惩戒机制，对信用担保机构严格监管，减少违规现象。

（七）加强面向中小金融机构的技术外包服务

发挥大型金融机构规模优势和资金优势，加大金融科技领域的共性技术研发力度，通过大规模应用来分摊相关投资成本。鼓励国有大型金融机构定向帮扶中小金融机构，加强技术输出，解决后者研发能力弱、数字化转型难度大的问题。加强中小金融机构金融科技应用能力。以农信社系统为重点，推动有条件的省联社集中开发面向全省的金融科技信息系统，鼓励第三方服务机构研发通用型应用技术平台，实现技术标准一致、数据规范统一、应用成果共享，推动提升农信社等县域法人机构金融科技水平。发展金融科技公共研发机构，支持大型金融机构利用自身优势对中小金融机构进行金融技术输出，解决中小金融机构研发能力不足问题。

（八）借助金融科技推进金融支农的跨行业协同

加大银行、保险、证券、期货、租赁、保理等机构协同支农力度，促进不同金融机构功能互补，优化业务流程，加强关键信息共享，推动形成流程对接、信息互通、服务互补的综合性金融支农服务体系。鼓励开展"保险＋期货＋信贷"等综合性金融服务试点和产品创新，加强不同类别金融机构的协同互补效应。进一步发挥地方政府作用，深入推进农业信息化、数字化，加大农业相关信息整合和共享力度，减少信息不对称，为金融机构应用金融科技提供更多数据支撑。

专题报告十一 深化农村集体经营性资产股份制改革，助力乡村振兴

农村集体资产股份合作制改革过程是推进我国农村集体经济产权界定的重要过程。改革开放后，农村集体资产股份制改革开始起步。农村集体经营性资产股份制改革于 2014 年试点后全面铺开，并在 2021 年基本完成。但是，在改革过程中也暴露了一些问题。建议总结全国，特别是浙江、上海、广东等地的改革经验，从顶层设计、政策配套、优惠落实、部门互联互通、加强监管和农村产权市场建设等方面，进一步深化集体经营性资产股份制改革，助力乡村振兴。

一、政策脉络和改革历程

（一）起步和探索阶段（改革开放后至2013年）

改革开放后，农村集体资产股份制改革开始在我国起步，该时期农村集体资产以乡镇企业、物业经济、征地拆迁补偿款等多种形式存在。据原农业部课题组撰写的《推进农村集体经济组织产权制度改革》，我国股份合作制改革试点最初在山东淄博和广东广州、深圳等地开展。1988 年，国务院批准淄博市

周村区设立以乡镇企业制度建设为主题的全国农村改革试验区，开始了农村集体经营性资产股份制改革的探索。随着《中华人民共和国城市房地产管理法》（1994年）和《中华人民共和国土地管理法》（1998年修订）的出台，土地市场价值快速增长，农民逐渐意识到土地资产巨大的增值潜力，参与集体资产监督、管理的意愿日益强烈，对集体资产收益产生了份额分享的利益诉求。在上述背景下，农村集体产权制度改革率先在广东、浙江等集体经济发展迅速的地区展开。

以广东为例，1990年广东省制定了《广东省农村社区合作经济组织暂行规定》，在原生产队、生产大队和人民公社基础上成立经济合作社、经济联合社和经济联合总社。2006年广东省出台《广东省农村集体经济组织管理规定》，以地方法规的形式规定经济合作社为农村集体产权制度改革的组织载体。2007年广东省通过制定《农村集体经济组织证明书管理暂行办法》赋予农村集体经济组织合法的市场地位。广东的自主改革探索取得了显著成效，公开数据显示，2008年广东集体资产总额达到2957亿元，2012年底增加到3618亿元，增长幅度为22.35%。

（二）试点阶段（2014—2017年）

2014年，经中共中央、国务院审议通过，农业部出台《积极发展农民股份合作赋予农民对集体资产股份权能改革试点方案》，在29个县（市、区）先行开展试点工作，其他省份还自主选择了部分县（村）开展省级试点。改革过程中，中央多部委多次对试点地区进行督导，并组织第三方专家组成评估小组对其进行中期和终期评估，检查改革进展并及时发现实践过程中存在的问题。2016年，中共中央、国务院印发《关于稳步推进农村集体产权制度改革的意见》（以下简称《意见》），对推进农村集体产权制度改革作出总体安排。中央财政通过以奖代补等方式，共支持28个省份和4个计划单列市开展扶持村级集体经济发展试点。2017 年底，29 个首批试点地区正式完成改革。

（三）全面推进阶段（2018—2020年）

试点完成后，农村集体经营性资产股份制改革工作重点从五个层面推进。一是在立法层面，2018 年，十三届全国人大常委会立法规划将农村集体经济组织方面的立法列为第三类项目。二是在政策执行层面，2018 年，中央组织部、财政部、农业农村部印发通知，计划到 2022 年在全国范围内扶持 10 万个左右村发展壮大集体经济。三是在资产核查层面，2019 年底，经农业农村部核查，全国拥有农村集体资产的 5695 个乡镇、60.2 万个村、238.5 万个组，共计 299.2 万个单位完成数据上报，清产核资工作基本完成，共清查核实账面资产总额 6.5 万亿元，其中经营性资产 3.1 万亿元、非经营性资产 3.4 万亿元；集体资源性土地资产总面积 65.5 亿亩。四是在改革氛围营造层面，2017 年以来，农业农村部（原农业部）共举行两次农村集体产权制度改革新闻发布会，开展 25 期专题轮训，确定 20 个县（市、区）为全国改革经验交流典型单位。各地采取进村入户宣讲、给农民一封信、播放宣传片等方式使改革政策家喻户晓，借助电视、报纸、手机 App、微信公众号等媒介，加大改革政策宣传力度。五是在科技运用层面，上线运行农村集体资产清产核资管理系统，实现全国 1.2 亿张各类资产报表在线填报、审核及汇总。同时鼓励各地充分运用现代信息技术手段，提高集体资产管理工作信息化水平。

据农业农村部数据，截至 2020 年，全国已有超过 36 万个村完成农村集体经营性资产股份制改革，共确认集体经济组织成员 6 亿多人，改革基本完成。

（四）改革的收尾阶段（2021年至今）

随着改革的基本完成，工作重点转移到阶段性总结和建立农村集体产权制度运营的长效机制上。2022 年 1 月，农业农村部印发《关于落实党中央国务院

2022 年全面推进乡村振兴重点工作部署的实施意见》，明确提出开展农村集体产权制度改革阶段任务总结，推动表扬表彰先进地区、集体和个人。2022 年 2 月，《国务院关于印发"十四五"推进农业农村现代化规划的通知》提出深化农村集体产权制度改革，完善产权权能，将经营性资产量化到集体经济组织成员，有效盘活集体资产资源，发展壮大新型农村集体经济。

二、改革的主要成效及部分典型地区的经验

农业农村部于 2020 年公布了全国农村集体资产改革情况。从改革覆盖的范围来看，截至 2019 年底，开展集体产权制度改革试点的县（市、区）已经有 1000 多个，超过全国县级单位总数的 1/3。全国拥有农村集体资产的 5695 个乡镇、60.2 万个村、238.5 万个组，共计 299.2 万个单位完成清产核资数据上报；超过 330 个乡镇、26 万个村、18 万个组完成集体经营性资产股份合作制改革；超过 27 万个集体经济组织获颁登记证和组织证明书，明确了市场主体地位。从农村资产情况来看，共清查核实账面资产总额 6.5 万亿元，其中经营性资产 3.1 万亿元、非经营性资产 3.4 万亿元，集体资源性土地资产总面积 65.5 亿亩。从农村集体增收情况来看，全国农村集体经济组织年收入达到 4627 亿元，年经营收益超过 5 万元的村接近 30%。其中，完成集体经营性资产股份合作制改革的村有 15 万个，超过全国总数的 1/4，确认成员有 3 亿多人，年人均分红 315 元。

浙江是农村集体经营性资产股份制改革起步较早的地区。截至 2015 年底，浙江完成农村集体资产确权工作和农村集体经济股份制改革。改革覆盖全省 29400 多个村社，并在 80 个县（市、区）搭建农村产权流转交易平台。改革共量化经营性资产 1151 亿元，界定社员股东 3527 万人。改革效果上，2021 年浙江农民福利性分配总额已达 120 亿元。浙江年收入 20 万元以上、年经营

性收入 10 万元以上的行政村比例高达 98.8%。一大批行政村创新经营机制，全资、控股、参股或抱团成立 1000 余家"强村公司"，平均每家年盈利超 200 万元。

上海的农村集体资产产权制度改革在全国起步较早。2003 年，上海市在闵行、嘉定和宝山等区选择若干村开展了试点。到 2011 年底，上海市完成改制的涉及 7 个区 21 个镇 69 个村，建立了 65 个股份制公司或社区股份合作社，仅占总村数的 4%，且主要集中在城市化进程较快的区。以闵行区为例，经过产权制度改革，将集体经济组织改制为三种形式：经济合作社、社区股份合作社、公司制企业。经过改革，集体产权得到明晰，农民集体经济组织成员权、收益权得到明确，集体资产管理更加规范。根据不完全统计，2013 年闵行区持有集体资产股份的农民有 23 万余人，分红总额达 3.85 亿元，人均分红约 1600 元。闵行区农民包括股份收入在内的财产性收入占农村居民家庭人均可支配收入的 18.3%，成为上海郊区城乡居民收入比最小的地区。

三、政策建议

第一，进一步深化农村集体经营性资产股份合作制改革。首先，建议主管部门针对我国东中西部地区农村集体经营性资产股份合作制改革的不同现状，制定差异化的集体经济发展完善方案。东部地区可聚焦提高集体资产运营能力，实现保值增值。中部地区可聚焦做大做强集体经济组织，促进集体经济提质升级。西部地区可聚焦释放产权制度改革红利，重新培育集体经济发展动能。其次，持续推进村集体资源性资产的改革。农业农村部数据表明，在不包括村集体建设用地和农民宅基地的情况下，村集体资源性资产的价值是经营性资产的近 3 倍。深化集体建设用地、宅基地和资源性资产的改革对提升农民财产收入具有重要意义。最后，关注区域间农民收入差距扩大的现象，及时出台其他相关配套政策。建议加大中央对欠发达地区的农民收入转移支持力度，并把无村集体经营性资产的村列为重点扶持对象。

第二，适时开展针对农村土地资源的配套改革，充分发挥农村集体经营性资产股份合作制改革的效能。一方面，适时开展针对农村土地资源的配套改革。大胆探索农用地、宅基地、集体经营性建设用地等土地资源相关改革，盘活现有资产，吸引社会资本拓宽农村集体经济发展途径，有效助力乡村振兴战略的实施。另一方面，在承包地三权分置改革中，在切实稳定和保护农户土地承包权、放活经营权的同时，真正落实集体所有权。

第三，落实农村集体经济组织各项优惠政策，提升农民获得感。首先，根据现阶段农村集体经济发展需求，制定具有过渡性质的税收政策，帮助农村集体经济实现顺利转型。其次，制定促进农村经济长期发展的税费标准，逐步实现农村经济与市场经济的对接。最后，加大金融体系对农村集体经济组织的支持力度；引导金融机构有针对性地制定专门贷款政策以及农业政策性保险政策。

第四，加强不同部门及政策间的互联互通。尽快实现股份经济合作社的登记赋码信息（系统）在税务、市场监管、民政、金融等相关部门间的互联互通，确保其市场主体地位得到认可。

第五，加强对农村集体经济组织的监管。首先，明确农村集体经济组织的主管部门，督促其进行会计核算、集体资产年度清查和定期报告。其次，加强对县、乡农村基层干部的法制培训，提高其依法办事能力。再次，对村集体经济组织开展第三方评估，对不同类别的经营性资产实施适应本类别资产的改革方案，提升信息透明度和村民监督权。最后，加大对侵害农村集体经济组织利益行为的查处力度，确保集体经济组织和成员的合法权益，为新型农村集体经济组织健康发展创造良好环境。

参考文献

[1] 韩俊，张云华，王宾 . 以还权于民为根本出发点推进农村集体产权制度改革——上海市闵行区调查报告 [J]. 农村经营管理，2014（10）：20-23.

[2] 农业部农村经济体制与经营管理司调研组 . 浙江省农村集体产权制度改革调研报告 [J]. 农业经济问题，2013，34（10）：4-9.

[3] 钟桂荔，夏英 . 农村集体资产产权制度改革——以云南大理市 8 个试点村为例 [J]. 西北农林科技大学学报（社会科学版），2017，17（6）：109-117.

[4] 高强，孔祥智 . 拓宽农村集体经济发展路径的探索与实践——基于四川彭州小鱼洞镇"联营联建"模式的案例分析 [J]. 东岳论丛，2020，41（9）：162-171+192.

[5] 闵师，王晓兵，项诚，等 . 农村集体资产产权制度改革：进程、模式与挑战 [J]. 农业经济问题，2019（5）：19-29.

[6] 肖红波，陈萌萌 . 新型农村集体经济发展形势、典型案例剖析及思路举措 [J]. 农业经济问题，2021（12）：104-115.

[7] 王宾，刘祥琪 . 农村集体产权制度股份化改革的政策效果：北京证据 [J]. 改革，2014，244（6）：138-147.

[8] 张浩，冯淑怡，曲福田 . "权释"农村集体产权制度改革：理论逻辑和案例证据 [J]. 管理世界，2021（2）：81-94+106+7.

专题报告十二　金融支持乡村发展的国际经验及启示

为乡村发展提供金融支持是国际社会普遍面临的难题，在历史上和现阶段，金融支持乡村发展都需要解决一系列问题。从金融业务的角度看，乡村生产经营者相对碎片化，金融机构对其信息积累不足，提供服务的决策成本高。在贷款时，乡村生产经营者通常缺乏商业银行放贷时需要的规范抵押品，增加了业务成本；乡村发展的诸多项目可能在短期内是微利甚至无利，长期内也只有稳定的低回报，而对应的资金需求可能数额大、风险高，与商业性金融资本追求安全性、流动性和盈利性存在矛盾。发展中国家的农村经济一般以小规模农户为主，上述矛盾就更为突出。各国通过"政策性金融＋合作性金融＋商业性金融"的组合拳，以及配套的风险分担、财政补贴、税收优惠等措施，逐步探索形成农村金融体系。其他国家金融支农的成功经验值得我国借鉴。

一、乡村信贷需求如何得到满足

乡村发展涉及的项目投资期限长、收益相对低、不确定性高，市场通常难以自发有效满足其合理的金融需求。各国普遍通过"政策性金融＋合作性金融＋商业性金融"的组合拳来满足乡村信贷需求（见表12-1）。总的来看，商业性信贷机构（主要是商业银行，也包括少数保险资金和小型金融组织）主要满足乡村龙头企业的资金需求、农户的短期资金需求和住房贷款需求；合作性信贷机构（主要是农村信用合作社）可以满足中小农业经营者的长期资金需求；政策性金融机构则负责落实国家的战略和农业政策，在特定领域发挥作用。此外，政策性担保机构也在满足农村信贷需求方面发挥了重要作用。

表 12-1 部分发达国家乡村信贷体系

国家	法律法规	政策性金融	合作性金融	商业性金融
美国	《社区再投资法》《联邦农业抵押公司法》《农业部重组法》《农业信贷法》	农场服务局①（FSA）农村商业合作社服务局 农村住房服务局 小企业管理局 农村公用事业服务局② 农场信贷保险公司	农业信用合作社 农场信贷银行③	商业银行 保险资金 小额信贷
日本	《农业协同组织法》《农林渔业中央金库法》《政策性金融公库法》《临时利率调整法》《农协财务处理基准令》《农业信用保证保险法》	农林渔业金融公库	农林中央金库 信用农业协同组合联合会 基层农协	商业银行
德国	《农业抵押银行法》《德国银行法》	农业抵押银行	中央合作银行 区域合作银行 基层信用合作社	商业银行
法国	《农业信贷银行法》	中央农业信贷银行	农业信贷互助银行（区域）基层农业信贷合作社	商业银行
加拿大	《农场信贷法》《阿尔伯塔财政分行法》④	加拿大农场信贷 各省信贷机构⑤	信用合作社	商业银行 保险公司 私营信贷

资料来源：根据各国财政部、农业部信息和相关文献整理。

---

① 下辖商品信贷公司，但近年来商品信贷公司概念淡化，一般商品信贷和其他贷款项目都直接从FSA获得。

② 前身是农村电气化管理局（REA），1994年并入农村公用事业服务局。

③ 前身是联邦中期信贷银行和联邦土地银行，两者于1987年合并为农场信贷银行。

④ 以阿尔伯塔省为例，很多其他省也有类似的机构立法。

⑤ 如阿尔伯塔财政分行曼尼托巴农业服务公司。

（一）财政资金大力支持农村信贷机构的建立与发展

乡村发展项目的特征与金融服务供给难以自发匹配，服务于乡村资金需求的金融体系往往需要外部资源（主要是财政资金）的支持才能建立。

美国形成了商业性金融、合作性金融、政策性金融多元共存的农村金融体系，基于《农业信贷法》等法律建立了互为补充的政策性金融体系。农村电气化管理局、商品信贷公司、农场服务局和小企业管理局等政策性金融机构分别满足不同领域的融资需求。其日常运转资金均主要来自政府的预算拨款、贷款周转和政府批准的借贷。此外，政府在合作性金融机构发展方面起到了主导推动作用，联邦中期信用银行、联邦土地银行、农信社中央银行等上层合作性金融机构最初几乎都是由政府领导并出资支持建立的（肖东平、陈华，2006）。

日本的农村金融体系由政府补贴和政策性金融机构支持下的合作金融体系主导。其政策性金融机构主要是农林公库，资金来源包括中央和地方两级政府投入的资本金、补贴和借款。合作性金融机构在基层是农协，在中上层是信用农业协同组合联合会（简称信农联）和农林中央金库机构，最初同样由日本政府全额出资，在后期才逐渐变为私有。目前，日本政府依旧将对农协的支持纳入预算，向农业共济基金投资（谷慎等，2014），并使用专项财政补助等手段，支持农协开展具有较强政策性色彩的农贷业务（刘松涛等，2018）。总体来看，日本财政主要以补助金、扶持金、长期低息贷款等方式向农业农村投入资金，并积极调动金融资本和社会资本投向农业农村，即日本特色的"制度金融"（肖卫东，2019）。

法国的政策性金融机构是中央农业信贷银行，一般也可以将其看作法国合作性金融机构的顶层机构，从成立之初就与法国政府关系密切。其职责包括制定落实农业信贷政策和协调各地区的合作性农村金融机构，因此也被视为法国的政策性金融机构。一方面，中央农业信贷银行会支持下级农村金融机构的业务发展，政府则为中央农业信贷银行提供资金支持；另一方面，地方农业信贷互助银行直接享受法国政府的贴息政策，资金由农业部利用每年的预算统一支付。

（二）税收优惠与差异化监管制度引导资金加大支农力度

除直接的财政拨款、补贴之外，发达国家对金融支持乡村发展通常还会提供税收优惠与差异化监管政策，以进一步降低农村金融服务的成本，增强农村金融业务的吸引力，激励商业性金融机构和合作性金融机构支持乡村发展。

在美国，《社区再投资法案》赋予了差异化监管法律地位，并由此引导中小银行加大金融支农支小的力度。该法案允许银行选择年度考核方式，不同规模的银行需要考核的内容不同。其中，中小银行要接受贷款考核与社区开发考核，包括对中低收入社区、小微企业和小农场提供金融服务的情况。对考核中获得负面评价的金融机构，监管部门会缩短下次审查的时间。小银行如果获得合格评级，四年才会检查一次，如果获得优秀评级，则五年检查一次（朱培金，2019）。

在政策的引导和支持下，2021年，美国商业性金融机构提供了约52%的农村融资，其中商业银行提供了40%，保险公司提供了4%，个人和小额信贷等提供了8%。合作性金融（主要是农场信贷系统）约占43%，政策性金融仅占2%[1]。尤其需要指出的是，2004年社区银行提供了85%以上的小额农场贷款[2]。根据美国联邦存款保险公司（FDIC）的数据，社区银行在农业不动产贷款和租赁以及农村经营贷款两类业务中，提供了超过半数的贷款服务[3]。

在合作性金融方面，美国对信用社免征各种税赋，包括营业税和所得税，允许其设立单独的存款保险、免交存款准备金、自主决定利率（上限不超过

---

[1] Congressional Research Service，An Overview of Rural Credit Markets.

[2] 杨航：《促进农村金融创新发展的财税政策研究》东北财经大学，2018年。

[3] Congressional Research Service，An Overview of Rural Credit Markets.

15%），使其相对于商业银行能保持竞争力。此外，农场信贷系统（Farm Credit System，FCS）是受美国政府支持的机构，也享有税收和费用减免政策，不动产抵押贷款业务免缴所得税，非不动产信贷业务免缴州和地方所得税。

日本的《临时利率调整法》规定，基层农协的存款利率可以高于普通银行利率，贷款利率可以低于普通银行利率。在税收方面，日本减免农村合作金融机构营业税、所得税和固定资产税，一般银行适用的法人税率为 35.5%，农协适用税率为 25%，合作性金融机构存款账户免征印花税。政府对农村合作金融机构发放的贷款给予贷款利息补贴，允许分红计入成本（刘洁、张洁，2013）。同时，日本政府将一些政策性金融业务委托给农村合作金融机构办理，允许其收取一定的手续费。此外，2013 年，日本政府还与多家私营金融机构合资成立了"农林业成长产业支持机构"，通过与地方政府、基层农协等共建基金或者直接参股等方式，帮助小微农业企业解决融资难等问题（肖卫东，2019）。

法国针对农村金融机构制定了专门的税收优惠政策，并且要求农村合作金融机构分别核算，其与社员的交易活动可以享受税收优惠政策，与非社员的交易活动则需要正常缴纳所得税。但是，当其与非社员的交易额占全部交易额的比重超过 20% 时，农村信用合作机构就会失去享受涉农贷款相关税收优惠的资格（杨航，2018）。

（三）以经济规律和合理监管共同治理合作性金融机构

在各国经验中，合作性金融机构都是支持乡村发展的重要组成部分，在日本、韩国、德国、法国等国家，合作性金融机构更是居于主导地位。即使在商业金融发达的美国，合作性金融机构依旧不容小觑，而良好的治理机制是合作性金融发挥作用的前提条件。

1. 因地制宜，对合作金融机构进行特色化的监管授权与合作

德国是合作金融组织的发源地，并且在金融自由化的浪潮中，依旧沿用着具有特色的储蓄银行制度和坚守信用合作社的本源。德国联邦金融监管局对合作金融机构进行整体监管，根据合作金融体系的特征，联邦金融监管局重点监管中央合作银行，针对地方合作银行，联邦金融监管局主要通过监测基本指标进行非现场监管，委托地区审计协会和借助德国中央银行力量进行现场监管。

在日本，合作金融高度依赖于农业协同，因此其日常监管也由农协系统负责。日本政府对发放贷款的金融机构都按照《巴塞尔协议》的要求，监测其核心资本充足率、信用风险评级等各方面指标，但主要通过检查农协定期提交的财务状况、市场风险、信贷风险和流动性风险等报告进行监管。基层农协由各地的都、道、府、县负责检查事宜，信用联合会由地方农政局负责检查，农林中央金库由农水省检查部负责。

美国的管理体系主要由四部分组成，分别是具有监督功能的农业信用合作机构、行业自律机构的各级信用合作协会、调剂各区和跨区的资金清算的信用社资金融通清算中心、专门设立的保险机构——信用社互助保险公司。这四部分相互独立、各尽其职，保证全美农业银行合作机构的健康发展，从而达到服务农业发展这一共同目标。同时，每个体系内部都设管理机构来协调上下级的关系，分级管理，使农信社和农场主融资更顺畅、便捷、高效（鲍静海、吴丽华，2010）。

2. 充分借助协会的力量促进行业自律

德国全国信用合作联盟（BVR）既是政府机构，也是信用合作社的行业自律组织与中央管理机构。BVR负责对成员的监督与救助，向成员提供战略咨询服务并对外宣传信用合作系统，维护成员权益（王小亚等，2020）。此外，按照法律规定，地方信用合作社在成立后需要加入一个地区合作审计协会，地区合

作审计协会受联邦金融监管局的委托，依据商业银行法和合作社法对地方信用合作社进行审计。对审计中发现的问题，审计协会有部分处置权和建议权。同时，信用合作社也要向审计协会缴纳保障基金，当出现资不抵债，需要关闭合作社或者进行机构重组时，被关闭或兼并的信用合作社资不抵债部分由其向地区合作审计协会缴纳的保障基金补偿。审计协会还承担对信用合作社进行评级的职责。

3. 构建良好的竞争合作秩序

德国规定，一个地区只能有一家信用合作社和储蓄银行，从而限制了不同金融机构间的无序竞争。此外，基层的信用合作社和储蓄银行主要处理相对简单的存贷汇业务，而将复杂的大型企业客户服务和投资银行业务留给上级的区域合作银行与中央合作银行办理。日本、韩国等基于其组织方式依托地方农协，也建立了"一个地区，一家农村信用合作机构"的基层农村信用合作组织，保证了开展关系型贷款业务的基本条件。地区的富余资金运用和调拨则通过上级农信联进行。日本的基层农协要根据行政区域划分在属地开展业务，一般不可跨区经营。

美国合作型金融机构的发展，既有政府"自上而下"的设计和推动，也有市场自发的演化。通过尊重市场规律，美国合作型金融机构同样形成了良好的竞争合作秩序。在政府设计的部分，联邦中期信贷银行、联邦土地银行系统分别划分了固定的大区，负责处理、监管大区内的基层土地合作社和生产信贷合作社，同样是在规范的秩序中竞争。在市场自发演化的部分，信用合作社可以依据自身情况选择申请联邦牌照、州政府牌照和农场服务机构牌照，或者选择成为社区银行。

（四）政策性担保体系进一步鼓励商业与合作金融投入

日本基于《农业信用基金协会法》，建立起政府主导的农业信用担保制度，其资金来自政府和合作金融组织，财政出资 1/3，其余 2/3 由自各级合作组织共同出资。同时，为解决担保业务面临的高风险、高赔付问题，日本政府、农业信用基金协会和农林中央金库共同出资成立农林渔业信用基金，专门负责农业信用担保的再保险业务。为实现持续运营，防范道德风险，日本的保证保险赔付比例为 70%，再保险赔付比例为 50%（刘松涛等，2018）。

德国中小企业担保银行体系是欧洲最大的信用担保体系，目前，德国共有 16 家担保银行，分布于境内 16 个州。2015 年 10 月起，德国推行中小农业企业统一贷款担保章程，担保银行开始对银行涉及农业企业的项目贷款进行担保。担保的范围主要覆盖新投资、生产设备及生产资料的现代化和优化费用、购买扩充耕地以及新企业的市场进入及初期投入费用，但不包括单纯的流动资金需求。一般来说，担保银行提供资金最多覆盖担保总贷款额的 60%，对现存或并购企业提供资金最多不超过 100 万欧元，对初创企业提供资金最多不超过 50 万欧元。

涉农贷款担保同样是美国重要的农业支持政策。美国的政策性金融机构负责为涉农贷款提供担保，中小企业局、农场服务局、农村住房服务局、农业抵押担保公司等都有对涉农贷款提供担保的业务。此外，美国合作金融机构发行的债券也由政策性金融机构担保。农场信贷系统虽然是合作金融组织，但在运行中被认定为美国政府支持实体，其发行的债券含有美国政府的隐性担保。

二、农业保险如何可持续地帮助分散风险

从国外农业保险发展的实践看，没有政府的公共财政补贴，农业保险就难以持续经营和发展（Smith 和 Glauber，2012；肖卫东等，2013）。为了提高农业保险的覆盖面，增强农户对农业保险的购买力，各国政府一般会积极发展以政府提供公共财政补贴为根本特征的准政策性农业保险。Mahul 和 Stutley

（2010）的研究指出，104 个开展农业保险业务的经济体，大部分都由公共财政提供支持，具体形式包括保费补贴、管理费用补贴、再保险、研发和培训、推广与教育费用补贴等。可以说，农业保险不仅是一种金融产品，更是国家支持农业发展的重要手段和工具（吴本健等，2020）。在运行过程中，政府和相关机构会为农业经营主体提供保费补贴、税收减免以及再贷款支持。就农业保险的商业化运营来看，如果缺少政府财政资金的持续支持，其覆盖范围和保障力度都比较有限。庹国柱（2021）指出，即使是早已发展农业保险的发达国家，在农业保险领域投入的财政资金在过去数十年中也持续增长。因此，农业保险作用的可持续发挥，一方面需要市场环境和配套制度的成熟，另一方面需要政府财政的投入。

（一）财政资金直接进行保费补贴

发达国家农业保险覆盖率的提高与政府财政补贴力度的增加直接相关。美国于 1938 年在《联邦作物保险法》中批准了联邦作物保险，但此后 40 年来美国农业保险的广度与深度都拓展缓慢，甚至在巨额损失发生时，农民往往得不到赔偿（吴本健等，2016）。为了提高农业保险覆盖率，美国于 1980 年修订了《联邦作物保险法》，规定财政资金直接进行保费补贴。1994—2000 年，美国国会不断通过改革方案，提高保费补贴水平，以达到增加作物保险覆盖率的目的。2000 年，美国在《农业风险保护法》中大幅提高保费补贴水平，增加研究经费，使农业保险参与率达到 60%。国会授权农业风险管理局（RMA）对各种作物保险进行保费补贴，目前，美国农业保险的补贴比例为 38%~80%，保费平均补贴率为 62%（吴本健等，2016）。

日本在发展农村金融过程中，也建立了完善的保险制度。其农业保险也被称为"农业共济"，政策导向性强、覆盖面广、参与度高。从发展历程看，1929年，日本颁布了《家畜保险法》。这是世界上首部养殖业保险专门法，也是日本农业保险制度现代化的标志。1938年，日本颁布《农业保险法》，1947年整合两部法律，修订后颁布《农业灾害补偿法》，涵盖了家禽、家畜保险和农作物保险，进一步扩大了农业保险覆盖面，同时大幅提高了财政在农业保险领域的补贴支持力度（刘松涛等，2018）。政府财政的农业保险保费承担比例在50%以上。

加拿大的涉农保险最早始于20世纪20年代，但私人保险公司的早期尝试以失败告终。1959年，加拿大通过了《农作物保险法》，对开展农作物保险业务进行了联邦层面的规定，各省可以根据本省情况自行制订相关计划。在加拿大的农业支持政策中，农业保险是其中最重要的部分。1959年，联邦政府规定的保费补贴水平为总保费的20%，之后一直上调，21世纪初达到了70%，2006年又回调至60%（王克，2019）。在税收方面，政府对农作物保险免征所有税赋。

（二）政策性机构提供再保险支持

因为农业保险产品的特殊性，鲜有市场机构能够在保持价格合适的前提下，基于大数定律充分分散相关风险。考虑到农业保险的定价吸引力和可持续运营问题，一般都会由国家的政策性机构直接提供农业保险或是为商业性机构提供再保险支持。

美国成立了联邦农作物保险公司，负责农业保险的规则制定、风险控制和监督检查等。联邦农作物保险公司不直接参与保险业务经营，而是向私营保险公司提供再保险支持和超额损失再保险等。

加拿大农场信贷机构（FCC）是具有联邦政府背景的涉农金融供给主体。通过与其他保险公司合作，FCC开展涉农贷款保险和农业贷款保险业务。在省级政府层面，加拿大多数省都设立了农业服务公司或是有政府背景的金融信托公司（王芳，2015）。以曼尼托巴省为例，曼尼托巴农业服务公司（MASC）负责向省内涉农机构提供风险管理指导，发放贷款。联邦政府和省级政府则共同设立再保险基金，负责办理农业再保险业务。

日本形成了"村一级农业共济组合 + 府、县一级农业共济组合联合会 + 农林水产省的农业共济再保险特别会计处"的市场结构，三个层面相互联动，形成互助、保险、再保险的三级体系。

（三）持续提高保险水平、丰富产品类型

虽然农业保险的政策性特征明显，但其一直进行着创新和丰富产品类型的努力。美国的农业保险从最初单纯地保障产量，陆续发展出收入保险、指数保险等多形式、全方位的农业保险（吴本健等，2016）。

回顾历史，最早的农业保险产品仅保障农业生产者面临的特定风险，如冰雹、小范围火灾等，概率相对容易测算，也面临较小的道德风险和逆向选择，私人保险公司可以成功经营此类产品。随后出现的综合险则保障农民面临的一系列潜在风险，最初仅对小麦进行试点，后续不断扩大范围，推出棉花、亚麻、烟草等品种的保险业务，并且将保障年限拓展为多年合同制。1939—1980 年，美国农业保险涉及 26 种农作物，并开发了针对区域产量的团体风险产品，此外，还有巨灾保险、实际历史产量保险、单产保护保险。[①]

此后，收入险被引入美国。通过利用期货市场订单和历史产量记录，收入保险得以构建。近年来，美国农作物收入险发展迅速，品类众多，包括作物收益保险、收入保障保险、收益保证保险、团体风险收入保护计划、农产品总收入保险等，保额占农业保险的份额超过 90%（庹国柱，2015）。

---

① 1938年《美国农业法案》中提及的农业保险产品为产量保险，保险水平分为历史平均产量的50% 和75% 两档，目前的主要产量保险水平从50%到85%共分为 8 档，逐档提高5个百分点。

1959年加拿大《联邦农业保险法》中设计的保险产品同样为产量保险，最高保险水平为历史平均产量的60%，目前的产量保险水平分为 4 档，分别为50%、60%、70%和80%。

1947年日本《农业灾害补偿法》中规定的农业保险产品为成本保险，最高保险金额为历史平均产量的70% 再乘以50%，此后日本将保险产品升级为产量保险。

日本的农业保险产品一直随着农村经济结构调整和社会形态发展而变迁。20 世纪 70 年代，新增农作物保险覆盖品种，设立推广水果保险、旱地作物保险和园艺作物保险；20 世纪 80 年代，大幅降低水稻保险准入门槛，同时新增小牛、园艺设施等各项农业保险品种；进入 21 世纪，赋予农户更大的参保自由选择权，将农业建筑和农机具纳入参保范围。2010 年，日本政府引入了产值保险产品；2019 年 1 月，日本开始正式实行农业收入保险。

三、金融市场支持乡村发展的方式

金融市场对乡村发展的支持主要有三种方式。第一，提升乡村生产经营活动的效率或帮助控制成本，如在期货市场帮助套期保值、分散风险。第二，通过金融市场为农村融资，主要是农村土地所有权（使用权）的证券化。第三，政府通常支持政策性金融机构和合作性金融机构的上层组织在金融市场上发行债券募集资金。第三种方式简单直接，书中就不多做介绍了。

（一）农产品期货市场发展的经验

美国是世界上充分利用期货市场的国家。在"保险＋期货"模式中，期货市场成为政府实施农业保险的一种金融工具。同时，农业生产本身是一种高风险、长周期、低收益的产业，流动性不强，不确定性较大。期货市场的创新和套期保值、价格发现、风险分散等功能，能将农业生产融入高度市场化的体系中，增强农业资产的流动性和收益的确定性（吴迪，2016）。

美国的期货市场早期发展伴随着社会化大生产的家庭农场的发展，1865年，芝加哥期货交易所（CME）正式面向美国农场主和中小投资者推出农产品标准期货合约，但主要限于粮食作物，随后交易品种不断增加。发展至今，美国农产品期货交易涉及粮食作物、经济作物、家禽牲畜、水产品、林产品五大类近百种期货合约和 50 多种期权合约，有超过 90% 的农场主和农业企业参与农产品期货交易（柳岩、于左，2008）。农场主通过与各类中介机构签订远期合约规避了价格风险，而中介机构则在期货市场上进行套期保值。其中，合作型中介机构按照"农民所有、农民管理、农民受益"的原则，除了提供与农场主的远期合约，还将在期货市场上的获益按照惠顾比率向农场主返还。美国审计署的报告估计，小农场主使用远期合约的比例为 25%，大农场主的使用比例为 61%。商品期货交易委员会的大户交易数据显示，生产者主要通过合作社间接参加期货交易，合作社是芝加哥期货交易所牛奶期货和期权市场的主要参与者。

总体而言，美国期货市场发挥了套期保值、分散农业市场风险、价格发现、稳定农产品供求关系、优化农业资源配置、促进农产品质量统一等作用。

此外，一方面，美国农产品期货市场成为农场主与银行间的信用中介；另一方面，保险公司可以根据期货市场价格确定赔付的具体标准等。美国收入保险的价格确定就参考了期货市场，美国风险管理协会（RMA）还专门出台了《期货交易所交割条款》来规范涉及十余种农作物和四种主要收入保险的价格选取（张秀青，2015）。这十余种农作物参与的四种主要收入保险保费收入占美国农业保险总保费收入的 80% 以上。根据条款，如果作物保险产品有对应的活跃期货品种，则可以将发现期内相应期货合约结算价进行平均，以获得预期价格和收获价格。如果没有对应的活跃期货品种，保险产品设计就要选取一个相关性较高的活跃品种，通过一定转换来计算价格。

（二）农地债券支持乡村金融发展

历史上，农地债券是国外土地银行最主要的资金来源。德国、美国、法国都通过政府担保土地银行债券的形式，为众多规模分散的农户提供间接从资本市场筹措长期资金的机会。日本则允许农合组织发行 10 倍于股金的债券，用于融资。农地债券在保留农民土地使用权的基础上，通过建立合作社的形式将政府及社会资金投入农村发展，是撬动资源支持乡村的重要工具。

德国早在 18 世纪 70 年代就成立了"土地抵押信用社"[①]，在地方政府的主导下发行土地债券并将获得的资金低息借贷给信用社成员，用于替代农村地区泛滥的高利贷，整顿农村经济秩序。

美国在 20 世纪初专门组建了联邦土地银行，负责全国农用地证券的发行和抵押业务的运营。依据美国《联邦农地押款法》，联邦土地银行可发行的债券额上限为所有股金、公积金总和的 20 倍，12 个联邦土地银行彼此融通、联合运作，可以互保证券的还本付息或发行联合证券，证券偿还期限为 3~10 年，年利率一般为 5% 左右（藏波等，2012）。

日本在 20 世纪 50 年代以农合组织为主体发展农村土地债券，向农民提供低息贷款。日本农合组织通过优化资金管理的方式进一步提高农地债券的支农效率。社员每年向合作社付息，合作社将收集的利息转付给投资者。与此同时，合作社将社员每年交付摊还的本金做成"偿债基金"，既可以进行贷款生息，也可以向市场回购部分证券，以保障农地债券市场的流动性和循环性。

总结国际经验，可以发现，农地债券的成功应用首先要有清晰的农村土地产权，农民可以基于意愿用持有的土地进行抵押，加入合作社。政府在土地银行或土地合作社运营过程中要提供大力支持。德国的土地银行由各州提供支持，运营资金来自财政资金；美国联邦土地银行成立资金的 80% 来自联邦政府，并且早期农地债券的主要购买者也是美国财政部，后期才转由美国联邦抵押贷款公司做市；法国《土地银行法》则规定中央政府及部门每年都要购买一定数量的农地抵押债券（程郁、王斌，2015）。此外，作为合作社，农地债券融资获得的资金还得到政策性担保、农业保险和再保险等全方位金融服务的共同支持。

---

① 当时在普鲁士。

四、应对"市场失灵"的政府努力可能存在的失灵问题及其平衡

（一）政府过度介入下农村信用合作社治理机制的失灵

农村信用合作社是合作型金融组织，在建立之初，需要政府在法律法规、初始资金、推动成立等方面予以支持，在建立后也需要有持续的金融监管、外部审计和财政税收支持。但是，这并不意味着政府应该过度介入农信社的日常经营，否则农信社的治理机制将会失灵，难以起到合作社调动社员自身能力的作用，并可能积累巨大的金融风险。

以印度的农村信用合作社为例。1904 年，《印度信用合作社法》颁布，引发了全球较大的信用合作社运动之一。但是，在良好开端之后，印度政府怀着善意的干预起到了破坏性的作用，导致政府近乎接管了合作社的运营，而并不仅限于进行金融监管和维持外部制度。建立之初，印度的信贷运动并没有动用官方资金，大约有 50% 的资金来自成员及借款累积的利息盈余，10% 的资金来自成员自身的存款，其余资金来源为商业贷款。应该说，当时的信用社拥有一定程度的自生能力；虽然和政府保持独立，但受到官方和非官方的审计与监督。

随后，印度储备银行（印度中央银行）对信用社的资金用途和来源进行了规定，又在 20 世纪 50 年代引入了中央计划和邦合作社的概念，导致初级农村信用社贷款渠道化、上级信用合作社官僚化和政治化，脱离政府管制的合作社自治网络难以发展。各邦政府出于政治目的，竞相为农村信用合作社提供资金支持，并在合作社经营困难时入股。很快，邦政府在各级合作社中都持有了一定股份，并且基于稳定金融、控制风险等各种考虑，州政府全权负责了合作社首席执行官的任命，暂停了理事会的选择，并负责合作社的合并、拆分、章程修改、监管执行。

这样严重的干预使信用合作社体系濒临崩溃。到 2006 年，印度信用合作社体系已经累积了巨额亏损，10.6 万家初级农业信用社（PACS）中，超过半数资不抵债；1112 家合作银行中，超过 1/4 处于亏损状态，依靠政府资金投入、永久性重组贷款以及宽松的会计标准，才能勉强度日。此外，PACS 的存款额也仅仅为其农业贷款额的 10%。换言之，初级农村信用社动员的储蓄已经远低于其释放的信贷，印度的 PACS 基本失去了自生能力。

2006 年，印度政府的特别工作小组提交了对农信社体系的一揽子改革计划，并得到了印度储备银行的支持。但是，一揽子改革计划并不算成功。到 2012 年 3 月，PACS 的数量减少了 13%，资产重组成本为 22.8 亿美元，政府出资比例为 86.6%。但完成改革的农信社数量很少，在 2006 年的改革计划中，用于资产重组的资金只有 30 亿美元。印度政府对信用合作社的改革依旧在持续，虽然一度取得了一些进展，但由于历史包袱过于沉重，联邦制下的各邦又分别有各自的经济社会背景和政治层面的考虑，改革并未达到预计的效果。

可以看出，合作性金融机构作为支持乡村发展的重要力量之一，如果受到政府过度支持和干预，治理会存在明显的漏洞。

（二）政策性机构后续定位不清，财政资金利用效率不高

从国际经验可以看出，发达国家并不一定有庞大的政策性金融机构，尤其是直接针对农业领域提供贷款的机构。对农业领域直接提供贷款的政策性金融机构中比较具有借鉴意义的是日本的特殊法人（即政策性金融机构）改革。

在日本，政策性金融机构曾经发挥了重要的作用，但后续演化成增加财政负担、挤压民间金融、扭曲资源配置、降低效率的冗余。随着经济的发展，最初成立特殊法人机构的社会要求大致已经达成，但这些机构的作用开始变质和减小。日本政府于 20 世纪末重新审视特殊法人机构的作用和问题，随后开启了特殊法人的整合和合理化治理。

　　1997年形成的行政改革最终报告指出，日本的政策性金融机构存在以下问题：经营责任不明确，业务运营低效率、缺乏透明性，组织和业务臃肿化，经营缺乏自律性。其中，农林渔业金融公库的主要任务是促进大企业贷款、食品行业贷款制度合理化，在有国家介入的必要领域开展业务，避免与合作金融和商业金融争夺客户。

　　就财政负担而言，2001年日本对特殊法人的财政预算有5.28万亿日元（不含国家共济负担资金，即信用保险）的扶助金和24.41万亿日元的财政投融资，构成了巨额财政支出和借款。日本内阁评估认为，日本政策性金融与其他各国相比规模更大，而且存在不断扩大的趋势，削弱了金融市场的资源分配功能。

　　参考日本改革的经验和其他国家的政策性金融机构设置，在发展的后期有必要将政策性金融限制在必要的领域，并逐步改变直接融资的模式，通过担保和保险等方式支持农村金融的发展。

（三）内生力量与外界扶持的平衡

　　世界银行在20世纪90年代对发展中国家大力扶助农村信用合作机构和小额贷款机构的有效性进行了评估（World Bank，1997）。众多发展中国家付出了巨大努力，向农村金融机构投入了财政资金和捐款，但综合考虑成本和收益，这些努力并未取得有效的成绩。一旦离开外界扶持，新建立的小额贷款机构和农信社都难以生存。因此，世界银行在报告中强调了农村金融机构和针对农村金融需求的服务的自我可持续性。

　　需要指出的是，世界银行当时的报告带有特定的意识形态，部分满足农村金融需求的产品和服务需要政府的支持，不仅需要提供良好的外部宏观经济环境，也需要包括财政对农业保险和农业信用担保的直接资金投入。但是，政府的支持力度需要维持在合适的水平上，不能过度，否则容易扼杀农村金融的内生力量，尤其是在金融体系和金融市场发育不健全的发展中国家。

即使是市场化导向的美国，也持续直接采取措施解决农村金融体系面临的危机并投入公共资金，进行信用托底。回顾历史，美国政府曾两次大规模直接救助农村金融体系。第一次是 1929 年大萧条期间，大批农场主无法按时偿还贷款，联邦土地银行也难以通过再贷款和发行债券获得资金，美国政府直接增加了联邦土地银行的注册资本，并将联邦土地银行与联邦中期信贷银行组合在一起，设立了联邦农场信贷系统（FCS），直接为 FCS 提供支持。通过 FCS 发行债券，联邦土地银行系统恢复了正常运营。

第二次是 20 世纪 80 年代中期，由于严重的农业危机，农场信贷系统亏损严重。美国政府再次出手，将联邦土地银行与中期信贷银行合并为"农场信贷银行"，专门为农场主提供中长期贷款服务。此外，还新注入资金，成立联邦农业信贷资金公司，专门负责 FCS 债券的发行；成立联邦农业抵押公司，专门负责购买土地抵押贷款，并为 FCS 等其他涉农金融机构提供增信服务等；成立农场信贷保险公司，负责为债券偿付提供保险等服务。

这样的直接救助仅限于危机时期，平时政府的支持只维持在特定水平，不会持续扩张，也不会将农村金融机构变成由政府指挥的"为农民而建"的依附型机构。国际经验告诉我们，慈善行为或政府持续扩大财政投入的做法并不可取，也不是应对债务的有效手段。社区需要通过联合行动实现自救，调动小额储蓄。应促进农村自我管理和自治，以唤醒农村的内生力量。对农村信用合作社，要从由政府行政主导的"为农民而建"转变成"由农民来建"。在组织架构上，这一类合作型金融机构除小型合作型金融机构之外，应该具有边缘化的机构设置、简单的组织结构，能够提供基本但实用的服务种类，以关系型银行服务为重心，以便更好地平衡内生力量和外部支持，实现运行的可持续性。

五、对我国的启示

第一，财政投入支持必不可少。农村金融的业务形态有其特殊性，一般来说仅商业银行和合作性金融组织的借贷部分能实现可持续运营。从本质上看，不少金融产品支持乡村发展，都是以金融作为工具对财政支持作用进行放大，如农业保险、信贷担保等。即使是有利可图的部分金融需求，也往往需要财政部门提供税收激励，在体系运营初期提供启动资金，在随后的运营中提供担保乃至在出现风险时消耗财政资源进行救助。因此，金融支持乡村发展需要在必要财政投入的支持下，建立中国式的"制度金融"。

第二，有效的合作性金融对乡村发展来说非常重要。在此前的实践中，我国往往倚重正式金融机构解决农村金融问题，意图挤出并打压难以监管的非正式组织（周立，2007）。但经验证明，这样的正式金融制度安排，往往容易将农民的金融需求拒之门外，尤其是长期经营性信贷需求。因为其回报率低、风险巨大、信息不对称程度高，需求通常难以得到满足，需要依赖内生金融资源支持。当前的金融科技和普惠金融实践有力缓解了农民和农村发展的短期资金问题，但中长期信贷支持的缺口仍然存在。在农村信用合作社体系中，改制的农村商业银行已经成为追求商业利润的银行，未改制的合作社也通常以盈利为目标，不存在明确的"双重底线"。后续的省联社体制改革中，宜对此进行纠偏，并允许自发生长的农村合作金融组织注册和接受外部审计。

第三，以税收减免、费用补贴和差异化监管等规范形式引导商业机构的投入。在近年来的实践中，我国金融机构支农支小监管部门对金融机构的监管要求，某种程度上让人们认为商业银行承担了准政策性任务，而没有得到相应的补偿。这样的要求会改变商业银行的定位，让商业银行重新落入政策性业务与商业性业务不分、累积坏账让国家财政最终买单的窠臼中去。可参考国际实践，对涉农贷款进行税收监管、费用补贴，允许特定商业银行自主选择不同监管评定标准，让其在商业可持续的逻辑下实现支农支小的目标。

第四，清晰的土地使用权对农地金融发展很重要。国外的农地抵押债券有效满足了农村和农民的资金需求。虽然早期需要政府担保和资金托市，但后续只要能够理顺市场各个环节，就能够聚合大量社会资本，实现商业可持续，降低对财政的依赖。这一切的前提都是市场认可的能用于抵押的清晰土地使用权。

第五，健全完善农村金融产品供给，尤其是保险和期货体系。当前我国农村金融产品仍有发展空间，尤其是能为农民分散风险的保险和期货的发展。当前的农业保险还没有过渡到收入保险，产量保险也只覆盖有限的品种和特定的风险，并且不同地区间的差异很大。需要建立完善的再保险体系，开发设计更全面的国家级保险品种，让保险惠及更多农民。期货市场也需要进一步发展，一方面"保险＋期货"模式是收入保险的底层支撑，另一方面规模化生产的大型专业合作社也可以在期货市场上进行套期保值交易。

第六，重视提升农村金融体系的内生性、自主性。农村金融体系虽然特殊，需要财政资金的支持，但从世界各国的经验看，单纯依靠财政投入和政府扶持，将给财政体系造成巨大的负担，也会留下难以填补的巨大资金缺口。良好运行的农村金融体系需要适度的财政资金投入支持，但政府的支持不能替代农村金融体系的内生造血能力。

参考文献

[1] 程郁，王宾. 发达国家农地金融制度的经验及其启示 [J]. 中国农村金融，2015（12）：109–111.

[2] 谷慎，岑磊，马翰墨. 国外农村金融机构体系的考察与经验借鉴——兼论我国西部农村金融机构体系的设计 [J]. 农村经济，2014（7）：125–129.

[3] 刘岩，于左. 美国利用期货市场进行农产品价格风险管理的经验及借鉴 [J]. 中国农村经济，2008（5）：65–72.

[4] 刘洁，张洁. 日本农村合作金融体系的构建及其对我国的启示 [J]. 现代日本经济，2013（3）：29–36.

[5] 刘松涛，罗炜琳，王林萍，等 . 日本农村金融改革发展的经验及启示 [J]. 亚太经济，2018（4）：56–65.

[6] 庹国柱 . 农业保险研究的若干前沿问题 [J]. 农村金融研究，2022（8）：31–39.

[7] 王芳 . 加拿大涉农金融支持体系研究 [J]. 世界农业，2015（11）：125–130.

[8] 王克 . 加拿大农业支持政策和农业保险：发展和启示 [J]. 世界农业，2019（3）：56–62+116.

[9] 汪小亚，谭智心，何婧，等 . 农村合作金融国际经验研究 [M]. 北京：中国金融出版社，2020.

[10] 吴本健，汤佳雯，马九杰 . 美国农业保险的发展：定价、影响及支持计划 [J]. 世界农业，2016（11）：87–93.

[11] 吴本健，王蕾，罗玲 . 金融支持乡村振兴的国际镜鉴 [J]. 世界农业，2020（1）：11–20+57.

[12] 吴迪 . 美国农产品期货市场的发展经验 [J]. 世界农业，2016（9）：169–173+231.

[13] 肖东平，陈华 . 美国的农村金融体制及借鉴意义 [J]. 当代亚太，2006（6）：23–28.

[14] 肖卫东，张宝辉，贺畅，等 . 公共财政补贴农业保险：国际经验与中国实践 [J]. 中国农村经济，2013（7）：13–23.

[15] 肖卫东 . 美国日本财政支持乡村振兴的基本经验与有益启示 [J]. 理论学刊，2019（5）：55–63.

[16] 严谷军 . 社区银行与小型家庭农场金融支持——基于美国经验的分析 [J]. 农村经济，2008（1）：123–125.

[16] 杨航 . 促进农村金融创新发展的财税政策研究 [D]. 东北财经大学，2018.

[17] 藏波，杨庆媛，周滔 . 国外农村土地证券化研究现状、前景及启示 [J]. 中国土地科学，2012，26（10）：23–28.

[18] 张秀青 . 美国农业保险与期货市场 [J]. 中国金融，2015（13）：74–76.

[19] 朱培金，王哲中 . 美国《社区再投资法》评估对我国中小银行激励约束机制的启示 [J]. 金融发展评论，2019（12）：37–46.

[20] Deepali Pant Joshi. Strengthening and Revitalising Rural Cooperative Credit Delivery System，2014.

[21] Jacob Yaron McDonald P. Benjamin，Jr. Gerda I. Piprek Rural Finance，Issues，Design and Best Practices 1997，The World Bank.

[22] Smith Vincent H. and Glauber，Joseph W.：Agriculture Insurance in Developed Countries：Where Have We Been and Where Are We Going？Applied Economic Perspectives and Policy，Vol. 34，No. 3，pp. 363–390，2012.

[23] Mahul Oliver and Stutley，Charles J.：Government Support to Agriculture Insurance：Challenges and Options for Developing Countries，The World Bank，2010.